国家“十二五”重点图书出版规划项目
国家出版基金资助项目

湖南城步巡头乡话研究

郑焱霞 彭建国 | 著

湖南师范大学出版社

图书在版编目（CIP）数据

湖南城步巡头乡话研究 / 郑焱霞，彭建国著．—长沙：湖南师范大学出版社，2016.12

ISBN 978 -7 -5648 -2770 -0

Ⅰ.①湖…　Ⅱ.①郑…　②彭…　Ⅲ.①湘语—方言研究—城步苗族自治县　Ⅳ.①H174

中国版本图书馆 CIP 数据核字（2017）第 007446 号

湖南城步巡头乡话研究

Hunan Chengbu Xuntou Xianghua Yanjiu

郑焱霞　彭建国　著

◇策划组稿：刘苏华　曹爱莲
◇责任编辑：刘苏华　邹水杰
◇责任校对：许雅兰　袁学嘉
◇出版发行：湖南师范大学出版社
地址/长沙市岳麓山　邮编/410081
电话/0731 -88873070　88873071　传真/0731 -88872636
网址/http：//press. hunnu. edu. cn
◇经销：湖南省新华书店
◇印刷：长沙超峰印刷有限公司
◇开本：710mm×1000mm　1/16
◇印张：13. 5
◇插页：16
◇字数：253 千字
◇版次：2016 年 12 月第 1 版　2016 年 12 月第 1 次印刷
◇印数：1 -1200 册
◇书号：ISBN 978 -7 -5648 -2770 -0
◇定价：39. 80 元

如有印装质量问题，请与承印厂调换（厂址：长沙市金洲新区泉洲北路 100 号，邮编：410600）

作者（左）与主要发音合作人黄让援（中）、伊时娇（右）

发音人杨甲秀（左一）

方言点的自然环境

方言点的自然环境

楼竹头 [la^{45}tɕiu^{42}·ta] 竹编的楼板，置于火坑上方，用于烘烤辣椒、腊肉等
炕架 [k‘oŋ^{24} ko^{24}] 悬挂于火炉之上用来烘烤食物的木制结构

火筒 [fa^{53}die^{13}] 吹火筒

铁鼎 [t‘a^{42} toŋ^{53}] 铁锅子

□叶□ [k‘ui^{45}ɕi^{42}dye^{24}] 打油茶时用来漏茶叶的工具

铁钳 [t'a^{42}dʑi^{13}]

莎刀 [so^{45}taɔ^{45}] 一种砍柴刀

火桶 [fa^{53}tәu^{53}] 烤火工具，桶内放火炭，人坐在上面，脚可以踏在下面，很暖和，方便搬动

澡面架子 [tsaɔ^{53} mĩ^{24} ko^{24}·tsa] 洗脸架

□**钵锤** [tɕiaɔ^{53} pɯ^{42} tiu^{13}] 打油茶时用来捣蒜、干辣椒等用的锤子
□**钵** [tɕiaɔ^{53} pɯ^{42}] 打油茶的钵子

炉子架子 [lu^{45}·tsa ko^{24}·tsa] 架在锅子边上的一个铁圈，用来放菜碗，也称“锅边站”
铛箍□ [tsʻuɔ̃^{45} ku^{45} tɕʻy^{24}] 支撑锅子的三脚架

升子 [tsəu^{45}·tsa] 过去量米的工具，装满为一升

草锹 [tsʻaɔ^{53}tɕʻiaɔ^{45}] 除草用的工具

鸡笼 [ka^{45} ləu^{45}] 用来装小鸡的笼子

抬□叉 [da^{13}oŋ^{53}ʦ‘o^{45}] 扛树时用来支撑树木的叉子

□ [ʥuɔ̃^{24}] 背篓

岩磴子 [ŋa^{45} t‘oŋ^{53}·tsa] 石阶梯

楼梯 [la^{45} $t‘a^{45}$]

铁鼎□ [$t‘a^{42}$ $toŋ^{53}$ $ʥie^{13}$] 放置锅子的竹圈

□□ [kʻui^{45}toŋ^{45}] 用来装茶叶的皮篓，竹子编织，利于通风透气

□叶□□ [kʻui^{45}ɕi^{42} tsa^{24}·tsa] 打油茶时用来过滤茶叶渣的篓子

穇子 [ts‘ẽ^{53}·tsɿ] 一种类似小米的农作物，5 月份左右下种，霜降前收割，具有较高的营养价值

柱脚岩 [t‘ia^{53}kɯ^{42}ŋa^{45}] 柱下石

总 序

湖南西部和南部有一些地区的汉语方言已处于濒危状态或临近濒危状态，如湘西的乡话和湘南的土话。

湘西乡话是一种未分区的非官话方言，有人称为“瓦乡话”（实际上是“讲乡话”的意思，此处的“瓦”是用的同音字，本字当为“话”，用作动词）。这种方言主要分布在沅陵县以及周边的溆浦、辰溪、泸溪、古丈、永顺等地，另外，湘西南湘桂交界的南山地区也有一些分布。

湘南土话分布在永州和郴州两个地级市之内（永州辖两区九县，郴州辖两区一市八县）。各县土话冠以县名，如永州内有东安土话、江永土话、道县土话、蓝山土话，等等；郴州内有桂阳土话、宜章土话、临武土话、嘉禾土话，等等。这些土话又分成纷繁多枝的小范围土话，令人应接不暇。

无论湘西乡话或湘南土话，它们所处的地区，相对来说都比较封闭，经济上也比较滞后，有的甚至是相当贫困，但说到它们所蕴藏的、对于研究汉语发展演变历史颇有价值的语言矿藏却是极其丰富的。

20世纪40年代王力先生谈到古语的死亡时曾指出有多种原因，其中有的是今字代替了古字，如“绔”字代替了“裈”；有的是同义的两字竞争，结果是甲字战胜了乙字，如“狗”战胜了“犬”，等等。

不过，在汉语方言众多的窗口中有时你所看到的东西会使人意想不到。譬如湘西沅陵麻溪铺乡话有下面的记录：“裤子”就说“裈”［kuɛ^{55}］，“单裤”说“单裈”［tõ^{55}kuɛ^{55}］，“短裤”说“矪裈”［tɕʻia^{55} kuɛ^{55}］；“公狗”叫“犬公/公犬”［kʻuæ^{53} kəɯ^{55}/ kəɯ^{55}kʻuæ^{53}］，“母狗”叫“犬娘/娘犬”［kʻuæ^{53} ȵioŋ^{55}/ ȵioŋ^{55} kʻuæ^{53}］。

湘南土话里也有珍奇的材料，如江永桃川土话：

“树林”说成“木园”［mau^{21} uəŋ^{21}］，“树苗”说成“木秧”［mau^{21} iaŋ^{33}］，“树梢”说成“木末”［mau^{21} muo^{33}］，“种树”说成“种木”［tɕiɛ^{24} mau^{21}］，“一棵树”说成“一蔸木”［i^{55} ləu^{33} mau^{21}］。

这种称“树”为“木”的事例是笔者 2001 年在江永桃川调查中所获。有些巧合的是乔全生教授在晋南方言中也发现了称“树”为“木”的语言事实（参见 2002 年第一期《中国语文》所登《山西南部方言称“树”为［po］考》一文）。此前据汪维辉教授的研究（《东汉—隋常用词演变研究》，南京大学出版社，2000 年 5 月），称“树”为“木”的语言状况至少是保留了两汉以前的用法。

十多年前，我初次调查桃川土话时，一位主要发音人就曾对我说过：“很多人学讲官话了，青年人很少讲土话，最多十年就难得听到土话了。”

这里且以她家三代人为例，第一代是发音人自己（时年 60 岁，现已 72 岁），土话保存较好，虽有时夹杂一些官话，但尚能加以区别；第二代，她的三个孩子，老大是女儿，能说一些土话，但已不如母亲，老二、老三是儿子，会土话的程度更差（这和他们都已离开本土有关）；第三代有五人，其中两个外孙是双胞胎，26 岁，一个在长沙，一个在深圳，都不会说土话，两个大孙女，分别为 25 岁和 22 岁，基本不会说土话，一个小孙女，12 岁，土话“更不会了”（发音人语）。

一方面是土话或乡话的丰富蕴藏，一方面是土话或乡话的日益萎缩，抓紧时间做土话或乡话的调查研究，其迫切性毋庸置疑，这是落在湖南方言工作者肩上责无旁贷的历史使命。

2001 年炎夏之季，湖南师范大学一支方言工作者的队伍奔赴湘南各地，调查了十余个土话点。自此以后，一批土话研究的论文在《方言》期刊上陆续发表，一批土话或乡话研究的博士学位论文应运而生，一批以土话或乡话为研究内容的国家课题先后立项。可以说，湘南土话或湘西乡话研究的气候大致形成。

还在2009年接近年尾我们去中山大学参加濒危方言学术研讨会的那一段时间，我校出版社就在酝酿要编写一套濒危方言的丛书。不久，2010年以“濒危汉语方言研究丛书（湖南卷）”为题的国家“十二五”重点图书出版规划项目获得了批准。该项目申报时曾敦请两位著名专家予以推荐。一位是中国社会科学院语言研究所研究员张振兴先生，一位是南开大学文学院教授曾晓渝先生，感谢他们热心的鼓励与荐举。2011年11月湖南师范大学出版社就召开了该项目的作者讨论会，“濒危汉语方言研究丛书（湖南卷）”这一规划项目就此正式上马。2013年10月又举行了第二次作者讨论会，重点讨论了如何提高丛书质量，如期完成规划的问题。2014年学校出版社又经专家论证就这套丛书申报国家出版基金项目，并再次获得批准。

我受托组织编写这套丛书，深感重任在肩。好在我是和我的一群年轻的战友们来共同完成此项任务，看到他们一个个沉着应战，信心满满，我的心也自然是踏踏实实的了。

寒来暑往，一段时间过后，我接触到一部一部的书稿，各地土话的鲜活材料扑面而来。今天和这位作者讨论，明天和那位作者磋商，围绕的中心议题，是对语言事实如何准确地把握、深入地发掘、详实地记录，以及如何尽可能做到合理的解释。

一稿、二稿、三稿……每一位作者对自己的书稿多次修改，反复加工。胡萍最后交稿时，托她的先生捎来一封信（她本人尚在美国做访问学者），信里有一段话：“您这次二稿又帮我审出一些问题，我自己也发现了不少疏漏，所以查遗补缺，未敢懈怠，这次修改完后，我又从头至尾看了两三遍，但仍不敢说万无一失！可见出书之难，体会颇深。临近交稿，虽心有忐忑，但不敢延期。此稿交送后，有时间我还会继续复查，以便校稿时纠正遗漏。”

这种未敢懈怠、追求完善的精神也是丛书其他作者所共同具备的。我想，在田野调查的基础上，编纂、出版一套丛书，对濒危汉语方言的研究无疑会有多重意义，而在这一过程中，一群作者在学术研究的道路上勇于探索、锲而不舍的精神得到的锻造也是至为宝贵的。

这一套丛书包括：《湖南蓝山太平土话研究》《湖南道县祥霖铺土话研究》《湖南双牌理家坪土话研究》《湖南江永桃川土话研究》《湖南东安石期市土话研究》《湖南永州岚角山土话研究》《湖南桂阳六合土话研究》《湖南泸溪梁家潭乡话研究》《湖南城步巡头乡话研究》《湖南绥宁关峡苗族平话研究》。其中大多数为湘南土话，乡话仅两种，最后一种是少数民族使用的汉语方言。

如果加上此前在学界先后出版的湘南土话或湘西乡话的单本研究著作，总共就二十余种。这与湖南丰富的濒危汉语方言的总量相比，还有不小的差距。

眼前这一批学术成果能汇成丛书出版，得衷心感谢湖南师范大学出版社的热情关注与大力支持。特别要致谢的是刘苏华同志，他自始至终全盘负责这套丛书的编纂工作，还有曾经为我校出版方言学术著作贡献良多的曹爱莲同志，也对丛书出版给予了充分的关注。

我们参与的是一项有深远意义的学术建设工程。令人欣慰的是，在我们集合队伍为推动湖南濒危汉语方言抢救性调查研究工作投入力量的过程中，适逢教育部、国家语委决定自2015年起启动中国语言资源保护工程，在全国范围开展以语言资源调查、保存、展示和开发利用等为核心的各项工作。这将形成一股巨大的洪流，我们的工作如同涓涓溪水也将汇入其中。是为序。

鲍厚星

2015年5月初稿

2016年6月修改

目 录

第一章 导论

一、巡头乡话的地理位置与历史沿革

（一）地理位置和历史沿革

城步苗族自治县地处湖南省西南边陲，位于雪峰山脉与南岭山脉交汇之处，沅江支流巫水上游，地理坐标为北纬25°58′～26°42′，东经109°58′～110°37′之间。县境东部与湖南省新宁县搭界，南部与广西壮族自治区资源、龙胜两县接壤，西部毗邻湖南省通道县和绥宁县，北面与湖南省武冈市为邻。县政府驻地儒林镇位于县境中部。

经考古发现，远在秦代以前，城步苗族自治县境内就有人类活动。秦时，今城步苗族自治县北资水流域属长沙郡地，中部巫水流域属黔中郡地，南部的浔江源头为桂林郡地。西汉时，今县境北部为长沙郡地，东汉时属零陵郡地。自汉至隋，县境中部和南部为五溪蛮地，县北资水流域从三国至晋为武冈县，隋初入邵阳县。隋代末年，肖铣据邵阳置建州，[①] 设武攸县，治今城步儒林镇，为城步置县之始。唐武德四年（621），李渊平肖铣，更武攸为武冈，仍治今儒林镇，隶南梁州。唐贞观十年（636），改南梁州为邵州，今城步大部分地方为邵州武冈县地，县南境则分别为“西原蛮”地和“桂州蛮”地。[②] 宋初，移武冈县治于今武冈市城关镇，于原

---

① 隋炀帝大业十三年（617），在隋末农民起义已大大动摇了隋王朝统治的形势下，湖南的军阀在董景珍（巴陵校尉）领导下叛隋，推南梁后裔肖铣为主，建立后梁，割据湖南。

② 西原是唐代对今广西左右江地方的统称。其中左江一带的宁明、龙州、崇左、扶绥等地为黄峒地，右江的天等、靖西等地为侬峒地。黄乾曜、黄少卿等被称为“黄峒蛮”“西原蛮”。（参考黄现璠著《壮族通史》）桂州即今桂林。秦始皇公元前214年置桂林、象郡、南海三郡，这是“桂林”名称的最早起源，南朝改为桂州。唐代许浑有诗《送杜秀才归桂林》云“桂州南去与谁同，处处山连水自通”。

治置城步寨，自此始有“城步”之名。明代弘治十七年（1504）析武冈、绥宁县地置城步县，隶属宝庆府，治所设县城儒林镇，并沿袭至今。清朝乾隆三年（1738）城步改隶靖州，乾隆六年（1741）复隶宝庆府。1949年10月14日，城步县解放，隶属邵阳区督察专员公署，后隶属邵阳专员公署、邵阳地区行政公署。1956年11月30日，国务院批准撤销城步县建制，建立城步苗族自治县，系全国第二个苗族自治县。① 1986年1月27日，国务院批准撤销邵阳地区建置，实行市管县体制，城步苗族自治县划隶邵阳市。

巡头村属城步苗族自治县五团镇，是镇里最边远的村庄，东与广西龙胜各族自治县马堤乡芙蓉村毗邻，西与龙胜各族自治县伟江乡杨湾村接壤，北与南山牧场交界，平均海拔950米，全村7个组，1000人左右，是多民族聚居村，苗族人口占90%。语言环境较复杂，有苗语、溆浦话、黎语及儒林话等。

据巡头村黄姓族谱记载，200多年前，湖南沅陵县有一批说“乡话”的居民迁徙来到五团镇的巡头村、木瓜村，南山镇的蕨枝坪村，以及广西龙胜各族自治县伟江乡甘甲村的蕨枝坪、双坪、玉河、长塘坪、黄家、新屋等小组，据统计共有1100多人。这些地方分散于湘、桂两省交界地带的南山②上，我们把这一带称为南山乡话区，他们所讲的乡话称为南山乡话。

本书的研究对象是城步苗族自治县五团镇巡头村的沅陵移民后代所说的“乡话”，它是南山乡话中的一支，为区别起见，暂称之为“巡头乡话”。

由于迁徙的时间久远，巡头村说乡话的人们的生活习俗跟本地的苗族已基本相同。住的是木质的吊脚楼，一般分两层，经济条件好的也修三层，农具、柴等杂物，家禽家畜，厕所等都在底层。二层和三层供人居

---

① 全国设立的第一个苗族自治县是广西融水苗族自治县，1952年设立。

② 本书所言之“南山”是一个地理概念而非行政概念。行政上的“南山”属湖南城步苗族自治县的一个镇，而地域上的“南山”则地处湖南省西南部和广西壮族自治区北部，分属湖南省城步苗族自治县和广西省龙胜各族自治县，位于雪峰山脉南段，平均海拔1760米，从湖南省城步苗族自治县斜贯广西壮族自治区龙胜各族自治县，绵延80余里，人称“八十里大南山”。据清代道光年间《宝庆府志》记载，城步县有蓝山、跨上扶城、上莫宜、下莫宜、下横岭诸峒，并谓“山正于东西八十里，南北二支对出长一百二十里”，一名“八十里蓝山”，后世谐音讹为“八十里南山”，遂得称“南山”，因23万亩集中连片的草山草坡而被誉为“南方的呼伦贝尔”。1975年湖南省城步苗族自治县在南山建有南国最大的现代化山地牧场“南山牧场”。

住，火房（厨房）通常在二楼的右边，火房里家家都有一个用土质铸成的火坑，既与木质结构的房屋很好地融为了一体，又能很好地防止火灾的发生。当地居民常年烧柴，特别是冬天，更是从天亮烧到天黑，既可做饭，也可烤火。他们沿袭苗族的“打油茶”习俗，早晚喝油茶。① 油茶的原料很丰富，除开茶油和茶叶（专用的一种茶叶）外，其他食源也很丰富。② 同时，他们打油茶有一个习俗：自家打油茶要把左邻右舍喊过来一起分享，很好地体现了乡邻友爱团结的精神。所以通常是十几二十个人围在火坑边，特别是农闲的时候，大家一边喝油茶一边聊天，一来可以烤火暖身，消病祛灾。（油茶成分多，而且热腾腾的，据说每天喝会少病少灾。）二来大家相互交谈沟通、增进感情，这也是他们有着很强凝聚力的原因之一。喝油茶还有一些讲究，有一句俗语说道：“一杯强盗二杯贼，三杯菩萨四杯客。”这就是说，一般在别人家做客喝油茶，最好喝四杯。当然这也是当地人们的热情的一种表达方式。③

现在，他们的服饰跟汉族基本上一样，但是据发音人介绍，他们曾经有过自己的服饰，蓝色棉布质地，衣服上有梅花条，但现在已经失传了。他们的节日有自己的特色，除开有传统的春节、中秋节、端午节外，一年中有两个日子很受重视：农历七月初一和农历十月初一。七月初一称为“半年节”，在这一天，各家各户都要烧包祭祖，中午或晚上请亲戚朋友来家吃饭。在外地工作的人通常要赶回去过节。十月初一叫“丰收节”，它比春节还要隆重，称为“最大的年”。这一天家家要祭祀敬祖，杀鸡宰羊，吃一顿大的团圆饭。据说很早以前这一天会搞一些大型的集体活动来庆祝庄稼的丰收，也为来年的收成祈福。

这一批沅陵移民曾经自称黎人，后来经过民族识别调查发现，他们与海南省的黎族在语言、服饰、民俗、房屋等方面根本没有同源关系，黎族

---

① 以前因为体力活重，因此早晚喝油茶，中午为正餐，吃米饭。但近年来，体力劳动程度降低，特别是冬天的时候，一般都是早上喝油茶，中餐则很随意地吃点杂粮，晚上才是正餐。

② 油茶的具体做法是：先将食物（苡米、花生、芝麻、黄豆、米花、板栗等）用茶油炒好，再把干茶叶浸洗好放入擂钵中用木槌捣碎，放少量茶油于锅中，待油热沸片刻，速将茶叶投入锅中翻炒1 分钟左右，即放水煮，煮沸 2~4 分钟后，将茶水过滤于盛有大蒜、生姜等佐料的钵中，将食物分放茶杯里，再用茶水冲泡即成油茶。

③ 油茶的历史可以追溯到2000 多年以前。可参看李纪振《油茶》，中国农业出版社，1980 年。

成分没有得到政府的认可，他们被就近划为苗族。①

（二）姓氏和人口

据发音合作人黄让援先生介绍，巡头村说乡话的主要有黄姓、萧姓、尹姓。黄、萧两姓关系密切，一直以来都有通婚的习俗。据黄氏族谱记载，黄氏第一代祖先（沅陵舒溪黄氏第五代）黄文义娶的就是萧氏女，他的儿子黄上天以及再后来的舒溪黄氏第九代也都是与萧氏通婚。现在黄、萧两家还在沿袭这一传统。巡头村讲乡话的人数总共只有 100 左右，其中包括一些年青人和小孩。在家庭内部，巡头村的人已经很少使用乡话进行日常交流了。他们对外一般使用城步儒林话，所以这 100 人中有的会说一些乡话，有的只能听懂，已经不太会说了，就连年纪较大的人也不是很熟练，如我们的发音人已经 60 多岁了，有些字、词已经不太会用乡话表达了，要经过多次思索或经提醒之后才能想起。他的三个儿子在日常交际中已经不说乡话。可以说，乡话在这里已呈严重萎缩的局面，乡话使用者的平均年龄在逐步升高，使用的范围也在逐步缩小。正如徐世璇（2001）所说，“一种语言从衰退到消失，在使用人数、使用者的平均年龄、使用功能和语言的内部结构等多方面都有一定的迹象和具体的表现”，巡头乡话已处于急剧衰退的濒危境地。②

另外，木瓜村的各上冲组、木瓜组等地也有部分人说乡话，姓氏除了黄、萧、尹等姓外，还有张、李等姓。木瓜村说乡话的人数无法确定，原因有二：一是大家散居在群山之中，彼此了解并不深入，无法确定是否还能说乡话；二是当地的语言状况复杂。虽然乡话在这里整体上呈衰退趋势，但偶尔也有新鲜血液的加入。如果某家娶了说乡话的媳妇，媳妇不会说也听不懂城步儒林话，为方便交流，丈夫就会主动学媳妇的乡话。当地人把这种现象戏称为“luɔ̃^{45}xa^{53}ki^{45} · ta mei^{13}xa^{45}t‘ua^{45}”（丈夫跟哒$_{着}$媳

---

① 宋朝范成大著《桂海虞衡志 · 志蛮 · 黎》：“山极高，常在雾霭中，黎人自鲜识之。”范成大曾于南宋孝宗乾道八年（1172）至淳熙二年（1175）知广南西路静江府（今广西桂林），淳熙二年正月转任四川制置使兼知成都府。该书是他由广西入蜀道中追忆而作，可见当时广西桂林一带有所谓“黎人”。不过《宋史 · 蛮夷传三》中专门论述了海南的黎人：黎洞，唐故琼管之地，在大海南，距雷州泛海一日而至。其地有黎母山，黎人居焉。旧说五岭之南，人杂夷獠，朱崖环海，豪富兼并，役属贫弱；妇人服缌缏，绩木皮为布，陶土为釜，器用瓠瓢；人饮石汁，又有椒酒，以安石榴花著瓮中即成酒。俗呼山岭为“黎”，居其间者号曰黎人，弓刀未尝去手。弓以竹为弦。今儋崖、万安皆与黎为境，其服属州县者为熟黎，其居山洞无征徭者为生黎，时出与郡人互市。

② 现在沅陵移民的大本营依然在南山，主要是在广西龙胜各族自治县的伟江乡。当地的沅陵移民乡话保存情况要好得多，乡话依然是家庭内部的日常交际语言。

妇驰$_{走}$）。

二、历史背景和语言环境

（一）巡头乡话形成的历史背景

巡头乡话在历史典籍中不见任何记载，不过依据姓氏族谱中的记载，我们还是可以大致了解它形成的历史背景。

湖南省沅陵县在历史上因其特殊的地理位置而成为军事重地。古沅陵隶属武陵郡，是五溪蛮居住的中心。① 秦汉时期中央政权曾挥师伐蛮。汉在沅陵设置官吏、大兴文教，大批外来人口迁居沅陵县地。唐、宋两代，朝廷派兵驻守屯田开垦，大批守兵定居于此。元末明初有大批江南、江西的移民为逃避战乱迁居沅陵等地，而湖南城步南山一带讲乡话的人又是从沅陵等地迁徙而来，下面我们按姓氏来叙写城步五团镇巡头村说乡话的三大姓氏的迁移历史。

黄姓：据黄姓族谱"江夏堂"记载："我祖元周公自宋朝仁宗时入籍茶溪，生二子，分居茶溪、杨溪，后支分派别……江西吉安一府九县乃黄氏所迁居之地。"② 我们到沅陵县筲箕湾镇用坪乡实地考察发现，用坪乡岩头、周家冲的黄姓是从麻阳茶溪搬来的。黄姓家族族谱还记载："黄氏世裔派出江夏，发祥豫章，绍绪湖南辰州府沅陵县第四都舒溪水上用坪周家冲隶籍……黄氏一脉由沅陵而迁居于此者十数传，而支分派别者十数家……义公自乾隆中年辞梓里而适宝属挈家眷，而宇南山开箐种黍，……"根据族谱所记载年代来推算，黄姓祖先是在200多年前从沅陵迁过来的。据发音人黄让援先生介绍，当年，黄氏第五代祖先黄文义和黄文贤兄弟携家带口来到南山上，在今广西龙胜的同江水居住下来，③ 后来文义的儿子上天迁到伟江乡黄家组居住，他的孙子中有一支迁至双坪，另有一支搬到了木瓜村砖屋角安定下来，后来发觉巡头村田心寨比砖屋角好，就来到了巡头。后来，又有一些黄姓人回到南山上居住。从族谱来看，黄姓从沅陵搬迁到南山已

---

① 五溪蛮亦称"武陵蛮"，东汉至宋时对分布于今湘西及黔、川、鄂三省交界地沅水上游若干少数民族的总称，因其地有五条溪流而得名。

② 茶溪现属湖南省麻阳苗族自治县吕家坪镇，杨溪现属湖南省辰溪县潭湾镇，均在两县交界地带，两地相距只有数里之遥。

③ 他们自称"上同江水"。同江水实际上只是一条小溪流，广西与湖南两省民间一般以此为交界。

经有 11 代了。

萧姓：据萧氏族谱记载，他们跟黄氏基本是同时来的，已经有 200 多年了，他们也是江西的移民，最早迁移到邵阳九公桥，然后迁到沅陵舒溪用坪桂竹村（周家冲对面），再从沅陵迁到南山上，巡头村的萧姓是从南山的玉河搬迁过来的。萧姓从沅陵过来已经有 12 代了。

尹姓：尹姓是从沅陵舒溪大河边过来的。他们主要分布在下同江水（同江水下游），同江水把尹姓分为湖南尹家和广西尹家，分别有 40 人左右和 120 多人。由于历史资料的缺乏，他们具体迁来的时间已经无从知晓。

这几个姓氏的乡话基本相同，只有若干词有差异，如黄家和尹家管“妈妈”叫 a^{45}ȵioŋ^{45}，管“爸爸”叫 ia^{45}，萧家管“妈妈”叫 ne^{45} · ne，管“爸爸”叫 tia^{45}。尹家管“伯伯”叫 po^{42} · po，管“叔叔”叫 o^{13}。黄家和萧家管“伯伯”叫 pe^{42} · pe，管“叔叔”叫 man^{53} · man。此外，萧家“背篓”和“钱”不分，都叫 zæ^{24}，黄家和尹家“背篓”叫 ʣuõ^{24}，“钱”叫 ʣæ^{13}。尹家和萧家把“缝衣服”的“缝”叫 paɔ^{13}，黄家叫 bæ^{13}。黄家和尹家把“水瓢”叫 ʥy^{13}，萧家叫 ʨiaɔ^{45} tiu^{45}。黄家和尹家把“筷子”叫 tiu^{24}，萧家叫 k‘uæ^{24}tiu^{24}。

（二）语言环境

城步苗族自治县是一个以苗、汉两大民族为主体的多民族杂居县。境内居住着苗、汉、侗、瑶等十多个民族，据 1990 年的数据统计，全县居住着 15 个民族，总人口 23.61 万。按民族分，苗族占 51.3%，汉族占 45.7%，人口上千的少数民族还有侗族（3053 人）、瑶族（2276 人）、回族（1399 人）。其中，苗、汉、侗、瑶等民族是世居民族，它们都有自己的语言，其他民族使用当地的汉语。

汉语是城步县境内最通行的语言，李蓝（2004）把城步的汉语分为儒林话、西岩话、土桥话、蓬洞话、长安话、六甲话和南山话等七种，前四种归入湘语，长安话和六甲话归入西南官话，当地人称南山话为“沅陵话”或“乡话”。我们研究的巡头乡话属于李蓝先生所讲的“南山话”的一支。

巡头村是城步五团镇的一个行政自然村，从五团镇只有一条山路通往那里，车程 40 分钟左右。2009 年我们去调查时，每天只有一趟货车（人货混装，现在也只有一趟班车）进出，早上从巡头出发，到五团，过省界到达广西龙胜各族自治县县城，下午原路返回。这里的人们赶集、买东西都去广西省龙胜，跟龙胜接触非常密切。巡头村是个移民村，有沅陵、溆浦、新化移民（据发音人介绍，新化移民在这里已经有 8 代了），同时还有苗族杂居，所以他们的语言环境很复杂，当地人都是天生的语言大师，至少会说两种以上的语言（或方言），许多人会说四五种。发音合作人黄让援先生会说巡头乡话、城步儒林话、桂林官话①、溆浦话等，苗人话、新化话也会说一点。巡头乡话只是族姓内部才使用的语言，年青一辈日常家庭内部已经不太使用乡话，主要原因是时代进步，婚姻自由了，结婚找对象不一定在族群内部选择，因此用乡话进行日常交际有些困难。小孩更加不太会说，有的已经听不懂乡话了。他们跟外界交流主要使用城步话（儒林话），去广西龙胜主要用桂林官话进行交流。

三、研究对象和研究现状

（一）研究对象

本书的研究对象是巡头乡话，主要分布在湖南省城步苗族自治县五团镇的巡头村，它是 200 多年前沅陵县筲箕湾用坪一批讲乡话的人由于历史的原因迁到南山蕨枝坪，再在 150 多年前辗转迁移到巡头村后形成的一种乡话，使用人口约 100 人。这种乡话他们自称“沅陵话”，经过几百年的磨蚀，它还保留着湘西乡话的底层，但它已不同于迁出地的湘西乡话，我们暂且称为“巡头乡话”。

巡头乡话是一个乡话方言岛，它的使用人口数量较少，从目前的现状来看还有渐渐萎缩的趋势。持乡话的人与周围的人无法沟通，为了与外界交流，他们必须学会其他方言，因此巡头乡话也自然而然会产生演变和变异，既部分保留乡话的本来特色，又有可能自身产生内部演变或由于外界的干扰产生接触变异，巡头乡话将来是否面临消亡的命运，我们不得而知。

（二）研究现状

乡话从提出到现在，因它特殊的语言现象一直吸引了语言学界学者们的目光，乡话到底是一种汉语方言还是少数民族语言？学者们进行了深入的讨论。20 世纪 80 年代初有人提出乡话是少数民族语言。中国社科院王

① 他们称“龙胜话”。

辅世先生根据他1956年调查的湖南泸溪县红土溪乡话的材料，于1982年写成《湖南泸溪瓦乡话语音》，在《语言研究》第1期发表，提出瓦乡话是一种汉语方言。1983年鲍厚星和伍云姬两位先生调查了沅陵麻溪铺乡话，并将材料整理成《沅陵乡话记略》，发表于1985年《湖南师大学报》增刊。他们通过对麻溪铺乡话的研究得出结论：沅陵乡话"实际是汉语的一种方言"。后来，（瓦乡人）张永家、侯自佳在《吉首大学学报》（哲社版）1984年第1期发表了《关于"瓦乡人"的调查报告》，他们认为瓦乡话是一种少数民族语言。对此，王辅世先生发表了《再论湖南泸溪瓦乡话是汉语方言》一文进行回应。这篇文章从语音和词汇的角度再次论证了瓦乡话是汉语方言。1991年鲍厚星先生撰写《沅陵乡话和沅陵客话》一文，再次说明沅陵乡话和泸溪瓦乡话属于同一种汉语方言，并将它们统称为"乡话"。之后有关乡话的文章和论著越来越多，1999年，杨蔚出版了专著《沅陵乡话研究》，这是关于乡话的第一本专著。该书从语音、词汇和语法的角度对沅陵乡话做了系统的介绍。在此基础上，杨蔚于2004年又以乡话为题写出了博士论文《湘西乡话音韵研究》。该文以作者田野调查和已发表的湘西乡话的材料为基本语料，对湘西乡话的声母、韵母、声调中的一些重要特点从共时类型和历时演变的角度进行了研究和探讨。2001年，李永明、鲍厚星两位先生主编的《湖南省志·方言志》中也介绍了沅陵乡话的概况，内容包括语音系统、常用词汇、语法例句和标音举例。2005年陈晖主持的课题《乡话——汉语濒危方言个案研究》获得国家社科基金立项资助。瞿建慧《湖南泸溪（白沙）乡话的性质和归属》（2007）和《湖南泸溪白沙（屈望）乡话的音系》（2008）是这项课题的阶段性成果。杨蔚（2002）《沅陵乡话声母的历史语音层次》和蒋冀骋《沅陵乡话z声母的形成及其所反映的语音历史层次》（2006）分别对沅陵乡话中的个别语音现象的层次问题进行了探讨。曹志耘《湘西方言概述》（2007）中也有对乡话情况的介绍。伍云姬《湘西瓦乡话风俗名物彩图典》（2007a）是一本风格独特的图书，其目的在于抢救即将消失的文化词语。这本图典共收照片389幅，方言词语479个。每张照片的名物都包括名物的名称和注释。杨蔚、詹伯慧（2009）《湘西乡话的分布与分片》《湘西乡话的语音特点》就湘西乡话的分布情况及语音特点做了详细的分析，并从地理、移民、语言接触、自身演变等方面分析了湘西乡话形成的历史和内部差异产生的原因。向海洋（2009）以沅陵乡话为研究对象写出了《沅陵乡话语音研究》的硕士学位论文。2010 年，伍云姬、沈瑞清又出版了《湘西古丈瓦乡话调查报告》，对湖南省古丈县的乡话进行了全面系统而深入的研究。杨蔚 2010 年出版《湘西乡话语音研究》，从共时和历时的角度全面展示了湘西乡话的分布与分片、语音特点、内部关系等情况。郑焱霞（2010）以南山蕨枝坪（隶属广西龙胜各族自治县）乡话为研究对象写出了《湘桂边界南山乡话研究》的博士论文。赵日新、李姣雷（2014）在《方言》季刊上发表了《湖南沅陵清水坪乡话同音字汇》。

与此同时，对乡话的语法研究也开始展开，蒋冀骋（2004），伍云姬（2007b）和伍云姬、曹茜蕾（2008）从不同的角度对乡话中的个别语法问题进行了探讨。

此外，乡话的材料问世后，吸引了许多语言学家的目光，有些学者在讨论到汉语方言音韵现象时也多次讨论到乡话的音韵问题，如李如龙（1983）、张琨（1992）、蒋希文（1991）等，由于他们不是以乡话作为主要的研究对象，因此我们这里就不一一介绍了。

从上面的述说可以看出，近二十几年来乡话研究取得了不少的成绩，但以前的诸多研究把乡话的地理范围重点划在了湘西地区，主要是沅陵、泸溪、辰溪、溆浦、古丈五县，这一地区可以说是乡话的大本营所在，理所当然是我们研究乡话的重点区域。但是不是乡话在其他地方没有呢？其实，鲍厚星先生早在 1993 年就已经在《湖南城步（儒林）方言音系》中提到过："城步境内的巡头村以及南山牧场一带还有从沅陵过来的乡话，使用者数千人。"1996 年版《城步县志》（P559）中记录了一种"南山话"，作者指出，"南山话源于沅陵'瓦乡话'"，并简单记录了"南山话"的声、韵、调系统以及一些词语，这是第一次外界能够了解到湘西地区以外的乡话材料。但是总体而言，这一带乡话的情况还没有引起学界的足够重视，时至今日，我们把乡话的研究触角延伸扩展，既让人们对乡话的地理分布有了更深的了解，也进一步丰富了乡话的材料。

四、音标符号

本书采用国际音标系统，下面是本书所用的声母、韵母、声调符号。

（一）辅音符号

本书所用辅音音标见下表：

发音方法 / 部位	塞音			塞擦音			鼻音	擦音		边近音
	不送气		送气	不送气		送气		清音	浊音	
	清音	浊音		清音	浊音					
双唇音	p	b	pʻ				m	ɸ	β	
唇齿音								f	v	ʋ
舌尖前音				ʦ	ʣ	ʦʻ		s	z	
舌尖中音	t	d	tʻ				n			l
舌尖后音				ʈʂ		ʈʂʻ	ɳ	ʂ	ʐ	
舌面前音				ʨ	ʥ	ʨʻ	ȵ	ɕ	ʑ	
舌面后音	k	g	kʻ				ŋ	x	ɣ	
喉音	ʔ									

说明：①零声母一般不标写，必要的时候记作 Ø。

②ŋ 可以自成音节，在上面加小短竖，记作 ŋ̍。

（二）元音符号

本书所用元音音标见下表：

	舌面元音						舌尖
	前		央		后		
	不圆唇	圆　唇	不圆唇	圆　唇	不圆唇	圆　唇	
高	i	y			ɯ	u	ɿ
次高	I						
半高	e				ɤ	o	
次低（中）	ɛ		ə			ɔ	
半低	æ						
低	a				ɑ		

用图表示如下：

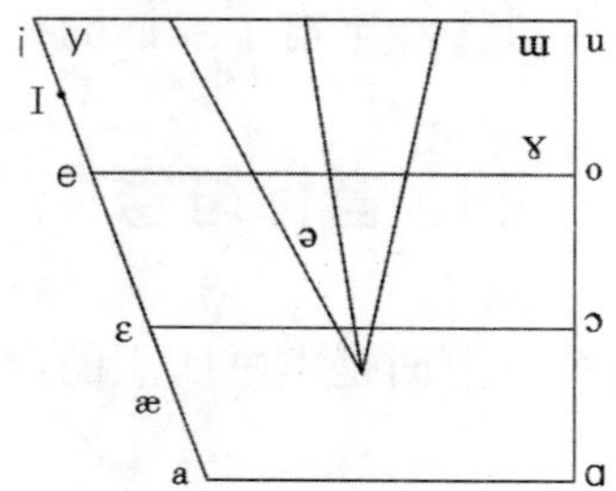

说明：鼻化元音在元音上加~，如 ã 表示 a 的鼻化音。

（三）声调符号

本书采用通行的五度制标调系统，分为高、半高、中、半低和低五度，分别用 5、4、3、2、1 表示。为了印刷的方便，本书直接用数字来表示调值，而不采用刻度法，也不用发圈法来表示调类。

（四）其他符号

本书标音使用上面所说的符号。偶尔用到拼音方案，由于声调标在主要元音上，不做特别的说明。

“□”用来表示暂时考不出本字的字。

“~”表示复举。

在音标符号中间用上箭头→，用来表示“发展为”的意思。

在《同音字表》一章，字下加单线的是白读，字下加双线的是文读。又音的字，在后面括号内加“又音”字。在《声韵调配合表》中，①②③④等表示需要特别说明的字，说明见表的下方。

五、发音合作人

本书的主要发音合作人：

黄让援，男，1944 年生，高中文化，城步五团镇巡头村二组人，医生。

尹时娇，女，1947 年生，小学文化，城步五团镇巡头村二组人，农民。

杨甲秀，女，1954 年生，小学文化，城步五团镇巡头村五组人，农民。

第二章　巡头乡话音系

一、声韵调分析

（一）声母

巡头乡话有声母 28 个，包括零声母在内。

p	pʻ	b	m	f	ʋ	
t	tʻ	d				l
ʦ	ʦʻ	ʣ		s	z	
ʨ	ʨʻ	ʥ	ȵ	ɕ	ʑ	
k	kʻ	g	ŋ	x	ɣ	
Ø						

说明：

①巡头乡话中的浊音是地道的带音，浊感强烈，在语图上有明显的浊音横杠。一般来说，浊音与清音在声调上的表现是：浊音一般与低调相连，而清音一般与高调相连。但是在巡头乡话中，在调值最高的上声调 53 中，也有真正的带音存在。

②“飑肥”二字的声母是一个双唇擦音，严格说来应记作［ɸ］，因仅此两字，故并入［f］。

③声母［ʋ］的摩擦没有［v］那么强烈，是近音而非浊呲音，今记作［ʋ］。

下面是声母例字：

［p］	闭 pi^{24}	布 pu^{24}	拜 pa^{24}	遍 pie^{24}	豹 $paɔ^{24}$	半 $poŋ^{24}$
［pʻ］	屁 $pʻi^{24}$	步 $pʻu^{24}$	妇 $pʻa^{53}$	骗 $pʻiɛn^{24}$	炮 $pʻaɔ^{24}$	披 $pʻei^{45}$
［b］	枇 bi^{13}	菩 bu^{13}	盘 $buɔ̃^{13}$	盆 $bæ^{13}$	朋 $bəu^{13}$	瓶 bin^{13}
［m］	味 $mĩ^{24}$	木 mu^{42}	脉 ma^{42}	米 mie^{53}	毛 $maɔ^{45}$	满 $moŋ^{53}$

[f] 肥 fi^{13} 斧 fu^{53} 皮 fa^{13} 口$_{\text{烂}}$fei^{24} 兄 foŋ^{45} 方 foŋ^{45}
[ʋ] 武 ʋu^{53} 胡 ʋu^{13} 糊 ʋu^{13} 舞 ʋu^{53} 网 ʋoŋ^{53} 房 ʋoŋ^{13}
[t] 多 ti^{45} 毒 tu^{42} 底 ta^{53} 第 ti^{24} 东 təu^{45} 当 toŋ^{45}
[t‘] 体 t‘i^{53} 兔 t‘u^{24} 梯 t‘a^{45} 地 t‘ie^{53} 桶 t‘əu^{53} 汤 t‘oŋ^{45}
[d] 履 di^{53} 徒 du^{13} 豆 da^{24} 啼 die^{13} 同 dəu^{13} 唐 doŋ^{13}
[l] 里 li^{53} 露 lu^{24} 楼 la^{45} 年 le^{45} 礼 liu^{53} 糖 loŋ^{13}
[ʦ] 精 ʦin^{45} 水 ʦu^{53} 早 ʦaɔ^{53} 尖 ʦe^{45} 宗 ʦəu^{45} 装 ʦoŋ^{45}
[ʦ‘] 嫂 ʦ‘aɔ^{53} 醋 ʦ‘u^{24} 取 ʦ‘a^{53} 初 ʦ‘e^{45} 葱 ʦ‘əu^{45} 上 ʦ‘oŋ^{24}
[ʣ] 钱 ʣæ^{13} 热 ʣu^{24} 扯 ʣa^{53} 前 ʣe^{13} 财 ʣua^{13} 层 ʣuɔ̃^{13}
[s] 梳 sei^{45} 鼠 su^{53} 师 sa^{45} 深 se^{45} 送 səu^{24} 霜 soŋ^{45}
[z] 野 zo^{45} 夜 zu^{24} 油 za^{45} 顺 zui^{24} 盐 zæ^{13} 洋 zoŋ^{13}
[ʨ] 借 ʨi^{24} 左 ʨy^{53} 酒 ʨia^{53} 井 ʨie^{53} 书 ʨiu^{45} 姜 ʨioŋ^{45}
[ʨ‘] 菜 ʨ‘i^{24} 吹 ʨ‘y^{45} 秋 ʨ‘ia^{45} 近 ʨ‘ie^{24} 熟 ʨ‘iu^{42} 香 ʨ‘ioŋ^{4}
[ʥ] 流 ʥiu^{13} 棋 ʥi^{13} 求 ʥia^{13} 咸 ʥie^{13} 球 ʥiu^{13} 墙 ʥioŋ^{13}
[ȵ] 银 ȵi^{45} 月 ȵy^{42} 尿 ȵiaɔ^{24} 耳 ȵie^{53} 鱼 ȵiu^{45} 娘 ȵioŋ^{45}
[ɕ] 碎 ɕi^{24} 税 ɕy^{24} 夏 ɕia^{24} 什 ɕie^{24} 手 ɕiu^{53} 乡 ɕioŋ^{45}
[ʑ] 渠$_{\text{第三人称}}$ʑi^{13}
[k] 跟 ki^{45} 姑 ku^{45} 鸡 ka^{45} 耕 ke^{45} 告 kəu^{24} 虹 kuɔ̃^{24}
[k‘] 黑 k‘i^{42} 苦 k‘u^{53} 溪 k‘a^{45} 楷 k‘e^{53} 空 k‘əu^{45} 矿 k‘oŋ^{24}
[g] 舅 go^{24}
[ŋ] 丫 ŋo^{45} 牛 ŋɯ^{45} 岩 ŋa^{45} 熬 ŋaɔ^{13} 鹅 ŋui^{45} 硬 ŋuɔ̃^{24}
[x] 灰 xi^{45} 蒿 xaɔ^{45} 下 xa^{24} 恨 xe^{24} 薅 xəu^{45} 寒 xan^{13}
[ɣ] 河 ɣa^{13} 禾 ɣɯ^{13} 学 ɣo^{13} 后 ɣa^{24} 虹 ɣəu^{13} 行 ɣuɔ̃^{13}
[Ø] 医 i^{45} 蜈 u^{13} 沤 a^{24} 影 in^{53} 话 ua^{24} 口$_{\text{喝}}$uɔ̃^{53}

（二）韵母

巡头乡话有韵母33个，包括自成音节的 ŋ̍ 在内。

ʅ			
	i	u	y
a	ia	ua	
o	io		
e	ie	ue	ye
æ		uæ	
ɯ			

ei		ui	yi
aɔ	iaɔ		
əu	iu		
ĩ			
		uɔ̃	
an	iɛn		
	in		
aŋ	iaŋ		
oŋ	ioŋ		
ŋ̍			

说明：

①［e］［ie］［ye］三韵母中的 e 实际音质介于［e］和［ɛ］之间，没有音位对立，可以记作［ɛ］，为了系统的统一，我们记作［e］。

②［an］［iɛn］［in］［iaŋ］这几个韵母都是受普通话或官话的影响而产生的，主要用于借词。

③［ɯ］并非地道的［ɯ］，舌位稍前且稍低，从听感上判断，兼有［ɯ］和［ɵ］的音色。

下面是韵母例字：

［ɿ］	池 tsɿ^{13}	子 tsɿ^{53}	齿 tsʻɿ^{53}	拾 tsʻɿ^{53}	世 sɿ^{53}	柿 zɿ^{24}
［i］	鼻 bi^{13}	飞 fi^{45}	替 tʻi^{24}	屁 pʻi^{24}	烟 i^{45}	灰 xi^{45}
［u］	补 pu^{53}	壶 fu^{13}	徒 du^{13}	福 fu^{24}	过 ku^{24}	芋 u^{53}
［y］	雀 tɕy^{42}	脶 ly^{45}	鬼 tɕy^{53}	吹 tɕʻy^{45}	月 ȵy^{42}	围 y^{13}
［a］	妇 pʻa^{53}	火 fa^{53}	底 ta^{53}	字 za^{24}	沟 ka^{24}	后 ɣa^{24}
［ia］	抽 tʻia^{53}	六 lia^{42}	九 tɕia^{53}	周 tɕia^{45}	鳅 tɕʻia^{45}	球 dʑia^{13}
［ua］	拜 pua^{24}	碓 tua^{24}	岁 sua^{24}	财 dzua^{13}	瓜 kua^{45}	有 ua^{53}
［o］	麦 mo^{42}	三 so^{45}	蜡 lo^{42}	瞎 xo^{42}	矮 o^{53}	北 pʻo^{42}
［io］	中 tio^{45}	笪 dʑio^{13}	写 ɕio^{53}	学 ɕio^{42}	约 io^{42}	笪$_{斜}$ dʑio^{24}
［e］	边 pe^{45}	破 pʻe^{24}	尖 tse^{45}	天 tʻe^{45}	耕 ke^{45}	格 ke^{24}
［ie］	米 mie^{53}	篇 pʻie^{45}	地 tʻie^{53}	齐 tɕie^{24}	坐 dʑie^{24}	耳 ȵie^{53}
［ue］	闩 sue^{45}	穿 tsʻue^{45}	圈 tsʻue^{45}	官 kue^{45}	竿 kue^{53}	和 ue^{13}
［ye］	重 tʻye^{53}	茄 tɕye^{13}	裙 tɕye^{13}	锁 ɕye^{53}	寻 lye^{45}	云 ye^{13}
［æ］	粉 pæ^{53}	盐 zæ^{13}	簟 læ^{24}	棚 bæ^{13}	尾 mæ^{53}	眼 ŋæ^{53}
［uæ］	圞 luæ^{13}	准 tsuæ^{53}	茶 tsʻuæ^{53}	船 zuæ^{24}	旋 zuæ^{24}	横 uæ^{13}

[ɯ]	拔 pɯ^{42}	蚊 mɯ^{45}	脚 kɯ^{42}	起 k‘ɯ^{53}	割 kɯ^{42}	牛 ŋɯ^{45}
[ei]	碑 pei^{45}	披 p‘ei^{45}	妹 mei^{45}	枝 ʦei^{45}	赤 ʦ‘ei^{42}	梳 sei^{45}
[ui]	团 tui^{13}	村 ʦ‘ui^{45}	闰 zui^{24}	棍 kui^{24}	困 k‘ui^{24}	婚 xui^{45}
[yi]	军 ʨyi^{45}	楦 ɕyi^{45}	薰 ɕyi^{45}	完 yi^{45}	院 yi^{24}	嚼 ʥyi^{42}
[əu]	工 kəu^{45}	东 təu^{45}	桶 t‘əu^{53}	丑 səu^{24}	空 k‘əu^{45}	虹 ɣəu^{13}
[iu]	猪 tiu^{45}	直 t‘iu^{45}	礼 liu^{53}	书 ʨiu^{45}	手 ɕiu^{53}	食 ʥiu^{24}
[aɔ]	饱 paɔ^{53}	到 taɔ^{24}	桃 laɔ^{13}	烧 saɔ^{45}	高 kaɔ^{45}	蒿 xaɔ^{45}
[iaɔ]	表 piaɔ^{53}	庙 miaɔ^{24}	条 tiaɔ^{13}	桥 ʨiaɔ^{13}	晓 ɕiaɔ^{53}	腰 iaɔ^{45}
[an]	晚 man^{53}	坦 t‘an^{53}	錾 ʦan^{24}	秆 kan^{53}	鼾 xan^{45}	梗 kan^{53}
[iɛn]	店 tiɛn^{24}	镰 liɛn^{13}	欠 ʨ‘iɛn^{24}	钳 ʥiɛn^{13}	嫌 ɕiɛn^{13}	鳝 ɕiɛn^{24}
[in]	瓶 bin^{13}	能 lin^{45}	轻 ʦ‘in^{45}	星 sin^{45}	椽 zin^{13}	燕 in^{24}
[aŋ]	□* baŋ^{13}	□* maŋ^{53}	□* faŋ^{45}	□* zaŋ^{24}		
[iaŋ]	萤 iaŋ^{13}	杨 iaŋ^{13}				
[oŋ]	螃 boŋ^{13}	望 moŋ^{24}	汤 t‘oŋ^{45}	塘 doŋ^{13}	痒 zoŋ^{53}	半 poŋ^{24}
[ioŋ]	账 tioŋ^{24}	梁 lioŋ^{45}	章 ʨioŋ^{45}	香 ʨ‘ioŋ^{45}	伤 ɕioŋ^{45}	墙 ʥioŋ^{13}
[ĩ]	兵 pĩ^{45}	边 pĩ^{45}	眉 mĩ^{45}	味 mĩ^{24}	砚 ȵĩ^{24}	见 kĩ^{24}
[uɔ̃]	班 puɔ̃^{45}	襻 p‘uɔ̃^{24}	命 muɔ̃^{24}	病 fuɔ̃^{24}	铛 ʦ‘uɔ̃^{45}	甘 kuɔ̃^{45}
[ŋ̍]	人 ŋ̍^{45}	日 ŋ̍^{42}	黄 ŋ̍^{13}	五 ŋ̍^{53}	汗 ŋ̍^{24}	二 ŋ̍^{24}

注：baŋ^{13}：~脑牯：光头。

maŋ^{53}：~槌：用来捶打稻草或芦苇秆的槌子。

faŋ^{45}：~瓜：南瓜。

zaŋ^{24}：~ŋa^{53}：他/她/它们。

（三）声调

巡头乡话有 5 个声调：

阴平 45　阳平 13　上声 53　去声 24　入声 42

例字：

阴平 45　心饭熬直麻箅寻

阳平 13　嫌回松~树船台皮尼

上声 53　养十阵惧右茶竖

去声 24　闰欠洞食捏楦格

入声 42　汁骨熟脚黑捉脉

说明：

①阳平和去声调值很接近，有时需要通过比字才能准确判断，严格来讲阳平只是比去声稍低一点点，可记作 214，为了区分明显，今记作 13。

②阴平与上声都是高调，但上声是高降，阴平是高升，故上声记作 53，阴平记作 45。

二、声韵调的配合

（一）声韵配合关系

巡头乡话的声韵配合关系如下表。表中把韵母分成开、齐、合、撮四类，声母分成六组。空格表示声韵不配合。

声韵配合关系表

	开口呼	齐齿呼	合口呼	撮口呼
p pʻ b m f ʋ	㼎破陪蚊坟还	闭偏鼻门	布步菩煤湖胡	
t tʻ d l	底梯豆年	多尘啼里	钉胎徒炉	中重虫罗
ʦ ʦʻ ʣ s z	遮取树闪线		栽茶船筛穗	
ʨ ʨʻ ʥ ȵ ɕ ʑ		菜热孽写渠$_{\text{他她它}}$		军戳嚼月锁
k kʻ g ŋ x ɣ	鸡溪舅硬孝禾	跟黑　灰	街开　花	
Ø	燕	烟	远	围

从上表可以归纳出巡头乡话声韵调配合关系的一些特点：

①［p-］组声母，p　pʻ　b　m 四个声母可拼开口呼、齐齿呼、合口呼，不能拼撮口呼；f 能与开口呼、合口呼相拼，ʋ 与合口呼相拼，f　ʋ 与合口呼相拼时只限［u］韵。

②［t-］组声母可与开口呼、齐齿呼、合口呼、撮口呼相拼。

③［ʦ-］组声母只与开口呼、合口呼相拼，而［ʨ-］组声母只与齐齿呼、撮口呼相拼。

④［k-］组声母可与开口呼、齐齿呼、合口呼相拼，不与撮口呼相拼。

（二）声韵调配合表

以下是巡头乡话的声韵调配合表。表中同一横行表示声母相同，同一竖行表示韵母和声调相同，空格表示没有配合关系。有意义而无字的，表里用加圈数字表示，并在表后加注。其他需要说明的字在其右上角标记数字，表后加注。文字下划单横线表示白读音，下划双横线表示文读音。

声韵调配合表之一

	ɿ					i					u				
	阴平 45	阳平 13	上声 53	去声 24	入声 42	阴平 45	阳平 13	上声 53	去声 24	入声 42	阴平 45	阳平 13	上声 53	去声 24	入声 42
p						②		比	闭	壁	⑦		补	布	不
p‘						偏			撇		铺			步	
b							鼻					菩		父	
m											煤	⑧	⑨		木
f						虱[1]	肥		吠		夫	湖	斧	瓠	
ʋ												胡	舞		
t						多	蹄		第	摘			肚		毒
t‘						尘	屉		替	侄			土	兔	
d								履[2]	弟			徒	⑩		
l						③	迟	李	滤	立	炉		⑪	读	
ts	①	池	指	痣	汁						租		水	⑫	卒
ts‘			十											醋	出
dz													⑬	射	
s	实	时	屎	士								鼠		糯	
z		鹚	子	柿									穗	入	
tɕ						金	餈	姐	镜	室[3]					
tɕ‘						牵			菜	七					
dʑ							糍	④	舌	热					
ȵ						燃	尼	你	艺						
ɕ						祈[4]	席	死	碎	叶					
ʑ							渠[5]								
k						跟		⑤			姑		古		谷
k‘										黑			苦		
g															
ŋ															
x						灰								互	
ɣ															
Ø						烟		⑥	印	噎	乌	蜈	吾	芋	

① tsɿ^{45}：～ke^{53}颈

② pi^{45}：～子骨：肋骨

③ li^{45}：～个：哪个

④ ʥi^{53}：～子：骟过的马

⑤ ki^{53}：tɕʻio^{13}～：捉迷藏

⑥ i^{53}：ta^{13}～·li：哪一天

⑦ pu^{45}：tso^{53}tɕi^{45}～：爷儿俩

⑧ mu^{13}：～娘：老鹰

⑨ mu^{53}：～年：明年

⑩ du^{53}：～哒来：顺便

⑪ lu^{53}：～·sɿ 瓢：笊篱

⑫ tsu^{24}：～雨：下雨

⑬ ʣu^{53}：用手指戳

[1]虺 fi^{45}：蛇。《广韵》微韵晓母上声，许伟切，蛇虺。《字汇》：虺，蛇属，细颈大头，色如绶文，大者长七八尺。

[2]履 di^{53}：鞋子。《广韵》脂韵来母上声，力几切。《说文》：足所依也。从尸从彳从夂，舟象履形。

[3]室 tɕi^{42}：房子。《说文》：室，实也。段注：古者前堂后室。释名曰：室，实也，人物实满其中也。

[4]祈 ɕi^{45}：家～牌：祖宗牌。《广韵》微韵群母平声，渠希切。求也，报也，告也。《说文》：祈，求福也。《礼记·郊特牲》：祭有祈焉。

[5]渠 ʑi^{13}：单数第三人称。《广韵》鱼韵群母平声，强鱼切。《集韵》鱼韵：倮，吴人呼彼称，通作渠。

声韵调配合表之二

	y					a					ia				
	阴平45	阳平13	上声53	去声24	入声42	阴平45	阳平13	上声53	去声24	入声42	阴平45	阳平13	上声53	去声24	入声42
p						巴			背	笔					
p'						①		②	③						
b															
m								买	卖	脉					
f							皮	被		匹					
ʋ															
t				掉		头	搭	底	④	德	⑩		跺		
t'						梯			剃	铁	抽	蹄	柱		踢
d				大又			台	篓	豆	跌					
l	脶	驴		大		楼		⑤	纳				柳		六
ts							⑥	崽	树						
ts'								取							
dz								扯							
s						师		使[1]	数名	色					
z						樻[2]		右	漏						
tɕ	龟		左	醉	雀						周		酒	旧	
tɕ'	吹		惧	错	缺						秋				
dʑ		旋		跪								求			⑪
ȵ	浓				月							⑫		⑬	
ɕ	胸		洒	税	雪						修			夏	杀
ʑ															
k						鸡		解	笱[3]	甲					
k'						溪		口	扣	掐					
g															
ŋ						岩		偓							
x						⑦	盒	⑧	下						
ɣ							颌		⑨						
Ø	淤	围	雨	味	钥	阿	喉	也	沤		爷				

① p'a⁴⁵：~生子：遗腹子

② p'a⁵³：一~：两臂平伸两手伸直的长度

③ p'a²⁴：~la⁴⁵：脏

④ ta²⁴：~la⁵³：哪里

⑤ la⁵³：ŋ̍²⁴~：那里

⑥ ʦa¹³：~məu⁴⁵牯：妹夫

⑦ xa⁴⁵：mei¹³~：妻子

⑧ xa⁵³：男~牯：丈夫

⑨ ɣa²⁴：~ŋa⁵³：我们

⑩ tia⁴⁵：明~：明天

⑪ ʥia⁴²：像

⑫ ȵia¹³：小

⑬ ȵia²⁴：~火：生气

[1]使 sa⁵³：用。

[2]樝 za⁴⁵：梨。《广韵》麻韵庄母平声，侧加切。似梨而酸，或作柤。《说文》：果似棃而酢。从木虘聲。

[3]笱 ka²⁴：一种捕鱼的篓子。《广韵》侯韵见母上声，古厚切。取鱼竹器。《说文》：曲竹捕鱼笱也。段注：《毛传》曰：笱，所以捕鱼也。

声韵调配合表之三

	ua					o					io				
	阴平45	阳平13	上声53	去声24	入声42	阴平45	阳平13	上声53	去声24	入声42	阴平45	阳平13	上声53	去声24	入声42
p			摆	拜	八	疤	牌	把	欛	百					
pʻ			稗			白			帕	北					
b		排					耙								
m						麻		马		麦					
f															
ʋ															
t	堆			对		②		顶	③	隻	⑬				
tʻ	胎		腿	退	脱	④				塔					
d							⑤	⑥	⑦						
l				癞			爬			辣					
ts	栽	杂		岁	捉	遮		⑧	炸	炙[5]					
tsʻ	猜		①		插	车			岔	尺					
dz		财							罪						
s	筛			碎	萨	沙		舍							
z							⑨	野	线						
tɕ															
tɕʻ												⑭	⑮		
dʑ												笪[6]			
ȵ															
ɕ												学	写		
ʑ															
k	街		解	盖	骨	家	⑩	假	架	夹					
kʻ	开		敤[1]	块	窟[2]			可	课	客					
g									舅						
ŋ						牙	蛾			额					
x	孩		海	哈[3]	穫[4]	虾			害	瞎					
ɣ							河		下	吓					
Ø	鸦		<u>雨</u>	话	挖	屙	⑪	哑	⑫	压					约

① ʦʻua^{53}：~~：用食指和中指的指关节敲击别人

② to^{45}：都

③ to^{24}：ʦo^{53}~：两个

④ tʻo^{45}：e^{24}~：这个

⑤ do^{13}：~早：趁早

⑥ do^{53}：~屄：交合

⑦ do^{24}：蹲在地上

⑧ ʦo^{53}：~隻鸡：两只鸡

⑨ zo^{13}：~高脚：踩高跷

⑩ ko^{13}：e^{24}~·li：这些

⑪ o^{13}：~sɿ^{45}：母亲的姐姐

⑫ o^{24}：~子：叔父

⑬ tio^{45}：当~：中间

⑭ ʨʻio^{13}：藏

⑮ ʨʻio^{53}：喷~：喷嚏

[1]鞁 kʻua^{53}：打。《广韵》戈韵溪母上声，苦果切。《博雅》击也。

[2]窟 kʻua^{42}：洞。《广韵》没韵溪母入声，苦骨切。《篇海》窟，室也，孔穴也。

[3]咍 xua^{24}：玩。《广韵》咍韵晓母平声，呼来切。

[4]穫 xuo^{42}：《广韵》铎韵匣母入声，胡郭切，刈也。~谷：收稻子。

[5]炙 ʦo^{42}：《广韵》昔韵章母入声，之石切。《说文》曰："炮肉也，从肉在火上。"

[6]笡 ʥio^{13}：《广韵》麻韵清母平声，迁谢切，斜逆也。

声韵调配合表之四

	e					ie					ue				
	阴平45	阳平13	上声53	去声24	入声42	阴平45	阳平13	上声53	去声24	入声42	阴平45	阳平13	上声53	去声24	入声42
p	边		毴	变	伯	鞭	便	扁	遍	别又					
pʻ	箅	别		破	劈	篇									
b															
m	门	①	每	万	密			米	面						
f	分	②		肺											
ʋ															
t	颠	③		店			提								
tʻ	天		土	吐				地[1]	太						
d							啼		第						
l	年		④												
ʦ	尖		纸	做	折										
ʦʻ	粗		铲	⑤							圈			⑪	
ʣ		搀													
s	深	神		扇	蜇						闩				
z	⑥														
ʨ							齐	紧							
ʨʻ								近							
ʥ							咸		坐						
ȵ							宜	耳[2]	孽						
ɕ							⑨	⑩	什						
ʑ															
k	耕		⑦	格							裈[3]		管		
kʻ			楷												
g															
ŋ															
x			很	恨								活			
ɣ															
Ø	阿又		耳[3]	⑧				魇				荷	和		

① me^{13}：~xa^{45}：妻子

② fe^{13}：~盏：饭勺

③ te^{13}：么 $tɕi^{53}$~：为什么

④ le^{53}：~夜：夜黑了

⑤ $ts^{‘}e^{24}$：~桶：提桶

⑥ ze^{45}：蚕

⑦ ke^{53}：~年：一整年

⑧ e^{24}：近指。~$t^{‘}o^{53}$：这；~la^{53}：这里

⑨ $ɕie^{13}$：~量：小气

⑩ $ɕie^{53}$：~人：骂人

⑪ $ts^{‘}ue^{24}$：撑

[1] <u>地</u> $t^{‘}ie^{53}$：~犬子：蝼蛄

[2] 耳 $ȵie^{53}$：木~

[3] 裈 kue^{45}：裤子。《广韵》魂韵见母平声，古浑切。《急就篇注》合裆谓之裈。《释名》裈，贯也，贯两脚，上系腰中也。

声韵调配合表之五

	ye					æ					uæ				
	阴平45	阳平13	上声53	去声24	入声42	阴平45	阳平13	上声53	去声24	入声42	阴平45	阳平13	上声53	去声24	入声42
p							奔	本	办						
pʻ									碰						
b							盆								
m								尾							
f						帆	坟	反	⑤						
ʋ															
t			朵			踮		点							
tʻ			重					枕	太						
d		虫		①					同						
l	寻					篮	田	簟				圞[1]			
ʦ								诊	寨				准		
ʦʻ								浅					茶		
ʣ							钱								
s								闪					笋		
z							盐		动			船			
ʨ		裙	卷$_{动}$	卷$_{名}$	结										
ʨʻ	菌	②													
ʥ		颧	③	④											
ȵ															
ɕ	蓑		锁												
ʑ															
k								讲			乖		滚		
kʻ													犬[2]		
g															
ŋ						安	⑥	眼							
x						⑦		海		⑧					
ɣ							红								
Ø		云		越				⑨				横	远	外	

① dye^{24}：~$k‘a^{53}$：橡皮

② $ȶɕ‘ye^{13}$：~起：把东西码起来

③ $ʥye^{53}$：用斧头砍

④ $ʥye^{24}$：猪崽~：用来挑猪崽的笼子

⑤ $fæ^{24}$：抬

⑥ $ŋæ^{13}$：~巧：刚好

⑦ $xæ^{45}$：~不~：会不

⑧ $xæ^{42}$：酒~：酒曲

⑨ $æ^{53}$：喝~茶

[1]圞 $luæ^{13}$：圆。《广韵》桓韵来母平声，落官切，团圞，圆也。《集韵》：圜也。

[2]犬 $k‘uæ^{53}$：狗

声韵调配合表之六

	ɯ					ei					ui				
	阴平45	阳平13	上声53	去声24	入声42	阴平45	阳平13	上声53	去声24	入声42	阴平45	阳平13	上声53	去声24	入声42
p					钵	碑			背[1]						
pʻ						披		③							
b		薄					陪								
m	蚊		猛	忘		妹			磨[2]						
f	风					④		⑤							
ʋ															
t						兜					砧	团		戴	
tʻ															
d															
l														嫩	
ts					昨	枝		只[3]	贱		砖				
tsʻ										赤	村		蠢	串	
dz															
s						梳		⑥	⑦		孙				
z							⑧							顺	
tɕ															
tɕʻ															
dʑ															
ȵ															
ɕ															
ʑ															
k	①		寻	锯	脚						龟		轨	棍	
kʻ			喜	去	阔						窠[4]		捆	困	
g															
ŋ	牛			饿							鹅				
x				货							婚		会		
ɣ		禾													
ø			②		鸭						温	⑨			

① kɯ⁴⁵：簸箕
② ɯ⁵³：肿
③ p'ei⁵³：~履底：打鞋底
④ fei⁴⁵：程度副词，~臭：很臭
⑤ fei⁵³：敤~了：打烂了
⑥ sei⁵³：~个：哪些
⑦ sei²⁴：送
⑧ zei¹³：~家：大家，大伙儿
⑨ ui¹³：~子：草垛

[1]背 pei²⁴：名词

[2]磨 mei²⁴：名词

[3]只 tsei⁵³：~有

[4]窠 k'ui⁴⁵：《广韵》戈韵溪母平声，苦禾切。窝。《说文》：窠，空也。一曰鸟巢也。空中曰窠，树上曰巢。

声韵调配合表之七

	yi					aɔ					iaɔ				
	阴平45	阳平13	上声53	去声24	入声42	阴平45	阳平13	上声53	去声24	入声42	阴平45	阳平13	上声53	去声24	入声42
p						包	①	饱	豹			瓢	表		
pʻ						泡名	雹	菴	炮					③	
b							浮		抱						
m						毛			冒					庙	
f															
ʋ															
t						刀	调		到		朝[1]	条		吊	
tʻ									道						
d							绹		跳			调			
l						牢	桃	老	闹			焯	了	料	
ts						招	朝~代	少[2]	灶						
tsʻ						抄		嫂							
dz							曹								
s						烧		扫[3]	笑						
z							窑								
tɕ	军										缲	桥	饺	轿	
tɕʻ	凿										锹		巧	翘	
dʑ					嚼										
ȵ														尿	
ɕ	薰										销		晓	孝	削
ʑ															
k						高		稿	叫[4]						
kʻ						敲		考	靠						
g															
ŋ						熬									
x						蒿		好[5]	孝						
ɣ															
Ø	冤			院				②	坳		腰	摇	舀	要	

① paɔ^{13}：戥~：干呕

② aɔ^{53}：用双手掰

③ p‘iaɔ^{24}：手指上的箩箕纹

[1]朝 tiaɔ^{45}：~头：早晨

[2]少 ʦaɔ^{53}：多~

[3]扫 saɔ^{53}：动词

[4]叫 kaɔ^{24}：~花子

[5]好 xaɔ^{53}：形容词

声韵调配合表之八

	əu					iu					ĩ				
	阴平45	阳平13	上声53	去声24	入声42	阴平45	阳平13	上声53	去声24	入声42	阴平45	阳平13	上声53	去声24	入声42
p											兵				
pʻ					捧						边				
b		朋													
m	①		亩	梦							眉		篾	味	⑨
f															
ʋ															
t	东		斗	冻		猪	厨	朵	带	着穿					
tʻ	通		桶			直			⑤	着被					
d		同		洞			槌								
l	②					丢		里[3]		力					
ʦ	宗		总	粽											
ʦʻ	葱			臭											
ʣ		③													
s	松[1]			送											
z															
ʨ						书		守	⑥	竹					
ʨʻ						⑦	⑧			熟					
ʥ							球		食						
ȵ						鱼		女		肉				砚	
ɕ								手	瘦	粟					
ʑ															
k	工			告										见	
kʻ	空[2]		孔	寇	壳										
g															
ŋ															
x	薅		④	候											
ɣ		虹													
Ø								又	尤						

① məu^{45}：ʦa^{13}～牯：妹夫
② ləu^{45}：程度副词。～稀：很稀
③ ʣəu^{13}：～kɯ^{53}：猪、牛、羊的内脏
④ xəu^{53}：～鼻：擤鼻涕
⑤ t‘iu^{24}：～子：围嘴
⑥ ʨiu^{24}：酸。饭～了：饭酸了
⑦ ʨ‘iu^{45}：洋～泡：乌泡子
⑧ ʨ‘iu^{13}：一～：一锅
⑨ m ĩ^{42}：听
[1]松 səu^{45}：～紧
[2]空 k‘əu^{45}：空的
[3]里 liu^{53}：～衣

声韵调配合表之九

	uɔ̃					an					iɛn				
	阴平45	阳平13	上声53	去声24	入声42	阴平45	阳平13	上声53	去声24	入声42	阴平45	阳平13	上声53	去声24	入声42
p	斑	①	膀												
pʻ				襻										骗	
b		盘													
m	饭	蛮		命				晚							
f	②	平		病				反							
ʋ															
t	钉			旦		单							点	店	
tʻ	滩	添	毯			摊		坦							
d	停			断											
l	男		卵				栏					镰			
ts	争		盏	钻			蚕[2]	崭	錾						
tsʻ	铛			秤											
dz		从		③											
s	拴			蒜		山[3]									
z				乱				⑥							
tɕ															
tɕʻ														欠	
dʑ												钳			
ȵ															
ɕ												嫌		鳝	
ʑ															
k	甘	狂	管	惯		间		杆							
kʻ	坑		嗛[1]												
g															
ŋ				硬											
x			喊	唤		鼾	寒								
ɣ		行													
ø	④		⑤	环								炎			

① $puɔ̃^{13}$：卷~子：卷头

② $fuɔ̃^{45}$：腰~肉：里脊肉

③ $dʑuɔ̃^{24}$：背篓

④ $uɔ̃^{45}$：歪的，不正

⑤ $uɔ̃^{53}$：喝

⑥ zan^{53}：~ka^{53}：碗柜

[1]嗛 $k‘uɔ̃^{53}$：咳嗽。《集韵》宕韵溪母上声，口朗切。咳声也。

[2]蚕 $ʦan^{13}$：~虫

[3]山 san^{45}：淮~

声韵调配合表之十

	in					aŋ					iaŋ				
	阴平 45	阳平 13	上声 53	去声 24	入声 42	阴平 45	阳平 13	上声 53	去声 24	入声 42	阴平 45	阳平 13	上声 53	去声 24	入声 42
p	冰	苹	饼												
pʻ						乓									
b		瓶					②								
m	名	明						③							
f						④									
ʋ															
t				订				党							
tʻ															
d															
l	能	鳞	领												
ʦ	精	成	井	正[1]											
ʦʻ	青		请												
ʣ															
s	生														
z		赢							⑤						
ʨ	金		颈	赚											
ʨʻ	轻														
ʥ		巡	①												
ȵ															
ɕ		神													
ʑ															
k	羹					刚									
kʻ			肯												
g															
ŋ															
x															
ɣ															
ø	阴		影	燕								萤			

① $dʑin^{53}$：~半牯：上午
② $baŋ^{13}$：~脑牯：光头
③ $maŋ^{53}$：~槌：用来捶打稻草或芦苇秆的槌子
④ $faŋ^{45}$：~瓜：南瓜
⑤ $zaŋ^{24}$：第三人称代词
[1]正 $tsin^{24}$：与“歪”相对

声韵调配合表之十一

	oŋ					ioŋ					ŋ̍				
	阴平45	阳平13	上声53	去声24	入声42	阴平45	阳平13	上声53	去声24	入声42	阴平45	阳平13	上声53	去声24	入声42
p	梆		板	半											
pʻ			①												
b		螃													
m			满	望											
f	兄		纺	放											
ʋ		房	网												
t	疔		鼎	当[1]		张		长[2]	帐						
tʻ	瘫		磴[3]	炭				丈							
d		堂		淡			肠								
l	郎	糖	②			粱	凉	两	量[4]						
ʦ	装	③	④	⑤											
ʦʻ	撑		上	尚[5]											
ʣ															
s	甥		伞	算											
z	床	洋	懒	样											
ʨ						章		桨	酱						
ʨʻ						香			匠						
ʥ							墙		像[6]						
ȵ						娘									
ɕ						伤		想	向						
ʑ															
k	肝		赶	降											
kʻ	干			矿											
g															
ŋ															
x	欢	红													
ɣ															
Ø			⑥			秧	⑦		用		人	黄	五	汗	日

① pʻoŋ^{53}：~刀：一种长柄的砍柴刀

② loŋ^{53}：~头：里头

③ ʦoŋ^{13}：蒸笼

④ ʦoŋ^{53}：~娘：母亲的妹妹

⑤ ʦoŋ^{24}：园子

⑥ oŋ^{53}：量东西

⑦ ioŋ^{13}：半~：半天，半日

[1]当 toŋ^{24}：~铺

[2]长 tioŋ^{53}：生~

[3]磴 tʻoŋ^{53}：阶梯。《广韵》登韵端母去声，都邓切。

[4]量 lioŋ^{24}：动词

[5]尚 ʦʻoŋ^{24}：和~

[6]像 ʥioŋ^{24}：动词

三、巡头乡话的音系特点

（一）音系特点

1. *声母*

（1）古全浊声母今读塞音、塞擦音的字中平声字有 96 个，其中保留浊声的平声字有 61 个，浊音保持率为 64%，清化后送气的字有 6 个，占 6%，清化不送气的字有 29 个，占 30%。今读塞音、塞擦音的字中仄声字有 88 个，其中保留浊声的字有 25 个，浊音保持率为 28%，清化后送气的字有 32 个，占 36%，清化不送气的字有 31 个，占 35%。所以平声字保留浊音的比例要高于仄声字，下面看两张语图。

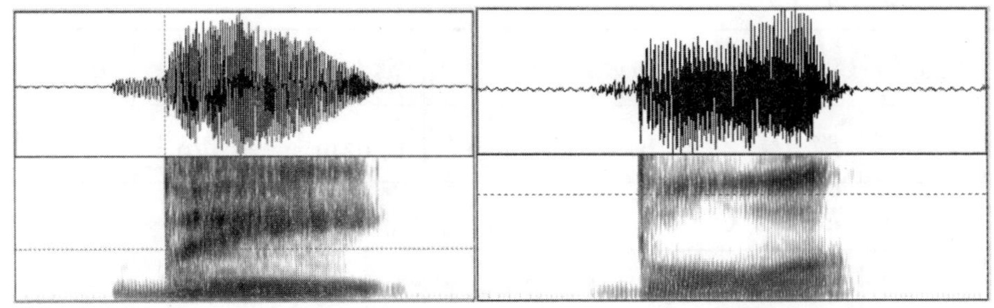

图 1 “陪”［bei¹³］（左）和“淡”［doŋ²⁴］（右）的宽带语图

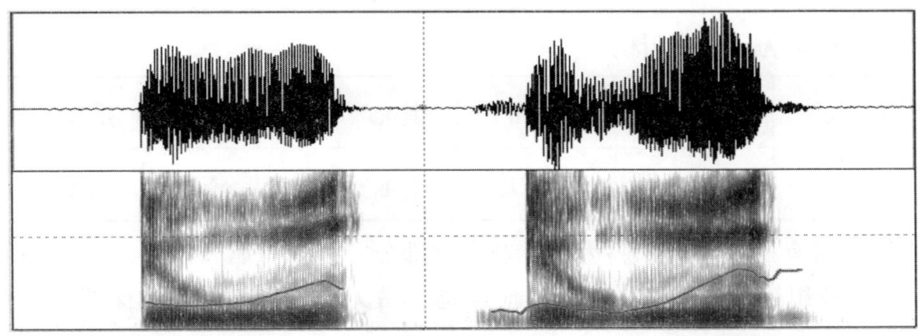

图 2 “账”［tioŋ²⁴］（左）和“肠”［dioŋ¹³］（右）的宽带语图

下面是例字：

平声：

①今读浊音声母。如：

徒 du^{13}	笡$_{\text{斜}}$ dʑio^{13}	豆 da^{24}	排 bua^{13}	旗 dʑi^{13}	钱 dzæ^{13}	绹 daɔ^{13}
墙 dʑioŋ^{13}	长$_{\text{~短}}$ dioŋ^{13}	桐 dæ^{13}	盆 bæ^{13}	盘 buɔ̃^{13}	财 dzua^{13}	从 dzuɔ̃^{13}

②清化为不送气声母。如：

牌 po^{13}	齐 tɕie^{13}	桥 tɕiaɔ^{13}	台 da^{13}	团 tui^{13}	锄 tɕie^{13}
锤 tiu^{13}	条 tiaɔ^{13}	蚕 tɕie^{13}	前 tɕie^{13}	厨 tiu^{13}	茄 tɕye^{13}

③清化为送气声母。如：

蹄 t‘ia^{13}	茶 ts‘uæ^{53}	搽 ts‘o^{45}	驰 t‘ua^{45}	提 t‘ia^{53}	尘 t‘i^{45}

仄声：

①读为浊音声母的。如：

抱 baɔ^{24}	淡 doŋ^{24}	袖 dʑy^{24}	舅 go^{24}	薄 bɯ^{13}	鼻 bi^{13}	第 die^{24}
像 dʑioŋ^{24}	跪 dʑy^{24}	刨 baɔ^{24}	盗 daɔ^{24}	食 dʑiu^{24}	射 dzu^{24}	舌 dʑi^{24}

②清化为不送气声母的。如：

肚$_{\text{腹~}}$ tu^{53}	毒 tu^{42}	杂 tsua^{13}	錾 tsan^{24}	敌 ti^{42}	袋 tua^{24}	痔 tsɿ^{24}
旧 tɕia^{24}	办 pæ^{24}	贱 tsei^{24}	炸 tso^{24}	昨 tsɯ^{42}	箸 tiu^{24}	毙 pe^{53}

③清化为送气声母的。如：

在 ts‘e^{53}	菌 tɕ‘ye^{45}	柱 t‘ia^{53}	惧 tɕ‘y^{53}	稗 p‘ua^{53}	是 tɕ‘ie^{53}
道 t‘aɔ^{24}	凿 tɕ‘yi^{45}	贼 tɕ‘i^{45}	十 ts‘ɿ^{53}	件 tɕ‘ie^{53}	拾 ts‘ɿ^{53}

（2）帮组有一些字读如唇齿音，非组有部分字读如重唇音。

①非组读如重唇音的字，这应该是“古无轻唇音”特征的保留，如：

粉	蚊	忘	晚	万	饭	味	妇	尾	缝
pæ^{53}	mɯ^{45}	mɯ^{24}	man^{53}	me^{24}	muɔ̃^{45}	mĩ^{24}	p‘a^{53}	mæ^{53}	bæ^{13}

②部分帮组字读如唇齿音。如：

平庚三並	坪庚三並	病庚三並	皮支並	被支並	脾支並
$fu\tilde{ɔ}^{13}$	$fu\tilde{ɔ}^{13}$	$fu\tilde{ɔ}^{24}$	fa^{13}	fa^{53}	fa^{13}

这种读音现象在汉语方言中不多见，与汉语历史上所谓轻唇化的条件并不相同。据徐馥琼（2012）和邢向东（2013）的研究，现在的关中方言和粤东闽语都重复了轻唇化的音变，条件是后接元音带有合口性质。但从巡头乡话的例字来看，条件基本上是声母为古全浊声母，因此极有可能是全浊声母［b］在清化过程中的一种弱化现象，韵母则未必带有合口性质（“皮、被”是否曾经存在过合口的阶段无从得知），其演变的原理尚不清楚。

（3）端组中有部分定母字弱化为边音［l］，如：

田	桃	条	簟	地平~	读	糖
$læ^{13}$	$laɔ^{13}$	$laɔ^{13}$	$læ^{24}$	li^{24}	lu^{24}	$loŋ^{13}$

定母流音化虽然不常见，但在其他方言中也有出现，如湘语的涟源六亩塘方言（陈晖，2006：62－63）、赣语的都昌方言（李如龙、张双庆，1992）和闽语的建阳、崇安方言都有定母读 l-的现象，其原因是发音强度的弱化。

（4）知组三等大多读如端组①，这是“古无舌上音”在巡头乡话中的保留。如：

柱	箸	爹	朝~头	抽	猪	侄	张	直	蛛
$t‘ia^{53}$	tiu^{24}	tia^{45}	$tiaɔ^{45}$	$t‘ia^{45}$	tiu^{45}	$t‘i^{42}$	$tioŋ^{45}$	$t‘iu^{45}$	tiu^{45}

（5）泥母今洪音前与来母相混，读为［l］，今细音前读为［ȵ］；来母不论洪细一般都读［l］。

但也有部分字例外，个别来母字读为擦音或塞擦音：

---

① 庄初升、邹晓玲（2013）指出，湘西乡话中读如端组的绝大部分是三等字，二等字有几个字在一些学者的研究中也读如端母，如“桌、赚、摘、戳”，他们认为音读值得怀疑，所以乡话中只有知三读如端组的现象跟闽语中无论二、三等都读如端组是不一样的。

来	漏	乱	聋	懒
zæ^{13}	za^{24}	zuɔ̃^{24}	tsəu^{45}	zoŋ^{53}

（6）巡头乡话古精组、庄组和章组的今读基本合流，大致为今逢洪音读［ts、tsʻ、dz、s、z］，今逢细音读［tɕ、tɕʻ、dʑ、ɕ］。

精组洪音：

宗 tsəu^{45}	姊 tse^{53}	租 tsu^{45}	粗 tsʻe^{45}	组 tsu^{53}	醋 tsʻu^{24}	做 tse^{24}	灾 tsua^{45}
宋 səu^{24}	伞 soŋ^{53}	才 zæ^{13}	财 dzua^{13}	腮 sua^{45}	在 tsʻe^{53}	罪 dzo^{24}	笑 saɔ^{24}

细音：

左 tɕy^{53}	坐 tɕie^{24}	蓑 ɕy^{45}	锁 ɕye^{53}	媳 ɕi^{42}	写 ɕio^{53}	错 tɕʻy^{24}	絮 ɕy^{24}
菜 tɕʻi^{24}	秋 tɕʻia^{45}	齐 tɕie^{13}	细 ɕi^{24}	脆 tɕʻy^{24}	爵 dʑy^{13}	贼 tɕʻi^{45}	醉 tɕy^{24}

庄组洪音：

初 tsʻe^{45}	争 tsuɔ̃^{45}	事 tsa^{24}	沙 so^{45}	甥 soŋ^{45}	疮 tsʻoŋ^{45}	铲 tsʻe^{53}
梳 sei^{45}	床 zoŋ^{45}	霜 soŋ^{45}	山 se^{45}	捉 tsua^{42}	色 sa^{42}	使 sa^{53}

细音：

锄 tɕie^{13}	瘦 ɕiu^{24}	杀 ɕia^{42}	洒 ɕy^{53}

章组洪音：

主 tsa^{53}	车 tsʻo^{45}	赊 so^{45}	收 sa^{45}	暑 su^{53}	树 tsa^{24}	炙 tso^{42}
枝 tsei^{45}	招 tsaɔ^{45}	射 dzu^{24}	针 tse^{45}	扇 se^{24}	鼠 su^{53}	尺 tsʻo^{42}

细音：

书 tɕiu^{45}	吹 tɕʻy^{45}	手 ɕiu^{53}	周 tɕia^{45}	珠 tɕiu^{45}	食 dʑiu^{24}	熟 tɕʻiu^{42}
税 ɕy^{24}	丑 tɕiu^{53}	守 tɕiu^{53}	是 tɕʻie^{53}	商 ɕioŋ^{45}	伤 ɕioŋ^{45}	烛 tɕiu^{42}

（7）古精组和知系的擦音声母“心邪生书禅”除读擦音［ɕ，s］外，

还有部分字读为塞擦音，例如：

心母	嫂 tsʻaɔ^{53}岁 tsua^{24}
邪母	旋 dʑy^{13}笪$_{\text{斜}}$dʑio^{13}巡 dʑin^{13}袖 dʑy^{24}松$_{\text{~树}}$tɕye^{13}
船母	射 dzu^{24}剩 tsuɔ̃^{24}食 dʑiu^{24}舌 dʑi^{24}
书母	水 tsu^{53}少 tsaɔ^{53}室 tɕi^{42}书 tɕiu^{45}升 tsuɔ̃^{45}守 tɕiu^{53}
禅母	尚 tsʻoŋ^{24}上 tsʻoŋ^{53}十 tsʻɿ^{53}树 tsa^{24}是 tɕʻie^{53}

（8）古晓、匣母字今逢洪音读为［x、ɣ］，细音前读［ç］，但是有少数字唇化为［f］，个别读送气塞擦音声母［tɕʻ、dʑ］或舌根塞音声母［k、kʻ］。如：

晓	火 fa^{53}	荒 foŋ^{45}	兄 foŋ^{45}	香 tɕʻioŋ^{45}	喜 kʻɯ^{53}	黑 kʻi^{42}
匣	湖 fu^{13}	瓠 fu^{24}	虺$_{\text{蛇}}$fi^{45}	虹 kuɔ̃^{13}	咸 dʑie^{13}	蟹 ka^{53}

晓、匣母读作零声母在汉语方言中常见，原理也相对简单，是由于声母受韵母的合口成分的影响而唇化的。但读作塞音或塞擦音就比较少见了，很可能是上古小舌塞音的遗留，可参考潘悟云《喉音考》（1997）。

古匣母字还有一部分读为零声母，如：

话	汗	苋	环	黄	横$_{\text{~直}}$
ua^{24}	ŋ̍^{24}	ŋ̍^{24}	uɔ̃^{13}	ŋ̍^{13}	uæ^{13}

（9）古云、以母字大多数读为零声母，少部分读塞擦音或是擦音，如：

零声母	雨 ua^{53}	有 ua^{53}	王 ŋ̍^{13}	远 uæ^{53}	芋 u^{24}
	姨 i^{13}	药 y^{24}	钥 y^{42}	鹞 iaɔ^{45}	杨 iaŋ^{13}
塞擦/擦音	夜 zu^{24}	野 zo^{53}	右 za^{53}	油 za^{45}	养 zoŋ^{53}
	融 zæ^{13}	羊 zoŋ^{13}	盐 zæ^{13}	痒 zoŋ^{53}	友 tsa^{24}

2. 韵母

（1）遇摄合口三等鱼韵、虞韵大部分读为［iu］，也有少数例外。鱼韵有个别读［ɯ］，虞韵有部分读作［a］。它们体现早期汉语“鱼虞有别”的特点，同时这个层次与流摄有相混现象。如：

鱼韵	猪 tiu45	箸 tiu24	书 tɕiu45	鱼 ȵiu45	车 tiu45	梳 sei45	初 tsʻe45	去 kʻɯ24	锯 kɯ24
虞韵	厨 tiu13	柱 tʻia53	蛛 tiu45	树 tsa24	数 dza53	主 tsa53	雨 ua53		
尤韵	手 ɕiu53	丑 tɕiu53	瘦 ɕiu24	球 dʑiu13	酒 tɕia53	秋 tɕʻia45	九 tɕia53	旧 tɕia24	牛 ŋɯ45
侯韵	口 kʻa53	扣 kʻa24	篓 da53	漏 za24	钩 ka45	豆 da24	沤 a24	怄 a24	厚 ɣa24

（2）蟹摄开口一二等韵母有部分字跟合口一二等合流：

开口一二等						合口一二等					
盖	癞	胎	街	筛	猜	块	腿	堆	怪	挂	乖
kua24	lua24	tʻua45	kua45	sua45	tsʻua45	kʻua24	tʻua53	tua45	kua24	kua24	kua45

（3）止摄开口三等支脂之三韵的分合：支脂之三韵一般合流读为［i、ʅ、a］，但帮组支脂韵今读有区别，章组支与脂之不同，泥来母脂之部分有异。如：

	支韵		脂韵		之韵
帮组	皮 fa13	被 fa53	眉 mĩ45	枇 bi13	
章组	枝 tsei45	纸 tse53	指 tsʅ53	尸 sʅ45	齿 tsʻʅ53
泥母					你 ȵi53
来母				履 di53	里~衣 liu53

脂韵、之韵有几个字与蟹开四齐韵的部分字读音相同，支韵与遇合三鱼韵部分字音相同。如：

地$_{\text{脂}}$	耳$_{\text{之}}$	啼$_{\text{齐}}$	第$_{\text{齐}}$	齐$_{\text{齐}}$	纸$_{\text{之}}$	初$_{\text{鱼}}$
tʻie^{53}	ȵie^{53}	die^{13}	die^{24}	tɕie^{13}	tse^{53}	tsʻe^{45}

（4）止摄合口三等部分字跟遇摄合口三等鱼韵合流，即所谓“支微入鱼”现象，同时蟹摄合口三四等也有部分字有这类读音。如：

支			脂		微		遇$_{\text{合三}}$		蟹$_{\text{合三四}}$		
跪	嘴	吹	柜	醉	鬼	贵	惧	絮	脆	税	桂
dʑy^{24}	tɕy^{53}	tɕʻy^{45}	tɕʻy^{24}	tɕy^{24}	tɕy^{53}	tɕy^{24}	tɕʻy^{53}	ɕy^{24}	tɕʻy^{24}	ɕy^{24}	tɕy^{24}

（5）纯四等韵在巡头乡话中多数读洪音，如：

齐韵			萧韵	添韵		先韵					青韵	
梯	剃	鸡	跳	帖	簟	天	田	铁	千	填	停	顶
tʻa^{45}	tʻa^{24}	ka^{45}	daɔ^{24}	tʻa^{42}	læ^{24}	tʻe^{45}	læ^{13}	tʻa^{42}	tsʻe^{45}	dæ^{13}	duɔ̃^{45}	tæ^{53}

（6）阴声韵主元音来源非常复杂，如［o］来自蟹摄开口一二等、假摄开口二三等、果摄开合口一等、遇摄合口一等。如：

蟹摄				假摄				果摄		
媒	害	矮	价	码	家	芽	野	可	波	哥
mo^{45}	xo^{24}	o^{53}	ko^{24}	mo^{53}	ko^{45}	ŋo^{45}	zo^{53}	kʻo^{53}	po^{45}	ko^{45}

中古同一来源的字在巡头乡话中呈现出纷繁驳杂的局面，如：果摄合口一等就有［o］［u］［e］［y］［ye］［ie］［ue］［ɯ］［ui］9种读音：

o			u		e	y		ye	ie	ue/ɯ		ui
果	波	课	婆	过	破	蓑	腡	锁	坐	和$_{\text{~气}}$	货	窠
ko^{5}	po^{45}	kʻo^{24}	bu^{13}	ku^{24}	pʻe^{24}	ɕy^{4}	ly^{45}	ɕye^{53}	dʑie^{24}	ue^{13}	xɯ^{24}	kʻui^{45}

（7）咸山摄有部分字相混。如：

咸摄			山摄		
尖	单	帖	煎	担	铁
ʦe⁴⁵	tuɔ̃⁴⁵	tʻa⁴²	ʦe⁴⁵	tuɔ̃²⁴	tʻa⁴²

（8）深臻摄部分字相混。如：

深摄				臻摄			
深	心	针	今	身	新	真	斤
se⁴⁵	ɕi⁴⁵	ʦe⁴⁵	ʨi⁴⁵	se⁴⁵	ɕi⁴⁵	ʦe⁴⁵	ʨi⁴⁵

（9）各阳声韵在巡头乡话中的读音情况：

韵摄	口元音韵	鼻化韵	前鼻尾韵	后鼻尾韵
咸开一二等	o，ie，e	uɔ̃	an	oŋ
咸开三四等	æ，i ，e	uɔ̃	iɛn	
咸合三等	ua，æ			
深开三等	i，e，æ		in	
山开一二等	e，æ	uɔ̃		oŋ
山开三四等	i，ei，o，æ，ie，ye	ĩ	in，iɛn	
山合一二等	o，ue，ia，iu	uɔ̃	uɛn	oŋ
山合三四等	ye，æ，y，ue，e，uæ	uɔ̃		oŋ
臻开一三等	ie，i，e，æ	ĩ	in	
臻合一三等	ui，æ，ui，uæ，ue，y，i	y ĩ	ən	
宕开一等	o	uɔ̃		oŋ
宕开三等				ioŋ，oŋ

续表

韵摄	口元音韵	鼻化韵	前鼻尾韵	后鼻尾韵
宕合一等				oŋ
宕合三等		uɔ̃		oŋ
江开二等	æ	uɔ̃		oŋ
曾开一等	əu	uɔ̃	in	oŋ
曾开三等				oŋ
梗开二等	ɯ	uɔ̃	in	oŋ
梗开三四等	ie，u，æ	uɔ̃，ĩ	in	
梗合二等	uæ	uɔ̃		
梗合三四等		uɔ̃		oŋ，ioŋ
通合一等	əu，æ，ɯ			oŋ
通合三等	əu，ye，io，æ，y			

从上表不难看出，巡头乡话阳声韵的韵母类型异常复杂，主要有以下几个特点：

①从韵尾来看，鼻尾韵、鼻化韵和元音韵尾共存；

②阳声韵或入声韵失去韵尾后与阴声韵相混的现象比较多，如：

咸山摄失去韵尾后与假摄相混：

咸摄开口一二等：

三 so^{45}	沓 $t‘o^{42}$	蜡 lo^{42}	合 xo^{42}	眨 $ʦo^{42}$	夹 ko^{42}	狭 $ɣo^{24}$	压 o^{42}

山摄开口一二等：

擦 $ʦ‘o^{42}$	辣 lo^{42}	瞎 xo^{42}

假摄二等：

疤 po^{45}	爬 lo^{13}	杷 bo^{13}	麻 mo^{45}	差$_{\sim别}$ ʦʻo^{45}
架 ko^{24}	沙 so^{45}	岔 ʦʻo^{24}	家 ko^{45}	假$_{真\sim}$ ko^{53}

假摄三等：

车$_{\sim马}$ ʦʻo^{45}	遮 ʦo^{45}	赊 so^{45}	舍 so^{53}	野 zo^{53}

深臻摄失去韵尾与止摄相混：

深摄：

心 ɕi^{45}	今 ʨi^{45}	金 ʨi^{45}	针 ʦe^{45}	深 se^{45}	金 ʦe^{45}

臻摄：

新 ɕi^{45}	亲 ʨʻi^{45}	信 ɕi^{24}	银 ȵi^{53}	真 ʦe^{45}	身 se^{45}	紧 ʨie^{53}

止摄：

四 ɕi^{24}	死 ɕi^{53}	刺 ʨʻi^{24}	纸 ʦe^{53}	骑 ʨie^{13}	紫 ʨie^{53}

通摄失去韵尾后与流摄部分读音相混：

通摄：

东 təu^{45}	松$_{\sim紧}$ səu^{45}	桶 tʻəu^{53}	聋 ʦəu^{45}
葱 ʦʻəu^{45}	粽 ʦəu^{24}	送 səu^{24}	空$_{\sim闲}$ kʻəu^{24}

流摄：

臭 ʦʻəu^{24}	丑$_{怕\sim}$ səu^{24}

（10）入声韵失去塞尾，变成相应的阴声韵，具体情况见下表（梗摄合口入声没有调查的例字，所以阙如）：

韵　摄	今　读
咸摄	o/ua/u/e/a/ɯ/i/ie
深摄	i/ɿ/u

续表

韵 摄	今 读
山摄开口	ua/o/ɯ/ia/ie/i/e/a
山摄合口	ɯ/o/y/u/ua/ue/a
臻摄开口	a/e/i/ŋ̍/u/
臻摄合口	ua/u/a
宕摄开口	u/e/y/yi/iu/ɯ
宕摄合口	u
江摄	aɔ/ye/ua/u/əu/o/io
曾摄开口	o/e/i/a/iu
曾摄合口	ui
梗摄开口	o/e/ua/a/ei
通摄	u/o/ia/iu/y

3. 声调

巡头乡话声调的特征主要有以下几点：

（1）古清平声今读阴平。

（2）古全浊平声大多读阳平，部分字归入阴平，如“锤 tiu^{45}、祈 ɕi^{45}、驰 t‘ua^{45}、搽 ts‘o^{45}” 等。

（3）古次浊平声大部分字归入阴平，如“泥 ȵi^{45}、银 ȵi^{45}、犁 li^{45}、镰 li^{45}” 等，部分字归入阳平，如“尼 ȵi^{13}、盐 zæ^{13}、来 zæ^{13}、围 y^{13}、文 ui^{13}、檐 zin^{13}、洋 zoŋ^{13}”。

（4）古清上、次浊上声今读上声，古全浊上声大部分今读上声，如“竖 ʦu^{53}、柱 t‘ia^{53}、件 ʨ‘ie^{53}、在 ʦ‘e^{53}”，部分字今读去声，如“造 ʦa^{24}、后 ɣa^{24}、罪 ʣo^{24}”。

（5）古去声字今大多读去声，部分古次浊、全浊去声字今读阴平。

（6）古清声母入声字今读入声。古全浊入声字大部分今读入声，如“侄 t‘i^{42}、合 xo^{42}、毒 tu^{42}、熟 ʨ‘iu^{42}”，部分今读去声，如“舌 ʥi^{24}、读 lu^{24}”。古次浊入声部分读入声，如“立 li^{42}、热 ʥiu^{42}、月 ȵy^{42}、六 lia^{42}”，

部分读去声，如“栗 li^{24}、药 y^{24}、袜 ua^{24}、纳 la^{24}”。

具体情况如下：

古调类	古清浊	今读调值
平声	全清	45
	次清	45
	全浊	13/45
	次浊	45/13
上声	全清	53
	次清	53
	全浊	53/24
	次浊	53
去声	全清	24
	次清	24
	全浊	24/45
	次浊	24/45
入声	全清	42
	次清	42
	全浊	42/24
	次浊	42/24

（二）文白异读

通常理解的文读和白读，是指同一个语素因读书、口语场合不同而有不同的读音。其中读书场合使用的音是文读音，它是标准语或强势方言影响的结果；口语场合使用的音是白读音，它属于本地土语（陈忠敏，2003）。罗杰瑞（1979）把文白异读现象跟“层次”（stratum）联系起来，他指出，像英语和其他语言一样，汉语方言也包含有几个层次。在汉语中，这些层次主要是受过去不同历史时期标准语的影响而产生的。

巡头乡话中同一个字有文白两读的情况很少，这在湘西沅陵乡话中也是如此（杨蔚 1999）。但是如果引入“层次”的概念，我们就会发现，对于那些没有“雅/俗”之分的词，我们依然有研究文白的必要。“文白异读的‘异’不是词的异，而是词中的某一个音类的‘异’”（徐通锵，1991：348）。陈忠敏（2003）提出了“系统”的观点。他指出“系统”的含义之一是，在同一方言里，文白异读的有无和界定并不着眼于某个字是否有文白两读，而是根据系统的音类来判断。也就是说，对于那些没有“雅/俗”色彩之分的词中的字来说，我们依然可以根据它们与那些有文白异读词的音类对应关系来确定它们的文白读层次。这样，我们把“文白异读”分为两种情况，一种情况是一字同时有“文白”两读，一种情况是一字没有“文白”两读，但可分别对应于“文读”或是“白读”，我们称之为“文读层”或“白读层”。

巡头乡话中有些字有文、白两读，但是系统性并不强。有些原本就属于不同的字，如“松树”的“松”在钟韵邪母，祥容切，巡头乡话读 ʥye^{13}，“松紧”的“松”本为“鬆”在冬韵心母，私宗切，巡头乡话读 səu^{45}，不是文白异读。此外，有些字本字无法判断，比如“今天”巡头乡话为 ʨiaŋ^{24} ŋ̍^{42}，“今年”巡头乡话为 ʨi^{45} le^{45}，由于侵韵字没有读 iaŋ 或是 ia（可假设韵尾 ŋ 是受后一音节同化而增生的）的旁证，因此前者无法判断本字是否为“今”，所以不算“今”字的文白异读。表示全部的副词“都”，既可读 tʻəu^{45}，也可读 to^{45}，但后者韵母地位不符，也只能暂且存疑。“清明”为 ʦʻin^{45} min^{13}，“明年”为 mu^{45}le^{45}，但后者的 mu^{45}与“明”的关系不清楚，故都不算作文白异读。

巡头乡话的文白异读主要反映在声母和韵母方面，与声调相关的，一般也会与声母或韵母相关，几乎没有只涉及声调方面的。因此，下面只从声母和韵母两方面来讨论。

1. 声母的文白异读

（1）古全浊声母白读为浊音，文读为清音。例如：

	文读	白读
婆	po^{13} 老~~	bu^{13} 奶奶
牌	po^{13} 家祈~：神龛	bua^{13} 敤~：打牌
红	xoŋ^{13} ~薯	ɣæ^{13} 颜色

巡头乡话的古全浊塞音、塞擦音大多处于这个白读音层次，即依旧读浊音，如排 bua^{13}、盆 bæ^{13}、陪 bei^{13}、盘 buõ^{13}、财 ʣua^{13}、钱 ʣæ^{13}、抱

baɔ^{24}、洞 dəu^{24}，处于文读音层次的字较少，如瓢 piaɔ^{13}、㼎 pe^{53}、办 pæ^{24}、造 ʦa^{24}、杂 ʦua^{13}、头 ta^{45}、团 tui^{13}、蚕 ʦan^{13}。

（2）古全浊塞音、塞擦音逢仄声白读为清送气，文读为清不送气。例如：

	文读	白读
匠	ʨioŋ^{24} 银~	ʨ‘ioŋ^{24} 瓦~

巡头乡话古全浊塞音和塞擦音还有另一个白读层读音，但是只限定在仄声字。如：步 p‘u^{24}、稗 p‘ua^{24}、白 p‘o^{53}、别 p‘e^{42}、耙 p‘aɔ^{53}、贼 ʨ‘i^{45}、凿 ʨ‘yi^{45}、道 t‘aɔ^{24}、地 t‘ie^{53}、柱 t‘ia^{53}、侄 t‘i^{42}、丈 t‘ioŋ^{53}。处于清不送气文读层的字明显能感觉出“雅”的色彩，如：拔 po^{42}、㼎 pe^{53}、办 pæ^{24}、痔 ʦɿ^{24}、赚 ʨin^{24}。

（3）精组、章组文读为舌尖音，白读为舌面音。

	文读	白读
井	ʦin^{53} ~水	ʨie^{53} 单用
蚕	ʦan^{13} ~豆	ʨie^{13} 一种昆虫
食	sɿ^{13} 伙~	ʥiu^{24} ~饭：吃饭
主	ʦu^{53} ~意	ʨy^{53} ~意

由于巡头乡话古精组和章组字的今读规则基本上是跟韵母的洪细走的，即洪音读 ʦ 组，细音读 ʨ 组①。因此除了上面的例字外，无法确定其他精组字与章组字的文、白读音层。

（4）来母文读为 l，白读为 z。例如：

	文读	白读
来	læ^{13} ~往	zæ^{13} 动作

来母今读为白读层音的字较少，如：漏 za^{24}、懒 zoŋ^{53}、乱 zuɔ̃^{24}。大多数来母字今读文读层为 l，例如：炉 lu^{45}、楼 la^{45}、辣 lo^{42}、老 laɔ^{53}、蓝 luɔ̃^{45}。

（5）邪母文读为擦音，白读为塞擦音。

	文读	白读
像	ɕioŋ^{24} 照~	ʥioŋ^{24} 动词

巡头乡话中，邪母字大多已处在读擦音的文读层次，但也有一些邪母

① 巡头乡话中 ts 组一般不与细音相拼，但可与韵母-in 相拼，是个例外。

字是读塞擦音的白读层音，如：旋头顶的旋 dʑy^{13}、笪斜 dʑio^{13}、旋转 dʑye^{13}、巡~头 dʑin^{13}、袖 dʑy^{24}。

（6）知组文读为 dʑ/tɕ，白读为 t/t‘/d。

	文读	白读
张	tɕioŋ^{45} 开~	tioŋ^{45} 姓
场	dʑioŋ^{13} 道~	dioŋ^{13} 赶~

古知组另有一批字处于这个白读层，如中当~ tio^{45}、猪 tiu^{45}、蛛 tiu^{45}、着~衣 tiu^{42}、涨 tioŋ^{53}、账 tioŋ^{24}、帐 tioŋ^{24}、抽 t‘ia^{45}、槌 diu^{13}、长~短 dioŋ^{13}、肠 dioŋ^{13}、侄 t‘i^{42}、柱 t‘ia^{53}、重轻~ t‘ye^{53}、直 t‘iu^{45}、丈 t‘ioŋ^{53}、箸 tiu^{24}。

（7）古全清声母文读为不送气，白读为送气。

	文读	白读
干	koŋ^{45} ~爽：干净	k‘oŋ^{45} 天~：天旱

巡头乡话中还有一些古全清塞音和塞擦音白读为送气音，例如：北 p‘o^{42}、箅 p‘e^{45}、边 p‘ĩ^{45}、啄 ts‘ua^{42}、着被 t‘iu^{42}、都~是 t‘əu^{45}、枕 t‘æ^{53}。

（8）假、蟹、效、江摄及咸、江摄入声开口二等见、晓组文读为舌面音，白读为舌根音。例如：

	文读	白读
交	tɕiaɔ^{45} ~杯酒	ko^{45} ~税
孝	ɕiaɔ^{24} ~子	xaɔ^{24} 戴~

虽然见系二等字大多数情况下读舌面音，但仍有不少字处于读舌根音的白读层，如：家 ko^{45}、嫁 ko^{24}、街 kua^{45}、解 kua^{53}、戒 kua^{24}、铰 ko^{53}、敲 k‘aɔ^{45}、讲 kæ^{53}、降 koŋ^{24}、挟 ko^{42}、甲 ka^{42}、角 kɯ^{42}、掐 k‘a^{42}、蝦 xo^{45}。

（9）古晓、匣母文读为擦音、白读为塞音或塞擦音。例如：

	文读	白读
喜	ɕi^{53} ~酒	k‘ɯ^{42} 欢~
香	ɕioŋ^{45} 拜~虫：螳螂	tɕ‘ioŋ^{45} ~洋碱：香皂

处于这一白读层的字较少，例如：黑 k‘i^{42}、虹 kuɔ̃^{13}、咸 dʑie^{13}、蟹 ka^{53}、核 k‘i^{42}。

（10）以母文读为零声母，白读为 z。

	文读	白读
洋	$iaŋ^{13}$ ~芋(马铃薯)	$zoŋ^{13}$ ~葱

处于白读层的以母字较多，例如：夜 zu^{24}、油 za^{45}、盐 $zæ^{13}$、窑 $zaɔ^{13}$、洋 $zoŋ^{13}$，处于文读层的一般都是文化词，如：姨 i^{13}、药 y^{24}、钥 y^{42}、铅 ye^{13}、杨~姓~ $iaŋ^{13}$。

2. 韵母的文白异读

（1）果摄一等文读为 o，白读为 ɯ。如：

	文读	白读
过	ko^{24} 难~	$kɯ^{24}$ ~礼

巡头乡话中部分果摄字处于此白读层，如：饿 $ŋɯ^{24}$、个 $kɯ^{24}$、蛾 $ŋɯ^{45}$、磨~动词~ $mɯ^{24}$、货 $xɯ^{24}$、禾 $ɣɯ^{13}$。处于文读层的如：河 $ɣo^{13}$、可 $k‘o^{53}$、波 po^{45}、婆 po^{13}、锅 ko^{45}、果 ko^{53}。

（2）遇摄字文读为 u、y，白读为(i，u)a。例如：

	文读	白读
雨	y^{53} 谷~	ua^{53}
主	$ʦu^{53}$	$ʦa^{53}$

遇摄字读为文读层的如：补 pu^{53}、铺~设~ $p‘u^{45}$、兔 $t‘u^{24}$、屠 du^{13}、租 $ʦu^{45}$、姑 ku^{45}、举 $ʨy^{53}$、絮 $ɕy^{24}$、芋 y^{24}。读入白读层的字较少，如：取 $ʦ‘a^{53}$、树 $ʦa^{24}$、柱 $t‘ia^{53}$、数~动~ $ʣa^{53}$、搊 $ʦ‘ua^{45}$。

（3）止摄开口三等文读为 i、ɿ，白读为 a。如：

	文读	白读
师	$sɿ^{45}$ 老~	sa^{45} ~傅
子	$ʦɿ^{53}$ 店~：商店	$ʦa^{53}$ 簟~：席子

止摄开口三等读入文读层的如：屁 $p‘i^{24}$、离 li^{13}、你 $ȵi^{53}$、司 $sɿ^{45}$、指 $ʦɿ^{53}$、齿 $ʦ‘ɿ^{53}$、时 $sɿ^{13}$。读入白读层的如：皮 fa^{13}、脾 fa^{13}、被 fa^{53}、丝 sa^{45}、字 za^{24}、事 $ʦa^{24}$、师 sa^{45}、使 sa^{53}。

（4）止摄合口三等字文读为 ui，白读为 y，例如：

	文读	白读
龟	kui^{45} $_{\text{乌～}}$	tɕy^{45} $_{\text{～裂}}$

巡头乡话读入文读层读音的较少，如：亏 k‘ui^{45}、轨$_{\text{铁～}}$ kui^{53}，读入白读层的较多，如味 y^{24}、嘴 tɕy^{53}、醉 tɕy^{24}、炊/吹 tɕ‘y^{45}、鬼 tɕy^{53}、贵 tɕy^{24}、跪 dʑy^{24}。此外，蟹摄合口三四等的读音也同此白读层，如税 ɕy^{24}、桂鳜 tɕy^{24}。

（5）效摄开口二等见系字文读为 iaɔ，白读为 aɔ，如：

	文读	白读
教	tɕiaɔ^{24} $_{\text{～育}}$	kaɔ^{24} $_{\text{～书}}$
孝	ɕiaɔ^{24} $_{\text{～子}}$	xaɔ^{24} $_{\text{戴～}}$

这一类型字较少，读入文读层的还有：胶 tɕiaɔ^{45}、巧 tɕ‘iaɔ^{53}，读入白读层的还有：敲 k‘aɔ^{45}。

（6）流摄文读为 əu、iu，白读为(i，u)a，例如：

	文读	白读
头	təu^{45} $_{\text{巡～：地名}}$	ta^{45} $_{\text{边～}}$
斗	təu^{53} $_{\text{筋～}}$	ta^{53} $_{\text{容器}}$
球	dʑiu^{13} $_{\text{篮～}}$	dʑia^{13} $_{\text{松树～}}$

流摄字基本上还处于白读层，如：痘 da^{24}、楼 la^{45}、漏 za^{24}、沟 ka^{45}、口 k‘a^{53}、柳 lia^{53}、九 tɕia^{53}、秋 tɕ‘ia^{45}、有 ua^{53}。读入文读层的较少，如：亩 məu^{53}、侯 xəu^{13}、丢 liu^{45}、流 dʑiu^{13}、瘦 ɕiu^{24}、手 ɕiu^{53}、寿 ɕiu^{24}、就 tɕiu^{53}。

（7）咸、山摄一二等韵白读为(i，u)e，文读为 oŋ、uɔ̃，如：

	文读	白读
官	koŋ^{45} $_{\text{～司}}$	kue^{45} $_{\text{免～}}$
管	kuɔ̃^{53} $_{\text{～理}}$	kue^{53} $_{\text{～家人}}$
竿	kuɔ̃^{45} $_{\text{晾～}}$	kue^{45} $_{\text{钓鱼～}}$

咸、山摄一二等读入文读层的较多，如：柑 koŋ^{45}、痰 doŋ^{13}、淡 doŋ^{24}、蓝/篮/楠/男/南 luɔ̃^{45}、簪 tsuɔ̃^{45}、炭 t‘oŋ^{24}、懒 zoŋ^{53}、伞 soŋ^{53}、板 poŋ^{53}、班 puɔ̃^{45}。读入白读层的较少，如：一等的倌 kue^{45}、蚕 tɕie^{13}，二等的盏 tse^{53}、铲 ts‘e^{53}、山 se^{45}。

但是与此文读层读音相比，巡头乡话中还有一个更新的文读层，如：

	新文读	旧文读
摊	t‘an^{45} ~子	t‘uɔ̃^{45} ~开
赶	kan^{53} ~场：赶集	koŋ^{53} 追逐

读入此新文读层的如：錾 ʦan^{24}、坦 t‘an^{53}、栏 lan^{13}、秆/杆 kan^{53}、鼾 xan^{45}、寒 xan^{13}。同时我们可以看到，有个别字已经形成白读与新文读对照的格局：

	新文读	白读
蚕	ʦan^{13} ~豆	ʨie^{13} 虫
山	san^{45} 淮~	se^{45}

咸、山摄开口三四等则形成文读为 iɛn，白读为(i/u)e 的格局，例如：

	文读	白读
店	tiɛn ~铺	te^{24} ~子

读入文读层读音的如：骗 p‘iɛn^{24}、莲 liɛn^{13}、鳝 ɕiɛn^{24}、镰 liɛn^{13}。读入白读层读音的如：鞭 pie^{45}、便 pie^{13}、篇 p‘ie^{45}、免 mie^{53}、面 mie^{24}、变 pe^{45}、偏 p‘e^{45}、前 ʦe^{45}、箭 ʦe^{13}、扁 pie^{53}、遍 pie^{24}、辫 p‘ie^{45}、边 pe^{45}。

但是咸、山摄开口三四等字还有另一个白读层 æ，如咸开三：檐/盐 zæ^{13}；咸开四：踮 tæ^{53}、点 tæ^{53}、簟 læ^{53}；山开三：浅 ʦ‘æ^{53}、钱 ʣæ^{13}、战 ʦæ^{45}、善 ʦ‘æ^{53}；山开四：填 dæ^{13}、田 læ^{13}。这个白读层与上面白读层之间的关系，暂时还看不出来。

（8）曾摄三等和梗摄二三四等文读为 in，白读为 uɔ̃ 或 e、ie、æ。

	文读	白读
生	sin^{45} 学~	suɔ̃^{45} ~鸡蛋
层	ʥin^{13} ~次	ʣuɔ̃^{13} 一~

蒸韵读入文读层的字少，如：冰 pin^{45}、甑 ʦin^{24}。梗摄读入文读层的字较多，如：饼 pin^{53}、名 min^{45}、明 min^{13}、领 lin^{53}、精 ʦin^{45}、情 ʦin^{45}、井 ʦin^{53}、清 ʦ‘in^{45}、请 ʦ‘in^{53}、正 ʦin^{45}、甑 ʦin^{24}、轻 ʨ‘in^{45}、惊 ʨin^{45}、赢 zin^{13}、影 in^{53}、青 ʦ‘in^{45}、星 sin^{45}、瓶 bin^{13}、灵 lin^{45}。蒸韵读入白读层的如：蒸 ʦuɔ̃^{45}、升 ʦuɔ̃^{45}、剩 ʦuɔ̃^{24}、秤 ʦ‘uɔ̃^{24}。梗入读入白读层的如：命

$mu\tilde{ɔ}^{24}$、平 $fu\tilde{ɔ}^{13}$、坪 $fu\tilde{ɔ}^{13}$、病 $fu\tilde{ɔ}^{24}$、钉 $tu\tilde{ɔ}^{45}$、停 $du\tilde{ɔ}^{45}$、撑 $ʦʻu\tilde{ɔ}^{45}$、硬 $ŋu\tilde{ɔ}^{24}$、行$_{走}$ $ɣu\tilde{ɔ}^{13}$。

（9）通摄一等文读为 oŋ，白读为 əu。

	文读	白读
桶	$tʻoŋ^{53}$ $_{火\sim}$	$tʻəu^{53}$ $_{水\sim}$
公	$koŋ^{45}$ $_{\sim家}$	$kəu^{45}$ $_{舅\sim}$

通摄一等字绝大部分仍读白读层读音，读入文读层读音的极少，其他如：蚣 $koŋ^{45}$。

（10）没韵文读为 u，白读为 ua。

	文读	白读
骨	ku^{42} $_{排\sim}$	kua^{42} $_{\sim头}$

读入文读层的如：不 pu^{42}、卒 $ʦu^{42}$。读入白读层的如：窟$_{洞}$ $kʻua^{42}$。

由于巡头乡话区的人在外大多用城步儒林话与他人交流，因此城步儒林话对乡话的影响很大，从语音层次的角度来看，巡头乡话的文读音主要来源于城步儒林话。

四、巡头乡话同音字汇

本字表所收单字主要依据中国社会科学院语言研究所《方言调查字表》（修订本）（商务印书馆，1986 年）以及词汇调查表，字数根据方言实际有所增减。字表按照巡头乡话音系排列，先以韵母排序，同韵的字以声母为序，声韵相同的以声调为序。个别只出现在语流音变中的音，如助词“了”在语流中读作弱读的［lə］［iaɔ］，“的、地、得”读轻声［ti］或［te］，还有个别语助词，如“咯［kə］、哒［ta］、呗［pe］”等，只有轻声形式，未收录入同音字汇。

体例说明：本字不详的用“□”；需要解释的字，在其后用括号进行意义解释；有文白两读的在括号内用“文、白”标识，并用“又见”标明相应的文白读；“又音”表示另外的读音；括号中的“名、动、形、副”等表示前面字的词性，训读字在本字右下角加“训”。

韵母的排列顺序是：

ɿ i u y a ia ua o io e ie ue ye æ uæ ɯ ei ui yi aɔ iaɔ əu iu ĩ uɔ̃ an iɛn in aŋ iaŋ oŋ ioŋ ŋ̍

声母的排列顺序是：

p p' b m f ʋ t t' d l ʦ ʦ' ʣ s z ʨ ʨ' ʥ ȵ ɕ ʑ k k' g ŋ x ɣ Ø

声调的排列次序是：

阴平 45　阳平 13　上声 53　去声 24　入声 42

轻声音节不标调，在音标前加“·”号表示。

ɿ

tsɿ^{45}　□(～ke^{53}:颈)

tsɿ^{13}　池

tsɿ^{53}　指子(又音 zɿ^{53}/ tsa^{53})只(副)籽

tsɿ^{24}　痔痣翅至

tsɿ^{42}　汁

ts'ɿ^{53}　齿十拾

sɿ^{45}　尸司实□(o^{13}～:母亲的姐姐)□(lu^{45}～瓢:笊篱)丝(螺～,又音 sa^{45})

sɿ^{13}　时食(文,又见 ʥiu^{24})

sɿ^{53}　屎世

sɿ^{24}　视士势试豉是(文,又见 ʨ'ie^{53})

zɿ^{13}　鹚

zɿ^{53}　子(猫～,又音 tsa^{53})

zɿ^{24}　柿祠

i

pi^{45}　□(～子骨:肋骨)

pi^{53}　比

pi^{24}　闭

pi^{42}　毕壁碧

p'i^{45}　偏

p'i^{24}　屁撇

bi^{13}　鼻枇□(～:软)□(背～头:背地)屄(女阴)

fi^{45}　飞虺(蛇)

fi^{13}　肥

fi^{24}　吠粪

ti^{45}　多

ti^{13}　蹄

ti^{24}　第帝

ti^{42}　敌袋(又音 tua^{24})得(又音 te^{24})摘滴

t'i^{45}　尘抻(伸)

t'i^{53}　体屉

t'i^{24}　替锡

t'i^{42}　侄帖(请～,又音 t'a^{42})

di^{53}　履(鞋)

di^{24}　弟(徒～)

li^{45}　□(～个:哪个)犁镰(白,又见 liɛn^{13})

li^{13}　厘离迟

li^{53}　里(度量衡单位,又音 liu^{53})鲤李□(ȵia^{13}～子:小孩)

li^{24} 栗笠楝地（文：平～）利滤

li^{42} 立

tɕi^{45} 金（白，又见 tse^{45}/tɕin^{45}）今（又音 tɕia^{45}）襟肩斤筋屐经□（tso^{45} ～ pu^{45}：爷儿俩）箕机

tɕi^{13} 畚穄

tɕi^{53} 姐□（阉）挤几（～个）□（灶～子：蟋蟀）□（平～：平辈）□（斅倒～子：倒立）□（么～做：怎么做）

tɕi^{24} 祭镜继蛰（惊～）□（～tse^{45}花：杜鹃花）计借穄寄

tɕi^{42} 节（白，又见 tɕie^{13}）鲫室（屋）屐结

tɕʻi^{45} 牵亲贼自

tɕʻi^{24} 戚刺气□（蒸）菜□（提）

tɕʻi^{42} 七

dʑi^{13} 鳍旗棋糍钳（白，又见 dʑiɛn^{13}）期

dʑi^{53} □（～子：骟过的马）

dʑi^{24} 舌湿

dʑi^{42} 热（又音 dʑu^{24}）

ȵi^{45} 泥银燃

ȵi^{13} 尼□（猪～桶：泔水桶）

ȵi^{53} 你

ȵi^{24} 艺认

ɕi^{45} 祈芯须生（花生，又见 se^{45}/sin^{45}/suɔ̃^{45}）新先稀仙

ɕi^{13} 吸席息□（～ laɔ^{45}：吵架）

ɕi^{53} 喜（文，又见 kʻɯ^{53}）死

ɕi^{24} 细实碎（白，又见 sua^{24}）戏四信姓

ɕi^{42} 歇媳叶（又音 se^{42}）

ʑi^{13} 渠（他/她/它）

ki^{45} 跟□（舌～：舌头）

ki^{53} □（tɕio^{13} ～ ·li：捉迷藏）

kʻi^{42} 黑核

xi^{45} 灰

i^{45} 医衣烟

i^{53} □（ta^{13} ～：哪一天）

i^{24} 意姨印

i^{42} 噎一

u

pu^{45} □（tso^{53} tɕi^{45} ～：爷儿俩）□（～ ·tse：蝗虫）

pu^{53} 补□（老～tʻoŋ^{45}：老人家）

pu^{24} 布□（斅～鼾：打鼾）

pu^{42} 不（又音 pa^{42}）

pʻu^{45} 铺（～设）

pʻu^{24} 步铺（店～）

bu^{13} 蒲菩婆（白，又见 po^{13}）

bu^{24} 父坝

mu^{45} 煤（白，～油，又见 mei^{45}）

mu^{13} □（～ȵioŋ^{45}：老鹰）

mu^{53} □（～年：明年）母□（～子：李子）

mu^{42} 木（又见 mo^{42}）

fu^{45} 夫

fu^{13} 湖壶葫福伏服佛猢

fu^{53} 斧缚□（喝，～酒）腐

fu^{24} 瓠傅戽

ʋu^{13} 胡（～须）糊

ʋu^53 武舞

tu^53 肚

tu^42 毒□(～ɯ^42:答应)

□(～耙:一种四齿耙)

t'u^53 土(～地庙)

t'u^24 兔

du^13 徒屠

du^53 □(～哒来:顺便)

lu^45 炉芦鸬捋□(～篓:捕鱼工具)

lu^53 □(～sɿ^45瓢:笊篱)

lu^24 露读□(～起:爬起)

ʦu^45 租□(o^13～:拢头发的网)

ʦu^53 祖组煮水竖主(文,又见 ʨy^53/ ʦa^53)

ʦu^24 □(～雨:下雨)

ʦu^42 卒

ʦ'u^24 醋族处(～暑)

ʦ'u^42 出

ʣu^53 □(戳)

ʣu^24 热(又音 ʥi^42)□(下、落)射

su^53 暑鼠薯

su^42 糯

zu^24 穗□(屙)夜

zu^42 入

ku^45 姑估箍牯

ku^53 古股鼓

ku^42 谷骨(文,排～,又见 kua^42)

k'u^53 苦

xu^24 互

u^45 乌

u^13 蜈□(～mo^45 ʦa:青蛙)

吾□(灯～子:灯盏)捂

u^53 芋(又音 y^24)□(～鸡叫:学鸡叫)

u^24

y

ty^24 掉(又音 liaɔ^24)

dy^24 大(又音 ly^24)

ly^13 驴

ly^45 腡罗锣箩萝

ly^24 大(又音 dy^24/ta^53)

ʨy^45 龟(白,～裂,又见 kui^45)

ʨy^53 举嘴鬼主(白,又见 ʦu^53/ʦa^53)左

ʨy^24 鳜桂醉贵束(一～花)

ʨy^42 雀

ʨ'y^45 吹炊

ʨ'y^53 惧(怕)

ʨ'y^24 柜劝错脆着(睡～)

□(铛箍～:支撑锅子的三脚架)

ʨ'y^42 缺

ʥy^13 旋(头顶的旋)□(扫～;扫帚)爵(勺)蕨

ʥy^24 袖转(动)跪

ȵy^45 浓

ȵy^42 月(白,又见 ye^42)

ɕy^45 蓑楦胸凶

ɕy^53 洒□(脚～po^13:膝盖)

ɕy^24 絮(又音 ɕiu^24)税

ɕy^42 雪血索(绳子)

y^45 淤

y^{13} 围
y^{53} 雨(文,又见 ua^{53})
y^{24} 芋(洋~,又音 u^{24})熨味(又音 m ĩ^{24})胃药喂
y^{42} 钥玉

a

pa^{45} □(~肚:怀孕)巴(~不得)
pa^{24} 背(~包,又音 pei^{24})拜(又音 pua^{24})□(~k'a^{42}:前面)霸
pa^{42} 笔不(又音 pu^{42}/ · pa)
p'a^{45} □(~生子:遗腹子)
p'a^{53} □(一~:两臂平伸两手伸直的长度)妇
p'a^{24} □(~la^{53}:脏)
ma^{53} 买
ma^{24} 卖
ma^{42} 脉(又见 me^{42})
fa^{13} 皮脾桦□(手~:手残疾)
fa^{53} 火伙被(~絮:被子)
fa^{42} 法匹发髮
ta^{45} 头(白,又见 təu^{45})□(t'iu^{24} · ʦɿ ~~:围嘴儿)
ta^{13} □(~i^{53}:哪一天)搭(~帮)
ta^{53} 底抵陡斗(白,一~米,又见 təu^{53})打(介)□(e^{24} ~:这儿)大(文,又见 ty^{24}/ly^{24})
ta^{24} □(~la^{45}:哪里)
ta^{42} 德
t'a^{45} 梯
t'a^{24} 剃
t'a^{42} 帖(又音 t'i^{42})铁
da^{13} 台抬
da^{53} 篓
da^{24} 豆痘
da^{42} 跌
la^{45} □(~瘦:很瘦)楼
la^{53} □(ŋ̍^{24} ~:那里)□(p'a^{24} ~:脏)
la^{24} 纳(~媳妇:讨媳妇)癞
ʦa^{13} □(~məu^{45}牯:妹夫)
ʦa^{53} 崽子(又音 zɿ^{53}/ʦɿ^{53})主(白,又见 ʨy^{53}/ ʦu^{53})
ʦa^{24} 树事造友□(k'ui^{45}叶~:打油茶时用来过滤茶叶渣的篓子)□(星子~屎:流星)
ʦ'a^{53} 取娶(~亲:接亲)祛
ʣa^{53} 扯数(动)
sa^{45} 师狮收丝(又音 sɿ^{45})□(~猫:母猫)砂
sa^{53} 使(用)
sa^{24} 数(名)厕
sa^{42} 色虱
za^{45} 樝(梨子)油
za^{53} 右
za^{24} 漏站字
ka^{45} 鸡鸠勾钩沟□(什~:什么)
ka^{53} 蟹解(~开)□(zan^{53} ~:碗柜)□(li^{45} ~:哪个)
ka^{24} 笱(一种捕鱼的篓子)
ka^{42} 甲
k'a^{45} 溪
k'a^{53} 口□(~泥鳅:抓泥鳅)

□(大～:成年男子的生殖器)

k‘a^{24}　扣

k‘a^{42}　掐□(p‘aɔ^{53}～:刨花)
□(pa^{24}～:前面)

ŋa^{45}　岩呆崖

ŋa^{53}　□(ɣa^{24}～:我们)

xa^{45}　□(me^{13}～:妻子)

xa^{13}　盒□(扯～:气喘)

xa^{53}　□(男～牯:丈夫)

xa^{24}　下(文,又见 ɣo^{24})

ɣa^{13}　颌

ɣa^{24}　后厚□(～ŋa^{53}:我们)

a^{45}　阿(又音 e^{45})啊

a^{13}　喉□(～圈:项圈)

a^{53}　也

a^{24}　沤□(旧)怄

ia

tia^{45}　□(明～:明天)爹

tia^{53}　跺

t‘ia^{45}　抽

t‘ia^{13}　蹄

t‘ia^{53}　柱提(又音 tie^{13})

t‘ia^{42}　踢

lia^{53}　柳

lia^{42}　六(～手子:手多指)绿

tɕia^{45}　周今(又音 tɕi^{45})

tɕia^{53}　酒九韭久

tɕia^{24}　旧

tɕ‘ia^{45}　秋鳅□(～:短)

dʑia^{13}　球(白,又见 dʑiu^{13})求
□(～:脸转过去)

dʑia^{24}　□(像)

ȵia^{13}　□(小)

ȵia^{24}　□(～火:生气)

ɕia^{45}　修

ɕia^{24}　夏

ɕia^{42}　杀

ia^{45}　爷

ua

pua^{53}　摆(又音 po^{53})

pua^{24}　拜(又音 pa^{24})

pua^{42}　八(又音 po^{42})

p‘ua^{53}　稗

bua^{13}　排牌(白,打～,又见 po^{13})扒

tua^{45}　堆

tua^{24}　对碓袋(又音 ti^{42})斗(～地主)

t‘ua^{45}　胎推驰(走)

t‘ua^{53}　腿

t‘ua^{24}　退

t‘ua^{42}　脱

lua^{24}　癞

tsua^{45}　栽斋

tsua^{13}　杂扎

tsua^{24}　岁

tsua^{42}　撮捉紮(尿～:尿布)

ts‘ua^{45}　猜搊

ts‘ua^{53}　□(～～:用食指和中指的指关节敲击别人)

ts‘ua^{42}　插拆啄

dzua^{13}　财裁材豺

sua^{45}　鳃筛刷(名)

sua^{24}　碎(～砖,又音 ɕi^{24})晒帅

sua^{42}　萨

kua^{45}　瓜街乖该(～账:欠别人的钱)

kua^{53}　解(～手)□(量词,一～事:一件事)□(～一下:打一下)

kua^{24}　盖疥怪挂卦戒□(一～:一遍)

kua^{42}　刮骨(白,～头,又见 ku^{42})

k‘ua^{45}　开

k‘ua^{53}　敤(打)①棵□(e^{24}～:这些)

k‘ua^{24}　块筷快

k‘ua^{42}　窟

xua^{45}　花孩(ȵia^{13}～:小孩,又音 xo^{45})

xua^{53}　海(白,又见 xæ^{53})

xua^{24}　哈(玩)犯坏划画

xua^{42}　稷发(～豆腐:油豆腐)法

ua^{45}　鸦

ua^{53}　瓦雨(白,又见 y^{53})有

ua^{24}　袜话

ua^{42}　挖

o

po^{45}　菠巴疤波□(滚～:发烧)笆趴

po^{13}　牌(文,又见 bua^{13})婆(文,老～～,又见 bu^{13})□(脚 ɕy^{53}～:膝盖)

po^{53}　把摆(文,～摊子,又见 pua^{53})

po^{24}　欛(刀～)□(脱～:脱臼)

po^{42}　百伯(～～:公公,又音 pe^{42})拔(又音 pɯ^{42})□(～匠:木匠)八(又音 pua^{42})

p‘o^{45}　白

p‘o^{24}　帕

p‘o^{42}　北拍

bo^{13}　杷钯耙

mo^{45}　麻媒蟆模□(家～:外祖母)□(丢～子了:小产了)

mo^{53}　马码蚂母□(大蒜～子:大蒜头)

mo^{42}　抹墨(又见 me^{42})麦末木(啄～鸟)莫

lo^{13}　螺爬

to^{45}　□(端)□(都)

to^{13}　□(拿)

to^{53}　顶(又音 tæ^{53})

to^{24}　□(ʦo^{53}～:两个)

to^{42}　隻(一～鸡)□(竹子～子:放在蒸锅里的笼屉)

t‘o^{45}　□(e^{24}～:这个)

t‘o^{42}　沓塔

do^{13}　□(～早:趁早)□(把,量词,介词)

do^{53}　□(～屄:交合)

do^{24}　□(～:蹲)

lo^{13}　爬□(～豆:黄豆)

---

① 《广韵》《集韵》苦果切,音颗。《说文》研治也。舜女弟名敤首。《博雅》击也。又《广韵》《集韵》苦卧切,音课。义同。

lo^{42} 蜡辣腊

tso^{45} 遮渣

tso^{53} □(～:二)

tso^{24} 炸

tso^{42} 眨炙作□(～脚:裹脚)

ts'o^{45} 差(～不多)车搽□(一～:大拇指与中指张开的长度)叉齪

ts'o^{24} 岔

ts'o^{42} □(～灰:石灰)擦尺坼

dzo^{24} 罪

so^{45} 沙赊三(又音 soŋ^{45})杉$_{训}$痧莎

so^{53} 舍耍

zo^{13} □(～高脚:踩高脚)

zo^{53} 野

zo^{24} 线

ko^{45} 哥家锅弓(白,又见 koŋ^{45})交(白:～税,又见 tɕiaɔ^{45})

ko^{13} □(e^{24}～·li:这些)

ko^{53} 假果(苹～)铰(白,又见 kaɔ^{53})

ko^{24} 嫁架价过(文,难～,又见 kɯ^{24})

ko^{42} 挟隔夹荚国甲

k'o^{53} 可

k'o^{24} 课□(噎)

k'o^{42} 客

go^{24} 舅

ŋo^{45} 牙伢芽丫(张开)

ŋo^{13} 蛾

ŋo^{42} 额

xo^{45} 虾□(鱼～:鱼鳃)哈孩(又音 xua^{45})□(姐～·ka:姐妹)

xo^{24} 害□(糊)□(缝隙)

xo^{42} 合瞎

ɣo^{13} 河狭(窄)学(文,又见 ɕio^{13})

ɣo^{24} 下(白:底～,又见 xa^{24})

ɣo^{42} 吓(恐～)

o^{45} 砑轭莴屙龌窝

o^{13} □(～sɿ^{45}:母亲的姐姐)□(～tsu^{45}:拢头发的网)□(～子:叔父)

o^{53} 哑矮

o^{24} 卧(～单:床单)

o^{42} 押压

io

tio^{45} □(当～:中间)

tɕ'io^{13} □(～:藏)

tɕ'io^{53} □(喷～:喷嚏)

dʑio^{13} 笡(斜)

ɕio^{13} 学(文,又见 ɣo^{13})

ɕio^{53} 写

io^{42} 约

e

pe^{45} 边(又音 p'ĩ^{45})

pe^{53} �

pe^{24} 变

pe^{42} 伯(又音 po^{42})

p'e^{45} 箅

p‘e^{13}　别

p‘e^{24}　破喷（～香）碰

p‘e^{42}　劈

me^{45}　门霉外（白，又见 uæ^{45}）名（白，又见 min^{45}）摸么（e^{24}～高：这么高）

me^{13}　□（～xa^{45}：妻子）闻

me^{53}　每□（～～：婚前称婶母）美

me^{24}　万问

me^{42}　密墨（又音 mo^{42}）脉

fe^{45}　分

fe^{13}　饭（～盏：饭勺）

fe^{24}　肺扶

te^{45}　颠（顶）癫

te^{13}　□（么 tɕi^{53}～：为什么）

te^{24}　戴（又音 tui^{24}）店（白，又见 tiɛn^{24}）得（又音 ti^{42}）给训 □（～嘴巴：顶嘴）

t‘e^{45}　天

t‘e^{53}　土

t‘e^{24}　吐特

le^{45}　年□（～tɕi：现在）

le^{53}　□（～夜：夜黑）

tse^{45}　金（白，又见 tɕin^{45}/tɕi^{45}）尖针（白，～尖，又见 tsin^{45}）匙煎□（外～：外面）□（tɕi^{24}～花：杜鹃花）真

tse^{53}　姊纸盏（白，又见 tsuɔ̃^{53}）

tse^{24}　箭做炸

tse^{42}　折

ts‘e^{45}　粗初签千扦

ts‘e^{53}　铲在□（谷～：一种用来烘干谷子的工具）移

ts‘e^{24}　□（～桶：提桶）

dze^{13}　搀□（花～：银元）

se^{45}　衫深山（白，又见 san^{45}）身生（白，又见 ɕi^{45}/sin^{45}/suɔ̃^{45}）□（～kɯ^{42}：怎么）梳

se^{13}　神（白，又见 ɕin^{13}）

se^{24}　扇（名）

se^{42}　蜇叶（又音 ɕi^{42}）

ze^{45}　□（蚕）

ke^{45}　耕

ke^{53}　葛□（～年：一整年）□（tsɿ^{45}～：颈）

ke^{24}　格

k‘e^{53}　楷

xe^{53}　很

xe^{24}　恨

e^{45}　阿（又音 a^{45}）

e^{53}　耳（木～）□（～ioŋ^{13}：白天）

e^{24}　□（～la^{53}：这里）

ie

pie^{45}　鞭

pie^{13}　便（～宜）

pie^{53}　扁

pie^{24}　遍

pie^{42}　别（又音 p‘e^{13}）

p‘ie^{45}　篇辫

mie^{53}　米免

mie^{24}　面（白，体～：漂亮，又见 mĩ^{24}）

tie^{13} 提(酒～子,又见 t‘ia^{53})
t‘ie^{53} 地(白:～犬子:蝼蛄)
t‘ie^{24} 太(～大,又见 t‘æ^{24})
die^{13} 啼筒(火～:吹火筒,又见 dæ^{13}/dəu^{13})
die^{24} 第
ʨie^{13} 齐锄前(又音 ʣin^{13})骑节(文,又见 ʨi^{42})蚕(白,又见 ʦan^{13})
ʨie^{53} 紫碱紧井(白,又见 ʦin^{53})整
ʨ‘ie^{53} 阵件近是(白,又见 sɿ^{24})
ʥie^{13} 咸(～淡)芹□(铁鼎～:放置锅子的竹圈)
ʥie^{24} 坐
ȵie^{13} 宜(便～)
ȵie^{53} 耳(～朵)
ȵie^{24} 孽捏业(毕～)
ɕie^{13} □(～量:小气)
ɕie^{53} □(～人:骂人)
ɕie^{24} 什
ie^{53} 魇

ue

ʦ‘ue^{45} 圈穿
ʦ‘ue^{24} □(撑)
sue^{45} 闩
kue^{45} 官(白,做～,又见 koŋ^{45})裈馆
kue^{53} 管(白,～家人,又见 kuɔ̃^{53})竿(白,又见 kuɔ̃^{53})
xue^{13} 活
ue^{13} 荷(～花)和(～气)为(难～)
ue^{24} 和(～面)

ye

tye^{53} 朵(一～花,又音 tiu^{53})
t‘ye^{53} 重(轻～)
dye^{13} 虫
dye^{24} □(～子:驼背)□(～k‘aɔ^{53}:橡皮)□(□叶～:打油茶时用来漏茶叶的工具
lye^{45} 寻
ʨye^{13} 裙茄穷
ʨye^{53} 卷(动)
ʨye^{24} 卷(名)
ʨye^{42} 结(～巴)
ʨ‘ye^{45} 菌戳
ʨ‘ye^{13} □(～起:把东西码起来)
ʥye^{13} 颧旋(动)重(～阳节)拳熊松(～树)
ʥye^{53} □(～:用斧头砍)
ʥye^{24} □(猪崽～:用来挑猪崽的竹制的笼子)
ɕye^{45} 蓑
ɕye^{53} 锁癣选
ye^{13} 铅云丸荷(～包,又见 ue^{13})月(文,～饼,又见 ȵy^{42})圆(汤～)
ye^{24} 越

æ

pæ^{45} 奔

pæ^{53}　本粉饼(白,又见 pin^{53})

pæ^{24}　办

p‘æ^{24}　碰

bæ^{13}　盆棚瓶(白,又见 bin^{13})缝(~衣服)

mæ^{53}　尾

fæ^{45}　帆翻

fæ^{13}　坟淮猿凡

fæ^{53}　反

fæ^{24}　□(抬)

tæ^{45}　踮□(~牯:女婿)□(敢)

tæ^{53}　点(白,又见 tiɛn^{53})顶(又音 to^{53})

t‘æ^{53}　枕

t‘æ^{24}　太(~婆,又见 t‘ie^{24})

dæ^{13}　填同(又见 təu^{13})桐(又见 təu^{13})铜(又 təu^{13})筒(又见 dəu^{13}/ die^{13})

læ^{45}　篮(白,~子,又见 luɔ̃^{45})

læ^{13}　田来(文,~往,又见 zæ^{13}/ ʣei^{13})

læ^{24}　簟

ʦæ^{53}　诊□(~菜:做菜)颤种(名,~子)

ʦæ^{24}　战寨再

ʦ‘æ^{53}　浅善

ʣæ^{13}　钱□(一~手:一只手)

sæ^{53}　闪

zæ^{13}　椽(~皮)盐来(又音 læ^{13}/ ʣei^{13})融熔才檐

zæ^{24}　动(食不~:咬不动)

kæ^{53}　讲

ŋæ^{45}　安

ŋæ^{13}　□(~刚:刚好,恰巧)

ŋæ^{53}　眼

xæ^{45}　□(会)

xæ^{53}　海(文,又见 xua^{53})

xæ^{42}　□(酒~:酒曲)

ɣæ^{13}　红(白,又见 xoŋ^{13})洪还(副)

æ^{53}　□(喝,~茶)

uæ

luæ^{13}　圞(圆)

ʦuæ^{53}　准

ʦ‘uæ^{53}　茶

suæ^{53}　笋

zuæ^{13}　船旋(蚯蚓)

kuæ^{45}　乖

kuæ^{53}　滚

k‘uæ^{53}　犬

uæ^{13}　横

uæ^{24}　外(文,又见 me^{45})

ɯ

pɯ^{42}　拔(又见 po^{42})钵

bɯ^{13}　薄

mɯ^{45}　蚊

mɯ^{53}　猛

mɯ^{24}　忘磨(动)

fɯ^{45}　风蜂封疯枫

ʦɯ^{42}　昨(去~:昨天)

kɯ^{45}　□(眼~:眼泪)□(簸箕)

kɯ^{53}　帚

kɯ²⁴	锯个过(白:~礼,又见 ko²⁴)

kɯ^{24} 锯个过(白:~礼,又见 ko^{24})

kɯ^{42} 脚急割角(牛~)□(se^{45}~:怎么)

k'ɯ^{53} 起喜(白,又见 çi^{53})

k'ɯ^{24} 去(~皮)

k'ɯ^{42} 阔(宽)

ŋɯ^{45} 牛蛾

ŋɯ^{24} 饿

xɯ^{24} 货

ɣɯ^{13} 禾

ɯ^{53} □(肿)

ɯ^{42} 鸭□(记得)恶□(tu^{42}~:答应)

ei

pei^{45} 碑杯

pei^{24} 辈背(名,又音 pa^{24})

p'ei^{45} 披□(萝~:萝卜)

p'ei^{53} □(~履底:纳鞋底)

bei^{13} 陪

mei^{45} 妹梅煤(文,纸~子:一种用纸卷成的长条状物体,用来保存火种,又见 mu^{45})

mei^{24} 磨(名)

fei^{45} □(~臭:很臭)痱

fei^{53} □(烂)

tei^{45} 兜

ʦei^{45} 枝支

ʦei^{53} 只(~有)

ʦei^{24} 最贱

ʦ'ei^{42} 赤(~脚)

ʣei^{13} 来(又见 læ^{13}/zæ^{13})

sei^{45} 梳

sei^{53} □(~个:哪些)

sei^{24} □(送)

zei^{13} □(~家:大家)□(~履;拖鞋)

ui

tui^{45} 砧

tui^{13} 团□(拴~岩:把石头塞到柱子下)

tui^{24} 顿戴(~孝,又音 te^{24})□(~子:小板凳)□(~风:顺风)

lui^{24} 论嫩

ʦui^{45} 砖

ʦ'ui^{45} 村椿春

ʦ'ui^{53} 蠢

ʦ'ui^{24} 串衬

sui^{45} 孙狲

zui^{24} 闰顺

kui^{45} 龟(文,乌~,又见 ʨy^{45})

kui^{53} 轨

kui^{24} 罐棍灌(~田)

k'ui^{45} 亏窠□(茶树、茶油)

k'ui^{53} 捆

k'ui^{24} 困睏

ŋui^{45} 鹅

xui^{45} 婚荤浑

xui^{53} 会(文,又见 xæ^{53})

ui^{45} 温瘟

ui^{13} 文□(~子:草垛)

yi

tɕyi^{45} 军
tɕʻyi^{45} 凿
dʑyi^{42} 嚼
ɕyi^{45} 薰
yi^{45} 冤完
yi^{24} 院愿怨

aɔ

paɔ^{45} 包胞煲
paɔ^{13} □(打~:干呕)
paɔ^{53} 饱宝
paɔ^{24} 豹报
pʻaɔ^{45} 泡(鱼~)
pʻaɔ^{13} 雹
pʻaɔ^{53} 菢□(~kʻa^{42}:刨花)
pʻaɔ^{24} 泡(~辣椒)炮
baɔ^{13} 浮袍
baɔ^{24} 刨(~地)抱暴
maɔ^{45} 毛茅
maɔ^{24} 冒帽
taɔ^{45} 刀
taɔ^{13} 调(~皮)
taɔ^{24} 到倒(文,又见 tiu^{24})
tʻaɔ^{24} 道套
daɔ^{13} 绹
daɔ^{24} 盗(偷)跳
laɔ^{45} 牢□(ɕi^{13}~:吵架)
laɔ^{13} 桃条(又音 tiaɔ^{13})痨
laɔ^{53} 脑老佬(~~:弟弟)□(~锹:一种挖硬土的锄头)
laɔ^{24} 闹烙
tsaɔ^{45} 招糟
tsaɔ^{13} 朝(~代)
tsaɔ^{53} 早枣澡爪少(多~)找
tsaɔ^{24} 灶罩
tsʻaɔ^{45} 抄
tsʻaɔ^{53} 嫂草炒
dzaɔ^{13} 曹槽
saɔ^{45} 烧筲骚艄
saɔ^{53} 扫(~地)□(~:路)
saɔ^{24} 扫(~帚)笑
zaɔ^{13} 窑
kaɔ^{45} 高膏篙□(~子:柿子)
kaɔ^{53} 稿铰(文,又见 ko^{53})
kaɔ^{24} 叫(白,~花子:乞丐,又见 tɕiaɔ^{24})教(白,又见 tɕiaɔ^{24})
kʻaɔ^{45} 敲
kʻaɔ^{53} 考□(dye^{24}~:橡皮)
kʻaɔ^{24} 靠铐
ŋaɔ^{45} 熬鳌摇(又音 iaɔ^{13})
xaɔ^{45} 蒿号薅
xaɔ^{53} 好(~坏)
xaɔ^{24} 孝(白,戴~,又见 ɕiaɔ^{24})号
aɔ^{53} □(~:掰)
aɔ^{24} 坳□(年~:年份)

iaɔ

piaɔ^{13} 瓢
piaɔ^{53} 表
pʻiaɔ^{24} 票□(手指上的筲箕纹)
miaɔ^{24} 庙
tiaɔ^{45} 朝(~头:早晨)

tiaɔ^{13}　条(又音 laɔ^{13})

tiaɔ^{24}　吊钓

diaɔ^{13}　调(～羹)

liaɔ^{13}　焯

liaɔ^{53}　了

liaɔ^{24}　料撂(扔)掉(又音 ty^{24})□(～脑牯:摇头)

ʨiaɔ^{45}　焦缲椒娇交(文:～杯酒,又见 ko^{45})浇胶

ʨiaɔ^{13}　桥乔荞朝(～阳花:向日葵)

ʨiaɔ^{53}　饺绞□(～钵:打油茶时用来捣蒜、干辣椒的钵子)

ʨiaɔ^{24}　轿教(文,～育,又见 kaɔ^{24})叫(文,又见 kaɔ^{24})

ʨ'iaɔ^{45}　锹(锄头)

ʨ'iaɔ^{53}　巧

ʨ'iaɔ^{24}　翘

ȵiaɔ^{24}　尿

ɕiaɔ^{45}　霄销宵□(推)

ɕiaɔ^{53}　晓小(～满:节气)

ɕiaɔ^{24}　孝(文,又见 xaɔ^{24})

ɕiaɔ^{42}　削

iaɔ^{45}　鹞腰□(一～衣裤:一身衣服)

iaɔ^{13}　摇(又音 ŋaɔ^{45})

iaɔ^{53}　舀

iaɔ^{24}　要(想～)

əu

p'əu^{53}　捧

bəu^{13}　朋□(～:大脖子)埋

məu^{45}　□(ʦa^{13}～:妹夫)

məu^{53}　亩

məu^{24}　梦

təu^{45}　东冬头(文,巡～,又见 ta^{45})

təu^{53}　斗(文,筋～,又见 ta^{53})

təu^{24}　冻

t'əu^{45}　通都(副)

t'əu^{53}　桶(白,水～)

dəu^{13}　同(又音 dæ^{13})筒(又音 dæ^{13}/die^{13})

dəu^{24}　洞

ləu^{45}　笼□(～稀:很稀)

ʦəu^{45}　宗综舂聋升(白,又见 ʦuɔ̃^{45})筝棕

ʦəu^{53}　总

ʦəu^{24}　罩粽种(动)中(～风)

ʦ'əu^{45}　葱枪(白,又见 ʨ'ioŋ^{45})

ʦ'əu^{24}　臭逐(追)秤(白,又见 ʦ'uɔ̃^{24})

ʣəu^{13}　□(～ kɯ^{53}:猪牛羊的内脏)

səu^{45}　松(～紧)

səu^{24}　送宋丑(白,又见 ʨiu^{53})□(痛)

kəu^{45}　工公(白,虾～)

kəu^{24}　告

k'əu^{45}　空(形)

k'əu^{53}　孔

k'əu^{24}　寇

k'əu^{42}　壳□(豆～～:豆秆)

xəu^{45}　薅

xəu^{53}　□(～鼻:擤鼻涕)哄

xəu^{24}　候

ɣəu13　虹(白,又见 kuɔ̃13)

iu

tiu45　猪车(~马炮)蛛□(岩~:石头)靁①(雷)锤(秤~,又音 tiu13)

tiu13　厨锤(~子,又音 tiu45)

tiu53　朵(又音 tye53)

tiu24　箸带□(下、落)倒(白,又见 taɔ24)

tiu42　着(~衣)

t'iu45　直

t'iu24　□(~子:口水)

t'iu42　着(被)□(~po24:脱臼)

diu13　槌

liu45　丢□(揉)龙

liu53　里(~衣,又音 li53)礼□(瘸)□(油~子:蟑螂)

liu42　力

ʨiu45　书珠□(去年~:去年)馊

ʨiu53　丑(文,又见 səu24)守就□(瓦~:屋脊)

ʨiu24　□(酸)剩

ʨiu42　竹烛

ʨ'iu45　□(洋~泡:乌泡子)

ʨ'iu13　□(一~饭:一锅饭)

ʨ'iu42　熟

ʥiu13　球(文,又见 ʥia13)流

ʥiu24　食(白,又见 sɿ13)

ȵiu45　鱼

ȵiu53　女

ȵiu42　肉

ɕiu53　手

ɕiu24　絮(又见 ɕy24)瘦绣宿(住~)寿(~星)

ɕiu42　黍粟

iu53　又

iu24　尤

ĩ

pĩ45　兵鬓

p'ĩ45　边(文,桌边,又见 pe45)乒

mĩ45　眉眯棉

mĩ53　蚁(蚂~)篾□(~:奶汁)□(铛~子:锅灰)

mĩ24　味(又音 y24)面(文:东~,又见 mie24)谜

mĩ42　□(听)□(~娘:蜻蜓)

ȵĩ24　砚念(~经)

kĩ24　见

uɔ̃

puɔ̃45　班斑

puɔ̃13　□(老~子:老头)

puɔ̃53　膀(手~子)

p'uɔ̃24　襻

buɔ̃13　盘

muɔ̃45　饭

muɔ̃13　蛮

muɔ̃24　命

fuɔ̃45　□(腰~肉:里脊肉)

fuɔ̃13　平坪回

---

① 靁,《广雅·释天》:"雷也。"《广韵》脂韵陟隹切:雷也,出《韩诗》。

fuɔ̃^{24} 病

tuɔ̃^{53} 胆

tuɔ̃^{24} 担(名、动)旦

t‘uɔ̃^{45} 滩摊(~开,又音 t‘an^{45})

t‘uɔ̃^{13} 掭

t‘uɔ̃^{53} 毯

duɔ̃^{45} 停

duɔ̃^{24} □(袋)断(~黑:天黑)□(浮~:游泳)

luɔ̃^{45} 蓝篮(文,~球,又见 læ^{45})楠零男南难

luɔ̃^{53} 暖卵

ʦuɔ̃^{45} 簪争蒸□(板~:板凳)升(文,又见 ʦəu^{45})

ʦuɔ̃^{53} 盏(文,又见 ʦe^{53})

ʦuɔ̃^{24} 钻(名、动)

ʦ‘uɔ̃^{45} 铛(锅)

ʦ‘uɔ̃^{24} 秤(文,又见 ʦ‘əu^{24})

ʣuɔ̃^{13} 从层(又音 ʣin^{13})藤腾

ʣuɔ̃^{24} □(背篓)

suɔ̃^{45} 拴生(饭是~的,又见 ɕi^{45}/sin^{45}/se^{45})闩

suɔ̃^{24} 散(分~)蒜

zuɔ̃^{24} 乱

kuɔ̃^{45} 甘

kuɔ̃^{13} 狂虹(白,起~:出彩虹,又见 ɣəu^{13})

kuɔ̃^{53} □(一~室:一所屋子)管(文,又见 kue^{53})竿(文,又见 kue^{53})

kuɔ̃^{24} 惯

k‘uɔ̃^{45} 坑

k‘uɔ̃^{53} 嗽(咳嗽)

ŋuɔ̃^{24} 硬

xuɔ̃^{53} 喊缓

xuɔ̃^{24} 唤

ɣuɔ̃^{13} 行(慢走)

uɔ̃^{45} □(歪)

uɔ̃^{53} □(喝)

uɔ̃^{13} 环

an

man^{53} 晚

fan^{53} 反

tan^{45} 单(卧~,又音 tuɔ̃^{45})

t‘an^{45} 摊(又音 t‘uɔ̃^{45})

t‘an^{53} 坦

lan^{13} 栏

ʦan^{13} 蚕(文,又见 ʨie^{13})

ʦan^{53} 崭斩

ʦan^{24} 錾

san^{45} 山(文,淮~,又见 se^{45})

zan^{53} □(~ka^{53}:碗柜)

kan^{45} 间

kan^{53} 秆梗杆赶(又音 koŋ^{53})

xan^{45} 鼾

xan^{13} 寒

iɛn

p‘iɛn^{24} 骗

tiɛn^{53} 点(文,又见 tæ^{53})

tiɛn^{24} 店(文,又见 te^{24})电

liɛn^{13} 镰(文,又见 li^{45})莲

ʨ‘iɛn^{24} 欠

dʑiɛn^{13}　钳（文，又见 dʑi^{13}）

ɕiɛn^{13}　嫌

ɕiɛn^{24}　鳝

iɛn^{13}　炎（发～）

in

pin^{45}　冰

pin^{13}　苹

pin^{53}　饼（文，～干，又见 pæ^{53}）

bin^{13}　瓶（文，又见 bæ^{13}）

min^{45}　名（文，又见 me^{45}）

min^{13}　明

tin^{24}　订

lin^{45}　能灵

lin^{13}　鳞淋

lin^{53}　□（～光:精光）领

tsin^{45}　精正（～月）情□（栏～:栏杆）针（文，顶～，又见 tse^{45}）

tsin^{13}　成

tsin^{53}　井（文，～水，又见 tɕie^{53}）

tsin^{24}　镇□（结果子）正（与"歪"相对）甑

tsʻin^{45}　青清

tsʻin^{53}　请

sin^{45}　生（文，学～，又见 ɕi^{45}/se^{45}/suɔ̃^{45}）星身（又见 se^{45}）辰

zin^{13}　赢椽（文，又见 zæ^{13}）□（一～书:一页书）檐

tɕin^{45}　金（文，押～，又见 tɕi^{45}/tse^{45}）经（～书）惊巾

tɕin^{53}　颈

tɕin^{24}　赚（～钱）

tɕʻin^{45}　轻

dʑin^{13}　前（文，～班:前辈，又见 tɕie^{13}）层（文，又见 dzuɔ̃^{13}）巡

dʑin^{53}　□（～半牯:上午）

ɕin^{13}　神（文，又见 se^{13}）行（不～）

kin^{45}　羹

kʻin^{53}　肯

in^{45}　阴人（～情，又见 ŋ̍^{45}）

in^{53}　影

in^{24}　燕印

aŋ

pʻaŋ^{45}　乓

baŋ^{13}　□（～脑牯:光头）

maŋ^{53}　□（～槌:用来捶打稻草或芦苇秆的槌子）

faŋ^{45}　□（～瓜:南瓜）

taŋ^{53}　党

zaŋ^{24}　□（他/她/它）

kaŋ^{45}　刚钢

iaŋ

iaŋ^{13}　萤杨

oŋ

poŋ^{45}　梆绷

poŋ^{53}　板

poŋ^{24}　扮半

pʻoŋ^{53}　□（～刀:一种长柄的砍柴刀）

boŋ^{13}　螃

moŋ^{13}　芒

moŋ^{53} 满

moŋ^{24} 望

foŋ^{45} 荒方兄坊

foŋ^{53} 纺仿

foŋ^{24} 放

ʋoŋ^{13} 还(~门)房

ʋoŋ^{53} 网往

toŋ^{45} 当(~中)疒裆□(皮~:竹篾编织的有盖的容器)

toŋ^{53} 鼎

toŋ^{24} 当(~铺)□(~钻:木匠用来钻眼儿的工具)

t‘oŋ^{45} 汤瘫□(老 pu^{53}~:老人家)

t‘oŋ^{53} 磴(台阶)桶(文,火~,又见 t‘əu^{53})

t‘oŋ^{24} 趟烫炭□(雨尾~:雨后天晴)

doŋ^{13} □(苔)唐塘堂痰

doŋ^{24} 淡凼

loŋ^{45} 郎

loŋ^{13} 糖狼晾□(tso^{53}~人:夫妻)

loŋ^{53} □(~~:地方)□(oŋ^{53}~:进去)

tsoŋ^{45} 装妆

tsoŋ^{13} □(蒸笼)

tsoŋ^{53} □(~娘:母亲的妹妹)

tsoŋ^{24} □(园)

ts‘oŋ^{45} 仓疮撑

ts‘oŋ^{53} 上撞

ts‘oŋ^{24} 状尚(和~)唱

soŋ^{45} 霜丧(~事)双桑甥三(又音 so^{45})

soŋ^{53} 晌伞爽□(零~:零食)

soŋ^{24} 算涮

zoŋ^{45} 床

zoŋ^{13} 阳洋羊杨

zoŋ^{53} □(温~水:温开水)痒养懒□(浮起来)

zoŋ^{24} 样

koŋ^{45} 干(文,~爽:干净,又见 k‘oŋ^{45})□(~:蛋)官(文,当~,又见 kue^{45})冠(鸡~子)肝观光公(文,~家,又见 kəu^{45})柑蚣弓(文,又见 ko^{45})

koŋ^{53} 赶(又音 kan^{53})拱

koŋ^{24} 降

k‘oŋ^{45} 干(白:天~,又见 koŋ^{45})框

k‘oŋ^{24} 矿炕

xoŋ^{45} 欢

xoŋ^{13} 红(文,~薯,又见 ɣæ^{13})

oŋ^{53} □(木)□(量)□(~loŋ^{53}:进去)

ioŋ

tioŋ^{45} 张(白,姓,又见 tɕioŋ^{45})章(又音 tɕioŋ^{45})

tioŋ^{53} 涨长(生~)

tioŋ^{24} 账帐

t‘ioŋ^{53} 丈

dioŋ^{13} 胀长(~短)肠场(白,又见 dʑioŋ^{13})

lioŋ^{45} 粱粮梁

lioŋ^{13} 凉量(动)□(~构:冰条)

lioŋ^{53}　两(度量衡单位)

lioŋ^{24}　亮量(名)

tɕioŋ^{45}　浆姜章(又音 tioŋ^{45})张(文,开~,又见 tioŋ^{45})将刚(白,又见 kaŋ^{45})樟

tɕioŋ^{53}　桨

tɕioŋ^{24}　酱□(~哒睏:侧着睡)将(麻~)匠(文,岩~:石匠,又见 tɕʻioŋ^{24})

tɕʻioŋ^{45}　□(嗅)枪(文,又见 tsʻəu^{45})眶香(白,又见 ɕioŋ^{45})

tɕʻioŋ^{24}　匠(白,po^{42}~:木匠,又见 tɕioŋ^{24})

dʑioŋ^{13}　墙强场(文,又见 dioŋ^{13})

dʑioŋ^{24}　像(白,动词,观 ɕioŋ^{24})

ȵioŋ^{45}　□(~头:里面)□(mu^{13}~:老鹰)娘

ɕioŋ^{45}　相(互~)箱商伤乡香(又音 tɕʻioŋ^{45})

ɕioŋ^{53}　想

ɕioŋ^{24}　相(~貌)向像(文,名词,又见 dʑioŋ^{24})象(~棋)巷

ioŋ^{45}　秧

ioŋ^{13}　□(半~:半日)阳

ioŋ^{24}　用

ŋ̍

ŋ̍^{45}　人(又音 in^{45})

ŋ̍^{13}　黄王蟥□(转~头:转头)□(~ȵia^{13}:从小)□(~梁:檩)

ŋ̍^{53}　五碗

ŋ̍^{24}　□(~:那)汗二案苋旱晏

ŋ̍^{42}　日

五、巡头乡话音系与北京话音系比较

(一) 声母的比较

巡头乡话声母有 28 个，北京话声母有 22 个。其中有 17 个声母音值大体相同，它们是［p　pʻ　m　f　t　tʻ　l　ʦ　ʦʻ　s　tɕ　tɕʻ　ɕ　k　kʻ　x　Ø］。

巡头乡话中有 11 个声母北京话中没有，它们是［b　ʋ　d　dz　z　dʑ　ȵ　ʑ　g　ŋ　ɣ］，北京话中有 5 个声母巡头乡话中没有，它们是［n　tʂ　tʂʻ　ʂ　ʐ］。

巡头乡话与北京话声母之间的对应关系是一对多的关系。巡头乡话的一个声母在北京话中分读成多个声母。下面从巡头乡话每个声母所辖例字对应北京话的情况可以看出两个音系声母读音的差别（见下页表格）。

巡头乡话	北京话	例　字
p	p	壁布拜波巴百伯鞭本碑包豹
	pʻ	便~宜婆
	f	粉
pʻ	p	蓖箅北稗白
	pʻ	襻炮捧破劈拍帕铺篇
	f	妇
b	p	暴薄步抱
	pʻ	盘瓶袍朋陪盆棚钯杷螃排牌菩蒲枇婆
	f	缝父
m	m	命满面梦毛庙猫埋妹煤脉墨门米免棉买卖明篾每
	f	饭
	Ø	望晚蚊忘外尾味蚁万问
f	p	病被
	pʻ	坪平皮脾匹
	f	方贩放风封坟发法斧腐缚福飞肥粪吠帆伏
	ç	兄
	x	荒火湖壶葫瓠
ʋ	f	房
	x	胡~须糊
	Ø	舞武
t	t	钉单灯胆店带东冬倒冻吊到刀掉
	tʻ	条调~皮头台

续表

巡头乡话	北京话	例　　字
	ʈʂ	涨帐张章账箸猪蛛
	ʈʂ‘	厨锤车
t‘	t	道地都
	t‘	摊毯汤炭坦通套太天土塔胎腿推提蹄梯脱兔体
	ʈʂ	丈直重柱侄朝今~
	ʈʂ‘	驰抽尘
d	t	跌第盗淡凼
	t‘	抬台徒啼铜同绹筒苔唐停堂痰塘填跳
	ʈʂ‘	长~短肠场白
l	p‘	爬
	n	年纳
	l	梁亮凉狼灵领力料论辣癞柳楼罗炉捋犁
	t	簟读
	t‘	糖田
	ʈʂ‘	虫
ts	ts	钻錾宗综糟早组枣做栽杂
	ts‘	撮
	s	岁
	ʈʂ	正争蒸盏装罩招战诊砖纸炸斋主准
	ʈʂ‘	春匙
	ʂ	树事
	tɕ	尖箭

续表

巡头乡话	北京话	例　字
ts‘	ts‘	葱村粗猜醋
	ts	在
	s	嫂
	tʂ	撞状
	tʂ‘	差车搽撑疮秤臭抄赤春初铲插拆出
	ʂ	上尚
	tɕ‘	清请浅青千签取圈
dz	ts	罪
	ts‘	财裁材从层
	tʂ‘	扯船
	ʂ	射
	tɕ‘	钱
s	s	蒜丧~事伞松~紧送宋骚孙三丝色
	tʂ‘	丑
	ʂ	拴闩霜生双晌烧闪山身扇沙舍刷师收晒虱世实
	ɕ	星笑
z	t	动
	l	漏懒乱来
	ts	字
	s	穗
	tʂ‘	椽
	ʂ	柿顺

续表

巡头乡话	北京话	例　　字
	ʐ	入闰融
	ɕ	线
	Ø	油右夜盐羊洋痒
tɕ	ts	左紫嘴醉
	tʂ	主周珠竹章又
	ʂ	室守书
	tɕ	浆姜就焦娇轿碱紧井酒九韭旧举
	tɕʻ	桥茄穷齐前雀裙乔荞
	k	贵桂龟鬼
	kʻ	眶
tɕʻ	tsʻ	菜错脆刺
	tʂ	阵
	tʂʻ	吹炊戳
	ʂ	是熟
	tɕ	惧近件菌匠
	tɕʻ	秋鳅缺巧翘枪轻
	ɕ	香又
	k	柜鬼蹶
dʑ	l	流
	ts	坐
	tʂ	转
	tʂʻ	重~阳节锄

续表

巡头乡话	北京话	例　字
	ʂ	湿舌
	tɕ	嚼爵
	tɕʻ	强墙钳球颧拳笪斜
	ɕ	巡袖咸像旋
ȵ	n	娘女尿孽捏泥你浓
	ʐ	肉燃
	Ø	砚鱼耳月银艺
ɕ	s	粟锁蓑洒碎
	ʂ	商伤神瘦手黍杀税
	tɕʻ	祈
	ɕ	向巷箱想嫌霄销晓熏癣选写学夏楦胸雪血
	Ø	叶又
ʑ	tɕʻ	渠（他/她/它）
k	tʂ	帚
	tɕ	锯挟家交假夹讲急角降鸡街解甲
	ɕ	蟹
	k	国姑隔勾瓜该哥果刮骨耕格竿罐棍高工告
	kʻ	狂
	x	虹文
kʻ	tɕʻ	掐犬敲去
	ɕ	溪
	k	干

续表

巡头乡话	北京话	例　　字
	kʻ	阔苦扣开块窟课口客揩亏困窠空考壳靠矿肯
	x	黑
g	tɕ	舅
ŋ	n	牛
	Ø	硬熬饿安眼伢芽额岩
x	f	犯发
	ɕ	虾瞎狭
	x	欢缓喊唤寒鼾蒿号荤会婚货活很恨害合花画划灰
ɣ	ɕ	行走下底~学
	x	禾红洪河吓恐~
Ø	ʐ	人
	tɕʻ	铅
	x	黄荷~花话喉
	Ø	五碗歪燕秧阴腰鹅冤完院鸭云丸温哑矮袜医烟噎

（二）韵母的比较

巡头乡话有33个韵母，北京话有39个韵母，单从数量上看，两个音系相差似乎不大，但除了部分韵母音值大体相同外，还有很多的韵母音值完全不同。韵母音值大体相同的有：

开尾韵：ɿ　i　u　ya　ia　ua　o　ie　ue　ye

元音尾韵：ei　əu

鼻音尾韵：an　ian　in　aŋ　iaŋ

韵母音值不同的有：

普通话的e是一个舌面后半高的不圆唇元音ɤ，而巡头乡话的e是舌面前半高的不圆唇元音，与英文的相同；巡头乡话的 ui 与普通话的不同，中间没有 e 的过渡；iu 的情况一样，不像普通话有 ə 的过渡。巡头乡话中的 aɔ 和 iaɔ 中的 a 没有北京话中的 ɑ 那么后，韵尾也没有普通话中的 u 那样高。oŋ 与 ioŋ 的主元音比普通话的要低，是介于 o 跟 ɔ 之间的。

有些韵母是巡头乡话有而北京话中没有的：io、æ、uæ、ɯ、yi、ĩ、uɔ̃、ŋ̍。

下面比较两个音系韵母的对应情况，先列巡头乡话读音，再列北京话读音，最后是例字。

巡头乡话	北京话	例　　字
ɿ	ɿ	子
	ʅ	痣痔池齿十拾尸屎世视士柿
i	i	一意姨衣医泥你艺地~又~栗
	ɿ	自四死刺
	ʅ	侄实湿
	ɤ	舌热
	ai	菜摘袋
	ei	黑飞肥吠眉
	ie	写叶噎借姐节
	uo	多
	uei	灰碎
	an	燃
	ian	烟牵镰偏便~宜~肩
	ən	跟尘粪
	in	银新今金斤筋亲心
	əŋ	生~花~

续表

巡头乡话	北京话	例　　字
	iŋ	镜
u	u	暑步补胡瓠缚读肚徒兔炉租煮醋古姑谷苦
	o	抹
	ɤ	射
	y	芋
	ei	煤
	uo	糯
	uei	穗水
y	y	举惧玉絮
	a	大洒
	u	主
	uo	罗腡箩左错索蓑
	ye	雀缺血雪月爵
	iau	掉药钥
	iəu	袖
	uei	嘴鬼鳜桂醉吹柜炊脆围味税贵
	yn	熨裙
	uan	转
	yan	楦
	uŋ	中当~浓
	yŋ	胸凶

续表

巡头乡话	北京话	例　　字
a	a	法发纳
	ɿ	丝字
	ʅ	事师狮使虱
	ɤ	德扯色
	i	溪笔皮脾匹底抵梯剃鸡
	u	妇树数
	ai	呆买卖
	ei	背
	əu	沤喉扣陡斗豆头篓楼收漏勾钩口
	ia	掐崖
	ie	帖铁跌蟹
	uo	火
	iəu	油右
	ian	岩
ia	ia	夏
	a	杀
	i	蹄提踢
	u	柱
	y	绿
	əu	周抽
	ie	爹

续表

巡头乡话	北京话	例　　字
	iəu	秋鳅九酒韭旧柳六
ua	ua	袜挖瓦话花划瓜刮卦挂刷
	ʅ	驰$_{走}$
	a	萨插杂
	u	窟骨
	y	雨
	ai	开盖鳃筛财裁材猜拆栽斋癞胎牌排稗摆拜晒
	ie	街疥
	uo	撮捉
	iəu	有
	uai	坏块乖怪
	uei	岁推腿堆对碓
o	o	抹末波
	ʅ	尺炙
	a	沙岔差擦搽眨爬辣蜡沓塔麻马码杷帕巴八炸
	ɤ	合课可河额哥赊舍车遮隔
	u	木
	ai	害拍白百麦
	ei	媒北
	ia	虾瞎狭芽伢家假嫁架价
	ie	夜

续表

巡头乡话	北京话	例　　字
	ua	耍
	uo	果国过~礼
	iəu	舅
	uei	罪
	an	三杉
	ian	线
	aŋ	螃
io	ie	笡斜写
	ye	学约
e	ɤ	格
	ʅ	纸匙
	o	摸墨破
	i	密劈箅毙
	u	粗初吐土
	ai	楷在戴脉
	ei	每
	ie	别
	uo	做
	uai	拽外
	an	山衫扇铲
	ian	签千箭尖年天店颠点变

续表

巡头乡话	北京话	例　　字
	uan	万
	ən	很根深身神针门
	in	金
	uən	问
	əŋ	耕碰
ie	ɿ	紫
	ʅ	是
	i	齐第蹄地米骑
	u	锄
	uo	坐
	ian	件前咸免辫鞭篇遍
	ən	阵
	in	近紧
	iŋ	井
	ɚ	耳
ue	ɤ	荷~花和~气
	uei	为难~
	uo	活
	an	竿
	uan	闩穿官管
	yan	圈

续表

巡头乡话	北京话	例　字
ui	uei	会亏
	uən	温文婚荤困闰顺孙笋村春蠢论
	uan	串砖
ye	ye	越月
	ɤ	荷$_{\sim包}$
	ie	茄结$_{\sim巴}$
	uo	锁朵戳蓑
	ian	铅
	uan	丸
	yan	拳癣颧旋$_{动}$卷选圆$_{汤\sim}$
	yn	菌寻云裙
	uŋ	重$_{轻\sim}$虫松$_{\sim树}$
	yŋ	穷熊
æ	ai	来
	uei	尾
	an	闪战帆办
	ian	田簟盐钱浅填
	uan	椽
	ən	诊坟粉本奔
	iaŋ	讲
	əŋ	棚缝

续表

巡头乡话	北京话	例 字
	iŋ	瓶白饼白
	uŋ	红洪动融同铜桐
uæ	uai	外文乖
	a	茶
	uan	船
	yan	远犬
	uən	准稳滚笋
	əŋ	横
ei	ei	煤妹陪辈碑
	ʅ	赤枝只
	i	披
	u	梳
	uei	最
ui	ɤ	窠窝鹅
	ai	戴~孝
	ən	嫩
	uən	顿
yi	ye	嚼
	uan	完
	yan	愿院怨冤楦
	yn	薰军

续表

巡头乡话	北京话	例　字
ɯ	o	磨动
	ɤ	禾饿个割
	i	喜急
	y	锯去~皮
	iau	脚
	əu	帚
	iəu	牛
	uo	货过难~昨
	uən	蚊
	uaŋ	忘
	əŋ	猛风疯峰蜂
	uŋ	工
aɔ	au	坳蒿号熬稿高膏扫烧筲骚嫂抄招早枣澡爪少闹牢
	iau	孝戴~敲笑条跳叫~花子
iaɔ	iau	表票庙吊料焦桥锹巧乔霄晓削~苹果尿腰
əu	əu	候丑臭
	ai	埋
	əŋ	梦捧朋
	uŋ	空送宋松~紧葱综宗聋春东冬冻
iu	iəu	就锈
	ʅ	直

续表

巡头乡话	北京话	例字
	ɤ	车~马炮
	i	力礼里~衣
	u	黍宿熟竹烛珠书箸厨猪蛛
	y	女鱼絮
	ai	带
	əu	肉手瘦收丑
	uo	着被着~衣朵
	uei	锤槌
ĩ	i	蚁眯谜
	ei	眉
	ie	篾
	uei	味又
	ian	面砚念边棉见
	iŋ	乒乓
uɔ̃	uai	歪
	uei	回
	an	喊竿盏簪南蓝篮难~易男摊滩单襻班饭
	ian	舔
	uan	唤缓惯蒜拴暖断卵
	aŋ	膀
	uaŋ	矿狂

续表

巡头乡话	北京话	例字
	əŋ	层撑争蒸
	iŋ	零停病平坪命硬钉
an	an	晚坦錾秆鼾摊
	əŋ	梗
iɛn	ian	店欠钳嫌骗
	an	鳝
in	in	阴金鳞
	ian	檐
	uan	赚椽
	ən	镇神肯
	yn	巡
	əŋ	羹生学～正～月能甑
	iŋ	影青灵领名明文饼文
aŋ	aŋ	乓钢
iaŋ	iaŋ	杨
	iŋ	萤
oŋ	ai	苔
	an	赶懒散分～炭淡担～任胆毯贩板半干肝
	uan	官文涮钻欢
	aŋ	晌尚上烫趟糖唐狼仓当塘方仿纺放
	iaŋ	降样洋羊痒

续表

巡头乡话	北京话	例 字
	uaŋ	床双妆装撞状荒望
	iŋ	疔
	yŋ	兄
	uŋ	从
ioŋ	aŋ	商伤章场肠账长胀丈张涨帐
	iaŋ	娘秧箱乡香想相~貌枪强墙匠浆姜桨酱凉量梁
	uaŋ	眶
ŋ̍	u	五
	an	案汗
	ian	苋
	uan	碗
	ən	人
	uaŋ	黄
	ɚ	二

（三）声调的比较

巡头乡话有 5 个声调，分别是阴平、阳平、上声、去声、入声，北京话有阴平、阳平、上声、去声四个声调，没有入声。从声调名称来看，有四个相同，但调值不同：

巡头乡话：阴平 45　阳平 13　上声 53　去声 24　入声 42

北 京 话 ：阴平 55　阳平 35　上声 214　去声 51

下面将巡头乡话和北京话声调的对应情况分列如下：

巡头乡话	北京话	例　　字
阴平 45	阴平 55	兵班青书猪张官滩金方双冬葱篇
	阳平 35	直名梁毛年门牙尘钱床娘停
	去声 51	饭亮箅辫
阳平 13	阴平 55	今~日奔只量偷苔搭扒吸
	阳平 35	池枇尼徒围皮抬蹄檐肥爵球喉
	上声 214	舔
	去声 51	晾
上声 53	阳平 35	驰茶十拾燃
	上声 214	指体里姐武主暑水古股举鬼火左
	去声 51	善屉竖蟹件近是阵世惧右稗在上
去声 24	阴平 55	锡约捏担名
	阳平 35	食楦格
	去声 51	视闭壁替地立镜菜碎四意瓠露醋醉错药变店箭
入声 42	阴平 55	湿七歇黑一出脱缺虱掐踢撮捉刮插窟八擦押
	阳平 35	敌侄舌节媳德跌杂眨挟国学
	上声 214	抹铁帖骨百尺雪血索笔北
	去声 51	毕热戚雀钥玉色六绿袜麦木炙客脉

六、巡头乡话音系与中古音比较

本书所讲的中古音是指《广韵》所代表的中古音。表中分别列举出《广韵》声韵调在巡头乡话中的读音，每个读音列举一个例字，并在表后说明对应关系。

（一）声母的古今比较

		清		全浊 平	全浊 仄
帮组		帮：波 po^{45} 箅 pʻe^{45} 坝 bu^{24}	滂：帕 pʻo^{24} 匹 fa^{13}	並：耙 bo^{13} 皮 fa^{13}	㿔 pe^{53}
非组		非：飞 fi^{45} 粉 pæ^{53}	敷：肺 fe^{24} 捧 pʻəu^{53}	奉：肥 fi^{13} 浮 baɔ^{13}	妇 pʻa^{53} 犯 xua^{53} 服 fu^{13} 饭 muɔ̃^{45}
端泥组		端：冬 təu^{45} 底 ta^{53}	透：桶 tʻəu^{53} 痛 səu^{24}	定：同 dəu^{13} 田 læ^{13} 团 tui^{13} 腾 dzu^{13} 蹄 tʻia^{13}	动 zæ^{24} 读 lu^{24} 豆 da^{24} 毒 tu^{24} 道 tʻaɔ^{24}
精组	洪音	精：综 tsəu^{45}	清：葱 tsʻəu^{45} 青 tɕʻin^{45}	从：层 dzuɔ̃^{13} 才 zæ^{13}	族 tsʻu^{24} 在 tsʻe^{53} 字 za^{24} 罪 dʑo^{24}
	细音	井 tɕie^{53} 爵 dʑy^{13} 甑 tsin^{24}		前 dʑin^{13}	匠 dʑioŋ^{24} 就 tɕiu^{53}
知组	洪音	知：站 za^{24} 蜇 se^{42} 砧 tui^{45}	彻：拆 tsʻua^{42} 丑 səu^{24}	澄：椽 zæ^{13} 弛 tʻua^{45} 茶 tsʻuæ^{45} 朝 tsaɔ^{13} ~代	撞 tsʻoŋ^{53}
	细音	竹 tɕiu^{42} 镇 tsin^{24} 转动 dʑy^{24} 中 tio^{45}	戳 tɕʻye^{24} 抽 tʻia^{45}	肠 dioŋ^{13} 重 dʑye^{13} ~复 槌 tiu^{45} 尘 tʻi^{45}	重 tʻye^{53} 轻~ 着 tɕʻy^{24} 睡~ 蛰 tɕi^{13}
庄组	洪音	庄：斋 tsua^{45} 樝 za^{45}	初：差 tsʻo^{45} ~别 搀 dze^{13}	崇：豺 dzua^{13} 床 zoŋ^{45}	状 tsʻoŋ^{24}
	细音			锄 tɕie^{13}	
章组	洪音	章：遮 tso^{45} 隻 to^{42} 帚 kɯ^{53}	昌：车 tsʻo^{45} 扯 dza^{53}	船：船 zuæ^{13}	顺 zui^{13} 实 s ĩ^{45} 剩 tsuɔ̃^{24}
	细音	主 tɕy^{53}	吹 tɕʻy^{45}	神 ɕin^{13}	舌 dʑi^{24} 食 dʑiu^{24}
日母					
见晓组	洪音	见：哥 ko^{45} 干 kʻoŋ^{45}	溪：可 kʻo^{53}	群：狂 kuɔ̃^{13}	舅 go^{24}
	细音	金 tɕi^{45} 跟 ki^{45} 车 tiu^{45} ~马炮 举 tɕy^{53}	欺 tɕʻĩ^{45} 肯 kʻin^{53}	茄 tɕye^{13} 鳍 dʑi^{13}	柜 tɕʻy^{24} 旧 tɕia^{24}
影组		影：阿 a^{45} 桠 ŋa^{45}			

		次浊	次浊	清	全浊·平	全浊·仄
帮组		明：麻 mo^{45}				
非组		微：尾 mæ^{53} 网 ʋoŋ^{53} 袜 ua^{24}				
端泥组		泥：糯 su^{42} 闹 lɔ^{24} 女 ȵiu^{53}	来：六 lia^{42} 聋 tsəu^{55} 来 zæ^{13} 流 dʑiu^{13}			
精组	洪音			心：宋 səu^{24} 线 zo^{24} 嫂 tsʻaɔ^{53} 岁 tsua^{24} 心 ɕi^{45}	邪：祠 zɿ^{13}	穗 zu^{24}
精组	细音			心：粟 ɕiu^{42} 锡 tʻi^{24} 酸 tɕiu^{24}	邪：松~树 tɕye^{13} 巡 dʑin^{13}	袖 dʑy^{24} 席 ɕi^{13}
知组						
庄组	洪音			生：沙 so^{45}		
庄组	细音			生：杀 ɕia^{42} 生 ɕi^{45}		
章组	洪音			书：赊 so^{45} 翅 tsɿ^{24}	禅：辰 se^{45} 匙 tse^{45}	树 tsa^{24} 是 tɕʻie^{53} 十 tsʻɿ^{53}
章组	细音			书：税 ɕy^{24} 守 tɕiu^{53}		寿 ɕiu^{53}
日母	洪音	日：二 ŋ̍^{24} 入 zu^{42}				
日母	细音	日：耳 ȵie^{53} 热 dʑi^{42}				
见晓组	洪音	疑：饿 ŋɯ^{24} 吾 u^{53} 外 me^{45}		晓：火 fa^{53} 货 xɯ^{24}	匣：湖 fu^{13} 荷 ue^{13} 禾 ɣɯ^{13} 胡 ʋu^{13}	害 xo^{24} 话 ua^{24} 学 ɣo^{42} 蟹 ka^{53} 叶 ɕi^{42}
见晓组	细音	疑：鱼 ȵiu^{45}		晓：黑 kʻi^{42} 戏 ɕi^{24}	匣：丸 ye^{13} 嫌 ɕiɛn^{13} 咸 dʑie^{13}	
影组	洪音	云：雨 ua^{53} 右 za^{53}	以：野 zo^{53}	影：鸦 ua^{45} 丫 ŋa^{45}		
影组	细音	云	以：爷 ia^{45} 叶 ɕi^{24}	影		

帮系声母今读［p pʻb m f x l Ø］。

帮母今读［p］的如“波、巴、摆、粉”。读［pʻ］的如“箅、鞭、北”，读［b］的有“坝”。

滂母今读［pʻ］，如“破、披、泡、襻”。读［f］的有“匹”。

並母今读［b］的有“杷、蒲、排、瓶、抱”，读［pʻ］的有“稗、白、辫”，读［l］的有“爬”，读［p］的有“币”，读［f］的有“平、坪、病、皮”。

明母今读［m］，如“麻、买、面、明”。

非母今读［f］，如“风、斧、飞、贩”，读［p］的如“粉”。

敷母今读［f］，如“蜂、肺、翻、副”，今读［pʻ］的如“捧”。

奉母今读［f］，如“服、吠、帆、坟”，读［b］如“缝~衣服”，读［pʻ］如“妇”，读［x］有“犯”，读［m］的有“饭”。

微母今读［m］，如“忘、望、蚊、问”，读［ʋ］的有“文、袜、武、微”。

端系声母今读［t　tʻ　d　ȵ　l　ʦ　ʦʻ　ʨ　ʨʻ　ʥ　ɕ　ŋ̍］。

端母今读［t］，如“多、底、对、陡”。

透母今读［tʻ］，如“土、梯、推、套”。

定母今读［d］，如“大、徒、台、盗”，读［tʻ］的有“提、地、道、垫”，读［l］的如“桃、讨、条”。

泥母今读［ȵ］，如“女、泥、你、尿”，读［ŋ̍］的如“那”，读［l］的如“脑、闹、纳、年”。

来母今读［l］，如“六、绿、粮、栗”，读［z］的如“乱、懒、漏”，今读［ʥ］的有“流”。

精母今洪音读［ʦ］，如“姐、租、栽、早”。细音读［ʨ］，如“左、借、嘴、挤”。

清母今洪音读［ʦʻ］，如“粗、猜、千、浅”；细音读［ʨʻ］，如“错、菜、脆、缲、亲”。

从母今洪音读［ʣ］，如“财、材、罪、造、钱、层”，读［ʦ］的有“杂、昨”，读［ʦʻ］有“在”；细音读［ʥ］，如“坐、墙、嚼”，读

[tɕ]，如“齐、就、前”，读 [tɕʻ] 的有“贼”，读 [z] 的有“才、字”。

心母今洪音读 [s]，如“腮、丝、骚、笑、孙”，读 [ts] 的有“岁”，读 [tsʻ] 有“嫂”，读 [z] 的有“线”；细音读 [ɕ]，如“蓑、写、碎、宵、癣”，读 [tɕ] 的有“酸”，读 [tʻ] 的有“锡”。

邪母今洪音读 [dz]，如“祠”；细音读 [dʑ]，如“笡斜、袖、旋、巡”。

知系声母今读 [t tʻ ts tsʻ tɕ tɕʻ ɕ dʑ dz s z]。

知母今洪音读 [t]，如“爹、着~衣、朝今~、张”，读 [ts] 有“镇”，读 [z] 的有“站”；细音读 [dʑ]，如“转”，读 [tɕ] 的有“竹”。

徹母今洪音读 [tsʻ]，如“椿、拆”，细音读 [tɕʻ]，如“戳”。

澄母今洪音读 [t]，如“肠、槌、厨、箸”，读 [tʻ] 的有“重轻~、直、丈、尘、侄、驰、柱”，读 [ts] 的有“痔”，读 [tsʻ] 的有“撞”，读 [z] 如“椽”；细音读 [dʑ]，如“重~阳节”，读 [tɕʻ]，如“着睡~、阵”，读 [tɕ] 的有“蛰”。

庄母今读 [ts]，如“斋、爪、眨、装”。

初母今读 [tsʻ]，如“疮、衬、铲、插”。

崇母今读 [z]，如“柿、床”，读 [ts] 的有“事”，读 [tɕ] 的有“锄”，读 [s] 的有“士”，读 [tsʻ] 的有“状”。

生母今洪音读 [s]，如“生~蛋、色、双、虱”，读 [dz] 如“数动”；细音读 [ɕ]，如“杀、瘦”。

章母今洪音读 [ts]，如“遮、纸、指、针”，读 [t] 的有“章、隻”；细音读 [tɕ]，如“主~意、烛”。

昌母今洪音读 [tsʻ]，如“尺、春、出、臭”，读 [dz] 的有“扯”；细音读 [tɕʻ]，如“吹”。

船母今洪音读 [s]，如“神白、扇”，读 [z] 的有“船、顺”，读 [dʑ] 的有“舌”；细音读 [ɕ]，如“神文”。

书母今洪音读 [s] 如“赊、鼠、屎、烧”，读 [ts] 如“翅、水、少多~”，细音读 [tɕ]，如“守、书”，读 [ɕ] 如“税、手、伤”，读 [dʑ] 的有“食、湿”。

禅母今洪音读［ts］的有“树、竖、匙”，读［ts‘］的有“十、上、拾”；细音读［tɕ‘］的有“是”，读［ɕ］的有“寿”。

日母今读［ŋ̍］的有“二、人、日”，读［z］的有“入、闰”，读［ȵ］的有“耳、燃”，读［dʑ］的有“热”。

见母今洪音读［k］，如“哥、鸡、假、怪、姑、锯”，读［k‘］的有“干、矿”，读［t］的有“车~马炮”，细音读［tɕ］，如“举、鬼、娇、桂、减、金”。

溪母今洪音读［k‘］，如“可、苦、去、开、溪”，细音读［tɕ‘］，如“欺、气、巧、牵、劝”。

群母今洪音读［g］，如“舅”，读［k］如“狂”，读［ʑ］如“渠”，细音读［dʑ］，如“跪、桥、球、鳍、钳”，读［tɕ］的有“茄”，读［tɕ‘］的有“柜、近、菌”。

疑母今洪音读［ŋ］，如“饿、鹅、牙、五、牛、岩”，读零声母［Ø］的有“吾、瓦”，读［m］的有“外、蚁”；细音读［ȵ］，如“鱼、渔、孽、砚、月、银”。

晓母今洪音读［x］，如“货、花、灰、好、欢、婚”，读［f］的有“火、荒”；今细音读［ɕ］，如“戏、孝、楦、血”，读［k‘］的“黑、喜”，读［tɕ‘］的有“香”。

匣母今洪音读［ɣ］，如“禾、下、后、狭、学”，读［x］如“坏、瞎、活、缓、很、浑”，读［Ø］如“荷、和、喉”，读［ʋ］如“胡、回”，读［k］如“蟹”，读［ŋ̍］的如“汗、苋、黄”；细音读［dʑ］如“咸”，读［ɕ］如“嫌”。

影母今读［Ø］，如“鸦、哑、乌、矮、椅、衣、沤、鸭”，读［ŋ］的有“丫、安”。

云母今读［Ø］，如“云、雨、芋、围、远”，读［z］的有“右”，读［ts］的有“友”。

以母今读［z］，如“野、夜、油、痒、羊”，读［Ø］的有“爷、药”，读［ɕ］的有“叶”。

（二）韵母的古今比较

	一等			二等			
	帮系	端系	见系	帮系	泥组	知庄组	见系
果开		多 ti^{45} 大 dy^{24} 左 ʨy^{53} 那 ŋ̍^{24}	哥 ko^{45} 可 kʻo^{53} 饿 ŋɯ^{24} 鹅 ŋui^{45}				
果合	波 po^{45} 婆 bu^{13} 破 pʻe^{24}	朵 tiu^{53} 脶 ly^{53} 糯 su^{42} 坐 ʥie^{24} 锁 ɕye^{53}	果 ko^{53} 过 ku^{24} 窠 kʻui^{45} 和 ue^{13} 禾 ɣɯ^{13} 火 fa^{53}				
假开				巴 po^{45} 帕 pʻo^{24}		茶 ʦʻuæ^{53} 搽 ʦʻo^{45} 洒 ɕy^{53}	家 ko^{45} 牙 ŋo^{45} 夏 ɕia^{24} 鸦 ua^{45}
假合							瓜 kua^{45}
遇合	补 pu^{53}	徒 du^{13} 粗 ʦʻe^{45} 错 ʨʻy^{24}	姑 ku^{45}				
蟹开		抬 da^{13} 胎 tʻua^{45} 在 ʦʻe^{53} 菜 ʨʻi^{24} 来 zæ^{13}	开 kʻua^{45} 呆 ŋa^{45} 害 ɣo^{24}	排 bua^{13} 埋 bəu^{13} 买 ma^{53}			
蟹合	坯 pʻe^{45} 陪 bei^{45} 媒 mo^{45}	堆 tua^{45} 罪 ʥo^{24} 碎 ɕi^{24} 最 ʦei^{24}	块 kʻua^{24} 外 me^{45} 灰 xi^{45} 回 ʋoŋ^{13} 会 xui^{53}				乖 kua^{45}
止开							
止合							
效开	保 paɔ^{53} 袍 baɔ^{13}	刀 taɔ^{45} 套 tʻaɔ^{24} 糙 ʦʻe^{45}	高 kaɔ^{45} 靠 kʻaɔ^{24}	包 paɔ^{45}	闹 laɔ^{24}	罩 ʦəu^{24} 爪 ʦaɔ^{53}	交 ko^{45} 敲 kʻaɔ^{45} 巧 ʨʻiaɔ^{53}
流开	母 mu^{53}	陡 ta^{53} 斗 tua^{24} 偷 tʻaɔ^{45}	勾 ka^{24} 候 xəu^{24}				
咸舒开		南 lũ^{53}	喊 xũ^{53}			站 za^{24} 杉 so^{45} 搀 ʥe^{13}	碱 ʨie^{53} 岩 ŋa^{45}
咸舒合							
深舒开							
山舒开		单 tũ^{45} 坦 tʻan^{53}	干 kʻoŋ^{45} 竿 kũ^{53} 赶 kan^{53} 案 ŋ̍^{24}	扮 poŋ^{24}		盏 ʦũ^{53} 铲 ʦʻe^{53}	眼 ŋæ^{53} 苋 ŋ̍^{24}
山舒合	盘 bũ^{13}	团 tui^{13} 暖 lũ^{53} 酸 ʨiu^{13}	管 kũ^{53} 欢 xoŋ^{45} 碗 ŋ̍^{53}			栓 sũ^{45}	惯 kũ^{24}

	三四等							
	帮　系	端　组	泥　组	精　组	庄　组	知章组	日　母	见　系
果　开							茄 tɕye^{13}	
果　合								
假　开				姐 tse^{53} 借 tɕi^{24} 笪$_{斜}$ dʑio^{13}		爹 tia^{45} 车 tsʻo^{45} 扯 dza^{53}		爷 ia^{45} 野 zo^{53} 夜 zu^{24}
假　合								
遇　合	斧 fu^{53}		庐 ly^{45} 女 ȵiu^{53}	絮 ɕy^{24}	初 tsʻe^{45} 锄 tɕie^{13} 梳 sei^{45}	猪 tiu^{45} 鼠 su^{53} 树 tsa^{24} 主 tɕy^{53}		车 tiu^{45} 举 tɕy^{53} 锯 kɯ^{24} 雨 ua^{53} 芋 u^{24}
蟹　开	毙 pe^{24} 米 mie^{53} 闭 pi^{24}	梯 tʻa^{45} 啼 die^{13} 提 tʻia^{53} 替 tʻi^{24}	泥 ȵi^{53}	祭 tɕi^{24} 齐 tɕie^{13}				艺 ȵi^{24} 鸡 ka^{45}
蟹　合	肺 fe^{24} 吠 fi^{24}			脆 tɕʻy^{24} 岁 tsua^{24}		税 ɕy^{24}		鳜 tɕy^{24}
止　开	碑 pei^{45} 皮 fa^{13} 枇 bi^{13}	地 tʻie^{53}	履 di^{53} 里 liu^{53}	紫 tɕie^{53} 刺 tɕʻi^{24} 子 tsɿ^{53} 丝 sa^{45}	筛 sua^{45} 使 sa^{53} 士 sɿ^{24}	驰 tʻua^{45} 纸 tse^{53} 是 tɕʻie^{53} 翅 tsɿ^{24}	二 ŋ̍^{24} 耳 ȵie^{53}	蚁 mi^{53} 起 kʻɯ^{53}
止　合	飞 fi^{45} 尾 mæ^{53}			嘴 tɕy^{53}		槌 tiu^{45} 吹 tɕʻy^{45} 水 tsu^{53}		亏 kʻui^{45} 跪 dʑy^{24}
效　开	表 piaɔ^{53} 鳔 pʻaɔ^{45}	条 laɔ^{13} 掉 ty^{24}	尿 ȵiaɔ^{24}	焦 tɕiaɔ^{45} 笑 saɔ^{24}		朝 tiaɔ^{45} 烧 saɔ^{45}		娇 tɕiaɔ^{45} 叫 kəu^{24}
流　开	妇 pʻa^{53}		柳 lia^{53} 流 dʑiu^{13}	秋 tɕʻia^{45} 就 tɕiu^{53} 绣 ɕiu^{24} 袖 dʑy^{24}	搊 tsʻua^{45} 瘦 ɕiu^{24}	丑 səu^{24} 手 ɕiu^{53} 收 sa^{45}		九 tɕia^{53} 牛 ŋɯ^{45} 舅 go^{24} 右 za^{53} 有 ua^{53}
咸舒开		点 te^{53} 簟 læ^{53} 掭 tʻuɔ̃^{24}	镰 li^{53}	尖 tse^{45}		闪 sæ^{53}		钳 dʑiɛn^{13} 盐 zæ^{13} 魇 ie^{53}
咸舒合	帆 fæ^{45} 犯 xua^{53}							
深舒开		檩 lioŋ^{53}			针 tse^{45}		金 tse^{45} 襟 tɕi^{45} 今 dʑia^{13} 阴 in^{53}	
山舒开	篇 pʻie^{45} 偏 pʻi^{45} 免 mie^{53} 面 mĩ^{24} 扁 pin^{53}	天 tʻe^{45} 田 læ^{13}	年 le^{45} 镰 liɛn^{13} 楝 li^{53}	煎 tse^{45} 钱 dzæ^{13} 癣 ɕye^{53} 线 zo^{24} 前 tɕie^{13}		颤 tsæ^{53} 扇 se^{24}	燃 ȵi^{53}	件 tɕʻie^{53} 肩 tɕi^{45} 燕 in^{24}
山舒合	反 fæ^{53} 晚 man^{53} 万 me^{24} 饭 muɔ̃^{45}			选 ɕye^{53}		椽 zæ^{24} 砖 tsui^{45} 船 zuæ^{13}		圈 tsʻue^{45} 劝 tɕʻy^{24} 远 uæ^{53} 根 ki^{45} 很 xe^{53}

	一等			二等			
	帮系	端系	见系	帮系	泥组	知庄组	见系
臻舒开							
臻舒合	盆 bæ^{13}	顿 tui^{24}	滚 kuæ^{53} 困 kʻui^{24}				
宕舒开	螃 boŋ^{13}	汤 tʻoŋ^{45}	缸 koŋ^{45}				
宕舒合			光 koŋ^{45} 黄 ŋ̍^{13}				
江舒开				绑 poŋ^{53}		撞 tsʻoŋ^{53}	讲 kæ^{53} 虹 kuɔ̃^{24} 巷 ɕioŋ^{24} 降 koŋ^{53}
曾舒开	朋 bəu^{13}	灯 tuɔ̃^{45} 楞 zin^{24} 层 dzuɔ̃^{13}	肯 kʻin^{53}				
曾舒合							
梗舒开				猛 mɯ^{53} 棚 bæ^{13}		撑 tsʻoŋ^{45} 生 suɔ̃^{45}	羹 kin^{45} 梗 kan^{53} 硬 ŋuɔ̃^{24} 行 ɣuɔ̃^{13} 耕 ke^{45}
梗舒合							矿 kʻuɔ̃^{53} 横 uæ^{13}
通舒合	东 təu^{45} 同 dæ^{13} 笼 ləu^{45}	工 kəu^{45} 公 koŋ^{45} 红 ɣæ^{13}					
咸入开		沓 tʻo^{13} 纳 la^{13} 杂 tsua^{13}	合 xo^{13}			眨 tso^{42} 插 tsʻua^{42} 炸 tso^{24}	夹 ko^{42} 掐 kʻa^{42} 鸭 ɯ^{42}
咸入合							
深入开							
山入开		辣 lo^{42} 癞 lua^{24}	割 kɯ^{42}	八 pua^{42}		扎 tsua^{42} 杀 ɕia^{42}	瞎 xo^{42}
山入合	拨 pɯ^{42} 抹 mo^{42}	捋 lu^{53} 撮 tsua^{53}	阔 kʻɯ^{42} 活 xue^{13}			刷 sua^{42}	挖 ua^{42}
臻入开							
臻入合	不 pa^{42}	卒 tsu^{42}	骨 kua^{42}				
宕入开	薄 bɯ^{24} 摸 me^{45}	作 tso^{42} 索 ɕy^{42}					
宕入合							
江入开				雹 pʻaɔ^{13}		戳 tɕʻye^{24} 捉 tsua^{42}	角 kɯ^{42} 壳 kʻəu^{42} 学 ɣo^{13}
曾入开	北 pʻo^{42} 墨 me^{42}	得 ti^{42} 德 ta^{42} 贼 tɕʻi^{45}	黑 kʻi^{42}				
曾入合			国 ko^{42}				
梗入开				拍 pʻo^{42} 脉 me^{42}		拆 tsʻua^{42} 摘 ti^{42}	格 ke^{24} 家 ko^{42}
梗入合							
通入合	木 mu^{42}	读 lu^{24}	谷 ku^{42}				

	三四等							
	帮　系	端　组	泥　组	精　组	庄　组	知章组	日　母	见　系
臻舒开	鬓 pĩ^{45}		鳞 lin^{13}	亲 tɕʻi^{45}	衬 tsʻui^{24}	镇 tsin^{24} 陈 tɕie^{45} 尘 tʻi^{45} 真 tse^{45} 诊 tsæ^{53}	人 ŋ̍^{45} 认 ȵi^{24}	银 ȵi^{53} 紧 tɕie^{53}
臻舒合	分 fe^{45} 粉 pæ^{53} 粪 fi^{24} 文 ui^{13} 蚊 mɯ^{45}			笋 suæ^{53} 巡 dʑin^{13}		椿 tsʻui^{45} 顺 zui^{24}	闰 zui^{24}	菌 tɕʻye^{45} 军 tɕyi^{45} 裙 tɕye^{13} 荤 xui^{45} 熨 y^{24}
宕舒开			娘 ȵioŋ^{45} 粱 lioŋ^{53}	浆 tɕioŋ^{45}	装 tsoŋ^{45}	张 tioŋ^{45} 晌 soŋ^{53}		姜 tɕioŋ^{45} 羊 zoŋ^{13}
宕舒合	方 foŋ^{45} 忘 mɯ^{24}							狂 kuɔ̃^{13} 眶 tɕʻioŋ^{45}
江舒开								
曾舒开					蒸 tsuɔ̃^{45} 升 tsuɔ̃^{45}			
曾舒合								
梗舒开	兵 pĩ^{45} 平 fuɔ̃^{13} 明 min^{13} 饼 pæ^{53}	停 duɔ̃^{53}	岭 lin^{53} 零 luɔ̃^{53}	井 tɕie^{53} 清 tsʻin^{45} 姓 ɕi^{24}		正 tsin^{45} 整 tɕie^{53}		镜 tɕi^{24} 影 iŋ^{53} 轻 tɕʻin^{45}
梗舒合							兄 foŋ^{45} 萤 iaŋ^{13}	
通舒合	风 fɯ^{45} 梦 məu^{24} 缝 bæ^{13}		龙 ly^{45}	松~树 tɕye^{13}		中 tiəɯ^{45} 虫 dye^{13} 种动 tsəu^{24}		弓 koŋ^{45} 穷 tɕye^{13} 融 dʑæ^{13} 胸 ɕy^{45}
咸入开		跌 da^{42}						叶 ɕi^{42} 业 ȵie^{24} 挟 ko^{42}
咸入合	法 fa^{42}							
深入开			笠 li^{24}			蛰 tɕi^{24} 十 tsʻɿ^{53}	入 zu^{42}	急 kɯ^{42} 吸 ɕi^{13}
山入开	别 pie^{13}	铁 tʻa^{42}		节 tɕi^{42}		舌 dʑi^{24}		孽 ȵie^{24} 歇 ɕi^{42}
山入合				雪 ɕy^{42}				月 ȵy^{42}
臻入开	笔 pa^{42} 密 me^{42}		栗 li^{42}	戚 tɕʻi^{42}	虱 sa^{42}	侄 tʻi^{42}	日 ŋ̍^{42}	一 i^{42}
臻入合	佛 fu^{24}					出 tsʻu^{42}		
宕入开			爵 dʑy^{13} 雀 tɕy^{42}			着 tʻiu^{42} 着睡~ tɕʻy^{42}		脚 kɯ^{42} 药 y^{24}
宕入合	缚 fu^{53}							
江入开								
曾入开			力 liu^{42}	鲫 tɕi^{42}	色 sa^{42}	食 dʑiu^{24}		忆 i^{24}
曾入合								
梗入开	劈 pʻe^{42}	滴 ti^{42} 踢 tʻia^{42}		席 ɕi^{13}		隻 to^{42} 赤 tsʻei^{42}		屐 tɕi^{42}
梗入合								
通入合	服 fu^{13}		六 lia^{42}			竹 tɕiu^{42}	肉 ȵiu^{42}	玉 y^{42}

下面按十六摄的顺序说明古今韵母的对应情况。由于巡头乡话读音的特殊性，我们按对应规律由强到弱来排列。

果摄　果摄开口一等端系读［y］，如“大、罗、左”，读［i］的有“多”，读自成音节［ŋ̍］的有“那”。见系读［o］，如“哥、可”，读［ui］的有“鹅”，读［ɯ］的有“饿”。果摄开口三等读［ye］，如“茄”。果摄合口一等帮系读［o、u、e］，如“波、婆、破”，端系读［y］，如“脶”，读［ye］，如“锁”，读［iu］，如“朵”，读［u］，如“糯”，但“坐”读［ʥie］。见系合口读［o］，如“锅、果”，读［ui］的有“窠”，读［a］的有“火、伙”，读［ɯ］的有“货、禾、过”，读［ue］的有“和~气”。

假摄　假摄开口二等主要读［o］，如“巴、马、麻、差、沙、家、下、哑”，读［y］的有“洒”，读［ua］的有“鸦”。开口三等主要读［o、io］，如“写、车、赊、野”，读［a、ia］的有“扯、爷、爹”，读［i］的有“借”，读［u］的有“夜”。假摄合口二等主要读［ua］，如“瓜、瓦、花”。

遇摄　遇摄合口一等主要读［u］，如“补、布、徒、租、姑、胡”，读［e］的有“粗、土、吐”，读［y］的有“错”。遇摄合口三等帮系读［u］，如“斧、武、傅”，鱼韵庄组读［e、ie］，如“初、锄”。其他的读音较为复杂，读［iu］的如“女、絮、猪、厨、鱼”，读［y］的如“驴、絮、举、惧”，读［ɯ］的有“锯、去”，读［ua］的有“雨”，读［a、ia］的有“取、娶、数、柱”。

蟹摄　蟹摄开、合口均有读［a、ua］的现象，如开口一等“台、抬、癞、该、盖、开”，开口二等“拜、排、买、晒、街、斋”，合口一等如“背、堆、对、块”，合口二等如“坏、话、画”，但开口四等只读［a］，如“底、梯、鸡、溪”。合口三、四等读［y］，如“脆、税、鳜、桂”。其他读音如［e、ie］，如“戴、在、米、齐”，读［i］，如“袋、菜、祭、艺、西、计”。“来”有［æ］［ei］两读。

止摄　止摄开口三等读［i］，如“屁、你、里、四、戏”，读［a］的如“皮、脾、字、事”，读［ei］的如“碑、披、枝、只”，读［e、ie］的如“姊、紫、是、耳”。“喜”白读为［ɯ］，“二”读［ŋ̍］。止摄合口三等读［y］，如“味、嘴、醉、吹”，其他读［i］的如“飞、肥、虺蛇”，读［iu］的有“锤、槌”，读［ui］的有“轨、亏”，读［æ］的如“尾”。

效摄　效摄一二等读音主要有［aɔ］［o］两类，读［aɔ］的如“抱、桃、老、扫、包、闹、抄”，读［o］的有“交、铰”，还有读［e］如“糙”，读［iaɔ］如“巧”。三、四等主要读［iaɔ］，如“表、条、料、焦、朝、桥”。

流摄　流摄一等读［a］，如“头、豆、楼、钩、口、后”。三等文读为［iu］，如“丢、流、就、丑、手”，白读为［ia］，如“柳、酒、秋、九、求”。非组读［a］，如“妇”，读［aɔ］如“浮”。读［ɯ］的有“帚、牛”，“袖”读［y］，“舅”读［o］。

咸摄　咸摄开口一等读［uɔ̃］，如“痰、蓝、南、甘”，但“三”读［o］，“蚕”读［ie］。开口二等有的读［e、ie］，如“衫、碱、咸”，有的读［a］，如“站、岩”，有的读［in］，如“赚”，有的读［uɔ̃］，如“喊”。“杉”读如［so］应为训读“沙”之音。开口三、四等读［iɛn］的是文读层音，如“镰、欠、店”，读［æ］的是白读层音，如“点、簟、闪、盐”。其他读音有［e、ie］，如“尖、签、魇”。合口三等“犯”读［ua］，“帆”读［æ］。

咸摄入声　咸开一、二等入声读［o］，如“塔、挟、合、眨、夹、狭”。读［ua］的有“杂、插”，读［a］的有“掐”。“鸭”读［ɯ］。三、四等“业”读［ie］，“帖”读［a］，“叶”读［i］。

深摄　深摄三等读［i］，如“心、金、今”，读［e］，如“针、深”，“金、阴”读［in］为文读层读音。此外“寻”读［ye］，“钻”读［uɔ̃］，“枕”读［æ］。

深摄入声读［i］的有“笠、立”，读［ɿ］的有“十、拾”，读［ie］的有“什”，读［u］的有“入”，读［ɯ］的有“急”。

山摄　山摄开口一、二等读［uɔ̃］，如“单、旦、滩”，一等的［an］是文读层音，如“坦、秆、鼾、寒”，二等也有部分字读［æ］，如“办、眼”，二等庄组读［e］，如“盏、铲、山”，开口三、四等帮组读［e、ie］，如“变、边、篇、鞭、面、遍、辫”，明母读［ĩ］，如“棉、面、边”，端组读［e］如“颠、癫、天”，泥组读［e］如“年”，精、章组读［æ］如“浅、钱、战”，读［e］如“前、箭、扇”，见、影组读［i］，如“肩、牵、烟”。合口一二等读［uɔ̃］，如“拴、惯”，有的读［ui］，如“团、官”，读［yi］如“完”。合口三等唇音读［e］，如“万”，章组读［ui］如“砖、串”，见组读［ye］　［ue］，如“拳、圈”。见系也有读［yi］的，如“愿、楦、院”。不过“船、远”韵母为［uæ］。

山摄入声开口一、二等读［o］，如“辣、八、擦、瞎”，读［ua］如

“萨、扎”，读［ɯ］如“割”。开口三、四等读［e］，如“别、蜇”，读［i］如“舌、热、节”，读［ie］，如“孽”。合口字读音很零散，有的读［o］，如“抹、末”，有的读［y］，如“缺、血”，有的读［æ］，如“反、椽”，有的读［iu］，如“脱”。

臻摄　臻摄开口一等读［e］，如“很、恨”，但“跟”读［ki］。开口三等读［i］，如“亲、新、信、斤、银、认”。开口三等有的读［e、ie］，如“阵、身、紧、近”，“衬”读［ui］，“人/辰”读作［ŋ̍/in］，“诊”读［æ］。合口一等唇音读［æ］，如“奔、本、盆”，“喷、门”读［e］，其他声组读［ui］，如“村、孙、论、温、瘟”。合口三等唇音读［e］，如“闻、问”，读［æ］，如“粉、坟”，但“粪”读［i］，“文”读［ui］，“蚊”读［ɯ］。精系读［ui］，如“椿、春、顺、闰”，但“笋”读［uæ］。见系读［ye］如“菌、云、裙”，读［y］，如“熨”，读［yi］，如“军、薰”，但“荤”读［ui］。

臻摄入声开口一等读［i］，如“毕、鼻、栗、七、室”，“虱、笔、匹”读作［a］，“密”读作［e］，“日”读作［ŋ̍］。合口读［u］，如“卒、佛、出”，“不”读［pa］，“骨、窟”读作［ua］。

宕摄　宕摄一等无论开合均读作［oŋ］，如“螃、当、汤、桑、荒”。三等一般读作［oŋ、ioŋ］，如“亮、娘、霜、养、方、网”，但“忘”读作［ɯ］。

入声开口一等“摸”读［e］，“莫、作”读［o］，“错、索”读［y］。开口三等“嚼”读［yi］，“雀、药、钥、爵”读［y］，“脚”读［ɯ］。合口一等“获”读［ua］，“缚”读［u］。

江摄　江摄读［oŋ］，如“梆、撞、双、降”，“巷”读［ioŋ］，“讲”读［æ］。

江摄入声“啄、捉”读［ua］，“壳、学”读［o］，“戳”读［ye］，“角”读［ɯ］。

曾摄　曾摄开口一等“能、肯”读［in］，“朋”读［əu］，“层”读［uɔ̃］。开口三等读［uɔ̃］，如“蒸、秤、剩、升”，“甑”读［in］。

曾摄入声开口一等“北、墨”读［o］，“德”读［a］，“贼、黑、得”读［i］。开口三等读［iu］，如“力、直、食”。此外“媳”读［i］，“厕、色”读［a］。合口一等的“国”读［o］。

梗摄　梗摄开口二等读［uɔ̃］，如“行、硬、撑、争、铛”。“猛”读［ɯ］，“棚”读［æ］，耕读［e］。开口三四等文读层读［in］，如“饼、名、领、灵、精、影”，白读层读［uɔ̃］，如“命、平、病、停、零”，“瓶$_{白}$、饼$_{白}$”读［æ］，“钉”读［uɔ̃］，见组“镜、经”读［i］。合口二等“横”读为［uæ］，合口三等“兄”读为［oŋ］。

梗摄入声开口二三等读［o］，如“白、麦、客、额、轭、隻、尺”，“脉、格”读［e］，“拆”读［ua］。开口四等读［i］，如“壁、滴、戚”，但“劈”读［e］，“踢”读［ia］。

通摄　通摄唇音字读［əu］，如“东、通、同”，但非组读［ɯ］，如“风、蜂、封”。一等精系读［əu］，如“宗、葱、宋”，但定母“同、桐、铜、动”有［æ］的又读。见组读［əu］，如“公、工”，读［æ］，如“红、洪”，但“虹”读［uɔ̃/əu］。三等读［ye］的较多，如“松$_{\sim树}$、重、穷”，但“龙”读［iu］，“浓、胸、凶”读［y］，“融”读［æ］。

通摄入声一等和三等非组读［u］，如“木、毒、读、谷、福”，三等其他读［iu］，如“宿、粟、竹、烛、熟”。

（三）声调的古今比较

巡头乡话的声调有 5 个调类：阴平 45、阳平 13、上声 53、去声 24、入声 42。古今声调演变规律和例字见“古今声调比较表”。表的左边是古四声和古声母的清浊，上方是今巡头乡话的调类和调值，中间是例字。字少的用小号字体表示。

古今声调比较表

			阴平 45	阳平 13	上声 53	去声 24	入声 42
古平声	清		包东碑高				
	浊	次浊	娘难罗银	杨狼融		谜	
		全浊		桃骑前肠			
古上声	清				板枕酒陡		
	浊	次浊			眼柳有少$_{多\sim}$		
		全浊			是近辫丈	簟淡造跪	
古去声	清		医综抻		屉洒	帐衬炭担	
	浊	次浊	妹外砑			万绣漏怄	
		全浊	饭	耙	地上$_{\sim面}$	样贩劝旧	
古入声	清		轭杀刷	爵			竹戚尺摘
	浊	次浊	捋摸			药捏袜	六脉额力
		全浊	直贼白	杂狭	十拾凿	读食	侄熟射毒

从上表可以看出，古声调平上去入与巡头乡话声调的对应关系如下：

1. 古平声清声母字在巡头乡话中今读阴平，古次浊声母字大部分今读阴平，少部分读阳平，古全浊声母字今大多读阳平。

2. 古上声清声母字和次浊声母字今在巡头乡话中读上声，古全浊上声母字大部分今读上声，部分归入去声。

3. 古去声字在巡头乡话中大部分今读去声，部分次浊、全浊声母今读阴平。

4. 古入声字在巡头乡话中大多今读入声，部分全浊、次浊声母字今读去声。

另外还有一些不合规律的例外字列举如下：

例字	古声调	巡头乡话读音
谜	次浊平声	mĩ^{24}
矿	全清上声	kʻoŋ^{24}
虫	次清上声	dye^{13}
丑	次清上声	səu^{24}
捧	次清上声	pʻəu^{42}
黍	次清上声	ɕiu^{42}
喂	次浊上声	y^{24}
友	次浊上声	ʦa^{24}
医	全清去声	i^{45}
综	全清去声	ʦəu^{45}
挤	全清去声	ʨi^{53}
抻	次清去声	tʻi^{45}
屉	次清去声	tʻi^{53}
洒	次清去声	ɕy^{53}
耙	全浊去声	bo^{13}
地	全浊去声	tʻie^{53}

续表

例字	古声调	巡头乡话读音
上~面	全浊去声	$ts^{‘}oŋ^{53}$
饭	全浊去声	$mu\tilde{ɔ}^{45}$
轭	全清入声	o^{45}
爵	全清入声	$ʥy^{13}$
杀	次清入声	$ɕia^{45}$
刷	次清入声	sua^{45}
直	全浊入声	$t^{‘}iu^{45}$
杂	全浊入声	$ʦua^{13}$
狭	全浊入声	$ɣo^{13}$
十	全浊入声	$ʦ^{‘}ɿ^{53}$
拾	全浊入声	$ʦ^{‘}ɿ^{53}$
贼	全浊入声	$ʨ^{‘}i^{45}$
白	全浊入声	$p^{‘}o^{45}$
凿	全浊入声	$ʨ^{‘}yi^{53}$
捋	次浊入声	lu^{45}
摸	次浊入声	me^{45}

第三章 巡头乡话词汇

一、词汇特点

根据我们的调查，城步巡头乡话是200多年前湘西沅陵等地说乡话的移民带过来的，因此，巡头乡话和湘西乡话有很深的渊源关系，不仅体现在语音方面，词汇方面也可说明它们一脉相承。下面我们从常用词汇和亲属称谓词语两个方面来比较巡头、蕨枝坪、古丈、麻溪铺（前两地属南山乡话，后两地属湘西乡话）四地乡话词汇异同，以阐述巡头乡话词汇与湘西乡话词汇的密切关系及巡头乡话词汇自身演变的特点。

词汇资料的来源如下：城步巡头乡话和广西龙胜蕨枝坪乡话是笔者亲自调查的，我们采用的是中国社会科学院方言研究室资料室所编的《汉语方言词语调查条目表》（《方言》2003第1期P6-27）。湘西乡话（麻溪铺乡话、古丈乡话）的材料分别来自于杨蔚（1999）和伍云姬（2010）。为了比较的方便，我们尽可能地列出各地的对应形式，如果不对应或没有例词就用“/”表示。

（一）巡头乡话、蕨枝坪乡话与湘西乡话常用词汇比较

首先，我们列出城步巡头乡话、广西龙胜蕨枝坪乡话和湘西乡话（古丈、麻溪铺）四处乡话的一些常用词来进行比较，这些词在各地乡话中的语素基本相同，主要的差异体现在语音上。

例词	蕨枝坪	巡头	古丈	麻溪铺
坪$_{\text{平地}}$	fuɔ̃^{24}	fuɔ̃^{13}	foŋ^{13}	fuɔ̃^{13}
铛$_{\text{有耳的炒菜锅}}$	ʦʻoŋ^{45}	ʦʻuɔ̃^{45}	ʦʻoŋ^{55}	ʦʻoŋ^{55}
啼$_{\text{哭}}$	lie^{13}	die^{13}	liɛ^{13}	liɛ^{13}/diɛ^{13}
蛛蛛$_{\text{蜘蛛}}$	tiu^{45} tiu^{45}	tiu^{45} · tiu	tiəɯ^{55} tiəɯ^{55} · ʦa	tiəɯ^{55} tiəɯ^{55}
炙$_{\text{烤}}$	ʦo^{42}	ʦo^{42}	ʦo^{41}	ʦoʔ^{55}
望$_{\text{看}}$	moŋ^{24}	moŋ^{24}	mɤŋ^{33}	moŋ^{24}
□$_{\text{雷}}$	tiu^{45}	tiu^{45}	tyei^{55}	ty^{55}
犬	kʻuæ^{53}	kʻuæ^{53}	kʻuai^{25}	kʻuæ^{35}
大	ly^{24}	dy^{24}	lu^{33}	luɪ^{22}/lu^{22}
薪稿$_{\text{柴火}}$	ɕi^{45} kaɔ^{53}	ɕi^{45} kaɔ^{53}	ɕiɛ^{55}	ɕi^{55} kaɔ^{35}
虺$_{\text{蛇}}$	fi^{53}	fi^{45}	fi^{25}	ɸi^{35}
裈$_{\text{裤}}$	kui^{45}	kue^{45}	kuai^{55}	kuɛ^{55}
脚	kəɯ^{42}	kɯ^{42}	ku^{41}	kuʔ^{55}
跳	dau^{24}	daɔ^{24}	dau^{13}	daɔ^{13}
笑	sou^{24}	saɔ^{24}	sau^{33}	səu^{22}
履$_{\text{鞋}}$	li^{53}	di^{53}	li^{25}	li^{35}
澡$_{\text{洗}}$	ʦau^{53}	ʦaɔ^{53}	ʦau^{25}	ʦaɔ^{35}
甘$_{\text{甜}}$	koŋ^{45}	kuɔ̃^{45}	koŋ^{55}	koŋ^{55}
室$_{\text{屋}}$	ʨi^{42}	ʨi^{42}	ʨi^{41}	ʨi^{35}
□豆$_{\text{黄豆}}$	lo^{13} ta	lo^{13}da^{24}	lo^{13} ta^{33}	lo^{13} · da
□$_{\text{路}}$	sau^{53}	saɔ^{53}	sau^{25}	saɔ^{35}
□$_{\text{两}}$	ʦo^{53}	ʦo^{53}	ʦo^{25}	ʦo^{35}
茶	ʦʻuæ^{53}	ʦʻuæ^{53}	ʦʻuai^{25}	ʦʻuæ^{55}
嫂	ʦʻau^{53}	ʦʻaɔ^{53}	ʦʻau^{25}	ʦʻaɔ^{35}
媳妇	ɕi^{13} pʻa^{53}	ɕi^{42} pʻa^{53}	ɕi^{55} pʻa^{33}	ɕiʔ^{55} pʻa^{22}

续表

例词	蕨枝坪	巡头	古丈	麻溪铺
病	fuɔ̃^{24}	fuɔ̃^{24}	foŋ^{33}	βəu^{22}
矮$_{\text{低}}$	o^{53}	o^{53}	/	o^{35}
绿	lia^{42}	lia^{42}	lia^{41}	liaʔ^{55}
六	lia^{42}	lia^{42}	lia^{41}	liaʔ^{55}
黑	kʻi^{42}	kʻi^{42}	kʻɤ^{41}	kʻeʔ^{55}
厚	ɣa^{24}	ɣa^{24}	a^{25}	ɣa^{22}
近	tɕʻie^{53}	tɕʻie^{53}	tɕʻiɛ^{25}	tɕʻiɛ^{35}
阔$_{\text{宽}}$	kʻu^{42}	kʻɯ^{42}	kʻu^{41}	kʻuɪʔ^{55}
狭$_{\text{窄}}$	u^{24}	ɣo^{13}	o^{33}	ɣo^{35}
干$_{\text{缺水}}$	kʻoŋ^{45}	kʻoŋ^{45}	kʻɤŋ^{55}	kʻoŋ^{55}
少	ʦau^{53}	ʦaɔ^{53}	ʦau^{25}	ʦaɔ^{35}
□$_{\text{软}}$	bi^{13}	bi^{13}	bi^{13}	bi^{13}
馊	sa^{45}	sa^{45}	sa^{55}	sa^{55}
收	sa^{45}	sa^{45}	sa^{55}	sa^{55}
箸$_{\text{筷子}}$	tiu^{24}	tiu^{24}	tiəɯ^{55}	/
爵$_{\text{勺}}$	ʥy^{24}	ʥy^{13}	ʥyɛ^{33}	ʥyɪ^{22}
盖	kua^{24}	kua^{24}	kuɑ^{33}	kua^{22}
□$_{\text{岁}}$	ʦua^{13}	ʦuɑ^{24} sa^{45}	ʦuɑ^{33} sa^{55}	ʦua^{22}
□$_{\text{拿}}$	to^{45}	to^{45}	to^{55}	to^{55}
寻$_{\text{找}}$	lye^{24}	lye^{53}	lu^{25}	lyɛ^{35}
□$_{\text{小}}$	ȵia^{24}	ȵia^{13}	ɳiaŋ^{13}	ȵia^{13}
□$_{\text{疼痛}}$	səu^{24}	səu^{24}	sau^{33}	səu^{22}
叶	sei^{42}	ɕi^{42}	sɤ^{42}	seɪ^{35}
□□$_{\text{乳房}}$	mi^{45}	mi^{45} paɔ^{45}	ma^{55}（pau）^{55}	mi^{55}paɔ^{55}

续表

例词	蕨枝坪	巡头	古丈	麻溪铺
□奶水	mi^{45}	mi^{45}	ma^{55} ʦu^{25}	mi^{55}
□短	ʨʻia^{45}	ʨʻia^{53}	ʨʻia^{55}	ʨʻia^{55}
□骂	ɕie^{53}	ɕie^{53}	ɕiɛ^{33}	ɕiɛ^{35}
湿	ʥi^{24}	ʥi^{42}	ʥi^{13}	ʥi^{22}
多	ti^{45}	ti^{45}	tiɛ^{55}	ti^{55}
粉	pæ^{53}	pæ^{53}	pai^{25}	pæ^{35}
白	pʻu^{45}	pʻo^{45}	pʻo^{55}	pʻo^{55}

我们可以把上表中的词的读音分为以下五种类型：

①声母、韵母、调类相同，调值因各地音系不同而有异（这里的韵母相同包括韵母完全相同的，也包括音位归纳时的选择不同，如 ie /iɛ、ua/uɑ、au/aɔ 的区别），如：□拿、盖、馊、收、□软、少、□路、嫂、近、绿、□豆黄豆、六、矮、□两、甘、履、炙烤、□短、铛有耳的炒菜锅。虽然有些词的本字暂时不详，但可以看出它们是同一来源，而且在各地的语音发展演变中基本没有产生变化，这些词应该是几处乡话词汇系统中最稳固、最体现特色的词。

②声母、韵母相同，声调上有区别，如：□骂、□岁、室屋、跳。这些词在声韵上基本一致，声调上的区别体现各地声调的一些特点，如："□岁"在蕨枝坪乡话中读阳平 13，其他三地都读去声，说明这个词本来应该是去声，在蕨枝坪乡话中因去声与阳平部分相混而读为阳平。而"跳"刚好相反。"跳"字在《广韵》中有两个音韵地位，一在效摄萧韵定母平声"徒聊切"，一在啸韵透母去声"他吊切"，字又作"趒"。从各地乡话的读音看，声母都保留了浊音，应该是定母的读音，调类应为阳平，但在四地乡话中调类不同，在巡头和蕨枝坪读去声 24，古丈和麻溪铺读阳平 13，原因是巡头和蕨枝坪的阳平都是 13，阳平调值和去声调值接近，而古丈的去声是 33，麻溪铺的去声是 22，都是平调，我们认为这个词可能由于巡头乡话、蕨枝坪乡话中阳平和去声调值相近引起的调类相混，正好也印证这一特点在这两处乡话中以词汇扩散的形式在蔓延。"□骂"的声调只有古丈不同，"□屋"的声调只有麻溪铺、古丈两地不一样，应

该说它们是后起的变化。“妇”的声调在巡头和蕨枝坪乡话中读上声，麻溪铺和古丈乡话中读去声 33/22，“媳”是古清入字，四地声调归并不一，巡头和麻溪铺今读入声，古丈读阴平，蕨枝坪读阳平。

③声母相同、韵母有变化，如：□□$_{\text{乳房}}$、□□$_{\text{奶水}}$、□$_{\text{疼痛}}$、寻、爵、箸、干、阔$_{\text{宽}}$、黑、白、粉、茶、笑、脚、裈$_{\text{裤}}$、薪稿$_{\text{柴}}$、犬、□$_{\text{雷}}$、望、蛛蛛、坪、多。这里的共时读音差异可以大致反映出韵母读音的历时演变。如：“笑”四地韵母有四种读音 ou/əu/aɔ/au，主元音是由 a：ə：o 的对应，但不管如何，都符合各自效摄的读音。“箸、蛛蛛”两字古丈和麻溪铺乡话的 iəɯ 对应巡头和蕨枝坪乡话的“iu”，“粉、茶、犬”这几个词的 æ/ai 对应很整齐，古丈 ai 对应其他三地的 æ，也符合它们之间的语音对应规律。

④声母不同、韵母相同的，如：“厚”三地保留浊音声母，古丈读成零声母，这是舌根浊擦音向零声母变化的结果。“胣”这个词我们在调查时就发现发音人发音带有双唇色彩，因此声母的不同可以看作是音位归纳的不同。“啼”声母有 d->l-两类，这两个音发音部位很接近，听起来容易造成混淆，故有 d->l-的音变，麻溪铺乡话中杨蔚（1999）记了两个读音，声母分别为 d-和 l-，所以这种区别可以看作是一个音位的两个变体。“湿”四地读音均为 ʥ，“湿”在中古为缉韵书母字，声母为清声，但四地乡话都读为浊音，声调只有在巡头读成入声，其他三地归入了其他的调类。

⑤声母、韵母均有差异的，如：叶、□$_{\text{小}}$、狭$_{\text{窄}}$、病、大。这几个词虽说在四地的读音不同，但还是可以看出有继承关系。如：“叶”四地的读音大致有这样的演变：sɤ>seɪ>sei>（si）>ɕi。“狭”声母有舌根音与零声母之分，“狭”中古属匣母，浊入声，麻溪铺和巡头保留了浊音，古丈和蕨枝坪变成了零声母，也是从匣母零声化而来的。韵母则是 o>u 的高化演变。“□$_{\text{小}}$”的声母有 ȵ-/ɳ-两类，原因应该是选择音标的不同，伍云姬（2010：P_{40}）在列举麻溪铺的“□$_{\text{小}}$”的读音时也采用的是 ɳ，而杨蔚（1999）记作 ȵ。韵母有-ia/-iaŋ 两类，ia 与 iaŋ 也只是韵尾的差异，iaŋ 带有鼻尾的读音，伍云姬（2010）认为可能是受鼻音声母同化增生的，我们赞同这种看法。“大”的声母读成 l-或 t-，“大”本为浊音定母，因此 l-应该是由 d-变来，而 t-则是由 d-清化而来。韵母有-u/-uɪ 与-y 三类，u 与 y 同为舌高圆唇元音，只是舌位前后的差异。麻溪铺的 uɪ 则是蟹摄的

读音。“病”字本为浊音並母，麻溪铺乡话保留了浊音，而其他三处乡话则清化了。

当然，在漫长的历史发展过程中，各地乡话由于语言自身结构的调整或受周边方言的影响，有些常用词已经产生了差异。

例词	麻溪铺	巡头	蕨枝坪	古丈
驴子	ly^{55} tsa 驴子	ly^{13} ŋɯ^{45}驴牛	ly^{13}驴	/
上半夜	tsʻoŋ^{35} poŋ^{22} zo^{22} 上半夜	dʑin^{13} poŋ^{24} zu^{24} 前半夜	tsẽ^{45} poŋ^{53} zu^{24} 前半夜	tsʻɤŋ^{25} pɤŋ^{33} zo^{33} 上半夜
背篓	tsɛ^{13}□	dzuɔ̃^{24}□	/	zoŋ^{13}大背篓
棉花	mu^{55} mi^{13} □棉	ɕy^{24} mo^{45} 絮麻	ɕy^{13} mo^{45} 絮麻	miɛ^{55} xuɑ^{55}棉花 ɕiu^{33}絮
向日葵	kʻuɪ^{13} xua^{55} 葵花	tɕiaɔ^{13} ioŋ^{13} fa^{45} 朝阳花	tsəu^{13} ŋ̍^{53} fa^{45} 朝日花	kuei^{13} xuɑ^{55} 葵花
蜻蜓	tɕiaɔ^{13} ȵioŋ 娇娘	mĩ^{13} ȵioŋ^{45} □娘	tɕiaɔ^{13} ȵioŋ^{45} 娇娘	tɕiau^{13} ȵiaŋ^{25} 娇娘
黄鼠狼	ŋ̍^{13} laɔ^{35} · su 黄老鼠	zo^{53} kʻuæ^{53} 野犬	ŋ̍^{13} laɔ^{53} su 黄老鼠	/
天花板	tʻɛ^{55} xo^{55} puɔ̃^{35} 天花板	tʻe^{45} la^{45} poŋ^{53} 天楼板	/	/
厨房	tsəu^{22} ʋoŋ^{13} 灶房	tiu^{13} ʋoŋ^{13} 厨房	tsaɔ^{24} tɕi^{42} 灶室	tsau^{33} ʋoŋ^{13} 灶房
火铲	ɕioŋ^{55} tsʻɛ^{35} □铲	fa^{53} tsʻe^{53} · tsa 火铲子	xi^{45} tsʻe^{53} 灰铲	/
曲尺	tseʔ^{53} tsʻo^{35}摺尺	ka^{45} tsʻo^{42}勾尺	ka^{13} tsʻo^{53}勾尺	/
本地人	pæ^{35} lɛ^{22} tioŋ^{35} 本□长	pæ^{53} lua^{13} ŋ̍^{45} 本□人	pæ^{53} loŋ^{13} ŋ̍^{45} 本垱人	/
管家	kuɛ^{35} ko^{55} ŋ̍^{55} 管家人	ŋ̍^{45} laɔ^{53} kue^{45} 人老倌	/	/
虎牙	fu^{35} ŋo^{55} 虎牙	kʻuæ^{55} ŋo^{45} tsʻɿ^{53} 犬牙齿	/	/
耳朵眼	ȵia^{35} tuɛ^{55} kʻoʔ^{53} 耳朵窟	ȵie^{53} tiu^{45} ŋæ^{53} 耳朵眼	ȵie^{53} tiu^{45} kʻua^{53} 耳朵窟	/

续表

例词	麻溪铺	巡头	蕨枝坪	古丈
圆形的指纹	luɪ^{55}腡	ly^{45}腡	ly^{13}腡	lu^{55}腡
扣眼儿	kəu^{55} mɛ^{55} ·tsa 扣门子	kʻa^{24} kʻua^{42} 扣窟 kʻa^{24} ŋæ^{53}扣眼	kʻa^{24}ŋæ^{53} 扣眼	/
米汤	muɔ̃^{55} tʻoŋ^{55} 饭汤	mie^{53} tʻoŋ^{45} 米汤	muɔ̃^{45} tʻoŋ^{45} 饭汤	miɛ^{25} tʻɤŋ^{55} 米汤
粽子	tsəu^{22} tsa 粽子	tsəu^{24} tɕi^{13}粽餈	tsəu^{13} tɕi^{53}粽餈	/
猪血	tiəɯ^{55} ɕyɛʔ^{53}猪血	tiu^{45} ɣæ^{13}猪红	tiu^{45} ɕye^{42}猪血	/
相亲	pʻiɛ^{13} tɕʻi^{55}□亲	moŋ^{24} tɕʻi^{45}望亲	moŋ^{24} tɕʻi^{45} 望亲	/
喜酒	tɕia^{35} ɕi^{13}酒席	ɕi^{53} tɕia^{53}喜酒	ɕi^{53} tɕia^{53}喜酒	/
娶亲	tsʻa^{35}tɕʻi^{55}娶亲	la^{13}tɕʻi^{45}讨亲	la^{13} tɕʻi^{45}讨亲	la^{33}tɕʻiɛ^{33}讨亲
娶媳妇	tsʻa^{35} ɕiʔ^{53} pʻa^{22} 娶媳妇	la^{13}ɕi^{42}pʻa^{53} 讨媳妇	la^{13} mei^{24}xa^{45} 讨□□	/
嫁女	liaɔ^{35}liəɯ^{35}了女	ko^{24}ȵiu^{53}嫁女	ku^{13}ȵiu^{53}嫁女	/
回门	po^{22} so^{55} diaɔ^{55} 拜三朝	ʋoŋ^{13} me^{45}还门	/	voŋ^{13} tsu^{41}还祖
胎盘	i^{55} paɔ^{55}衣胞	paɔ^{45} i^{45}胞衣	paɔ^{45} i^{45}胞衣	/
尿床	dzoŋ^{55}liaɔ^{55} 床尿	ȵiaɔ^{24} zoŋ^{45} 尿床	/	/
出殡	tsʻuʔ^{53} pĩ^{55} 出殡	kʻɯ^{53} soŋ^{45} 起丧	tsʻoŋ^{53} se^{45} 上山	/
碑	peɪ^{55} ŋa^{55}碑岩	ŋa^{45} pei^{45}岩碑	pei^{45}碑	pi^{55}/pei^{55}碑
上坟	tsʻoŋ^{35}fɛ^{13}上坟	tsʻoŋ^{53} fæ^{13}上坟 kua^{24}tsʻin^{45} 挂青	kua^{24} tsʻin^{45} 挂青	kuɑ^{33}tɕʻi^{55}挂青 kuɑ^{33}fai^{13}挂坟
您	liɛ^{35}laɔ^{35}ŋ̍^{55}ko^{55} 你老人家	ȵi^{53}laɔ^{53} pu^{45}tʻoŋ^{45} 你老□□	ȵie^{53} laɔ^{53} pu^{45}tʻoŋ^{45} 你老□□	/
这个	lɛ^{13} laɔ^{13}□条	e^{24}tʻo^{45}□□	e^{53} tʻo^{45}□□	ai^{55} kəɯ^{33}□个

续表

例词	麻溪铺	巡头	蕨枝坪	古丈
那个	loŋ^{13} laɔ^{13}□条	ŋ̍^{24} tʻo^{45}□□	e^{13} tʻo^{45}□□	oŋ^{25} kəɯ^{33} □个
哪个	xo^{35}laɔ^{13}何条	ta^{13} tʻo^{45}□□	ta^{13} tʻo^{45}□□	o^{13} kəɯ^{33}何个
哪里	xo^{35}la^{35}何□	ta^{24} la^{53}□□	ta^{24} la^{45}□□	/
这么	lɛ^{13} ti^{35}□底	e^{24} me^{45}□么	/	bi^{41}□
那么	loŋ^{22} ti^{35}□底	ŋ̍^{24}me^{45}□么	/	oŋ^{25} pi^{55}□□
要紧	iaɔ^{22}tɕiɛ^{35}要紧	toŋ^{45} tɕie^{53}当紧	iaɔ^{13} tɕie^{53}要紧	iau^{33}tɕiɛ^{25}要紧
热闹	dzɛʔ^{35}laɔ^{22}热闹	laɔ^{24} dʑi^{42}闹热	laɔ^{24} zi^{42}闹热	dzɤ^{41}lau^{33}热闹
干净	so^{13} li^{22}索利	kuɔ̃^{45} suɔ̃^{53}干爽	kuɔ̃^{45} suɔ̃^{53} 干爽	/
鸭蛋	uɪʔ^{53} kuɔ̃^{22} 鸭□	ɯ^{42}ka^{45} kuɔ̃^{45} 鸭鸡□	y^{42}ka^{45} kuɔ̃^{45} 鸭鸡□	u^{41}ka^{55} kɤŋ^{33} 鸭鸡□
一个星期	i^{13} laɔ^{13} ɕĩ^{55} tɕʻi^{55} 一条星期	i^{13} to^{42}sin^{45} dʑi^{13} 一隻星期	i^{13} to^{42} sẽ^{45} dʑi^{13} 一隻星期	/
半日	poŋ^{22}ku^{22}半□	poŋ^{24} ·ku 半牯/ poŋ^{24} ioŋ^{53}半日	poŋ^{24} ioŋ^{53} 半日	pɤŋ^{33} ŋ̍^{41} 半日
清早	tsʻẽ^{55} tsaɔ^{35}清早	tiaɔ^{45} ta^{45}朝头	tiaɔ^{45} ta^{24}朝头	tiau^{55} ta^{33}朝头
白天	lɛ^{35}ŋ̍ʔ^{53}□日	e^{53} ioŋ^{53}□日	e^{45} ioŋ^{53}□日	/
石头	ŋa^{55} laɔ^{35}ku^{22} 岩脑□	ŋa^{45} tiu^{45} 岩□	ŋa^{45} tiu^{53} 岩□	ŋa^{55} lau^{25} ku^{33} 岩脑□

从上表来看，这些常用词在四处乡话中的不同可以分为两大类：

一类是构词语素有不同，这里面又可分为两种情况：

①核心构词语素相同，非核心构词语素稍有差别，这种情况最常见。如驴子、上半夜、向日葵、蜻蜓、鸭蛋、天花板、厨房、火铲、曲尺、本地人、虎牙、耳朵眼、扣眼儿、米汤、粽子、猪血、喜酒、碑、您、要紧、一个星期、白天、石头等。“驴子”一词麻溪铺乡话叫“驴子”，蕨枝坪乡话单称“驴”，巡头乡话却叫“驴牛”。“上半夜”巡头与蕨枝坪乡话均说成“前半夜”古丈、麻溪铺两地说成“上半夜”。造成这一差距的原因可能与不同地域的人认识事物的角度不同有关系，如巡头乡话称

“驴”为“驴牛”，因为在当地人的眼中，“牛”是他们干农活最得力的帮手，因此“驴”虽为“驴”，但在他们心目中的作用与“牛”相同，故称为“驴牛”，把“驴”作为了一个修饰语素。再如“火铲”本来就既可铲火也可铲灰，因此有“火铲子”和“灰铲”的不同叫法。“扣眼儿”，巡头乡话的“扣窟”应是最古老的形式，因为“洞”作“窟”是古语的保留。至于“扣眼”与“扣门儿”一类的叫法应该是受官话的影响。“鸭蛋”除麻溪铺乡话外，其他三处乡话从构词的角度来看都叫“鸭鸡蛋”，这反映出鸭在乡话区的历史比鸡要短。“ka kuõ”本指“鸡蛋”，但由于日常生活中鸡蛋多见，因此“鸡”这个标记失去价值，“ka kuõ”逐渐等同于“蛋”。后来有了鸭蛋，就直接在前面加一个表示“鸭”的语素。

②核心构词语素不同。如“棉花、黄鼠狼、管家、圆形的指纹、相亲、嫁女、回门、出殡、上坟、这个、那个、哪个、哪里、这么、那么、干净、半日、清早”等。“棉花”分为三个语素：“棉”“麻”“絮”，麻溪铺乡话叫“□棉”，古丈乡话既叫“棉花”，也单称“絮”，而在巡头乡话和蕨枝坪乡话中称为“絮麻”。形成差异的原因主要是人们认识客观事物的角度不同。巡头和蕨枝坪两地“麻”是本地常见植物，“棉花”是外来的，与麻的区别主要在于其呈“絮”状，但作用与麻相同，故将其归入“麻”一类，称“絮麻”。麻溪铺与蕨枝坪乡话称“黄老鼠”，但巡头乡话称“野犬”。再如麻溪铺乡话中的“出殡”可能是受外方言的影响而产生的比较书面的说法，蕨枝坪乡话的“上山”较直白，而巡头乡话的“起丧”可能是较古老的说法。

第二类情况是构词语素相同，结构方式不同。这类词较少，有“尿床、碑、胎盘、热闹”等。“尿床”在巡头乡话中说成“尿床”，是汉语中常见的 VO 结构，但在麻溪铺乡话中说成“床尿”，是 OV 结构；“胎盘”在巡头乡话与蕨枝坪乡话中说成“胞衣”，修饰语在中心语之前，但在麻溪铺乡话中说成“衣胞”，修饰语在中心语之后。同理，“碑”由“岩”做成，巡头乡话称“岩碑”，麻溪铺乡话却称“碑岩”。麻溪铺乡话的词序可能是受苗语的影响。因为在湘西苗语语法中，谓语的位置具有移动性，有后置谓语，也有前置谓语，例如：①

bux（开）ub（水）。水开（了）。

det（断）hleat（绳）。绳断（了）。

① 苗语材料来自罗安源（1990：140）。

苗语中的定语也有前置与后置两类，后置的例如：

nieɑx（肉）nbeɑt（猪）猪肉

eud（衣）xiɑnb（新）新衣

“热闹”在麻溪铺乡话和古丈乡话中说成“热闹”，而在巡头乡话与蕨枝坪乡话中说成“闹热”。因此实际的情形可能是，乡话受苗瑶语的影响产生了一些特殊的构词语序，但后来在官话的影响下又逐渐消失，而麻溪铺乡话在其中是保留这一特征较多的一种方言。

（二）巡头乡话、蕨枝坪乡话与湘西乡话亲属称谓比较

“亲属称谓”是对与自己有亲属关系的人的称呼方式。亲属关系的发生一般分三类：一是血缘关系；二是婚媾关系；三是法律认定关系。现在列举四地乡话常用亲属称谓的语音形式。

例词	麻溪铺	巡头	蕨枝坪	古丈
曾祖父	laɔ^{35} a^{55} beɪ^{22} 老阿□	tʻæ^{24} a^{45} bu^{24} 太阿父*	tʻæ^{24}ə^{45} bəɯ^{24} 太阿□	lau^{25} a^{55} bu^{33}老阿父* tʻau^{33} a^{55} bu^{33}□阿父*
曾祖母	laɔ^{35} ȵiɛ^{55} ȵiɛ^{55} 老□□	tʻæ^{24} bu^{13} 太婆	tʻæ^{24} bu^{24} 太婆	lau^{25} bo^{13}老婆 tʻau^{33} bo^{13} · bo□婆婆
祖父	a^{55} beɪ^{22}阿□	a^{45} bu^{24}阿父*	ə^{45} bəɯ^{24}阿□	a^{55} bu^{33}阿父*
祖母	ȵiɛ^{55} ȵiɛ^{55}□□ pʻu^{13}婆	bu^{13}婆	bu^{24}婆	po^{13}婆
外祖父	ko^{55} beɪ^{22}家□	ko^{45} bu^{24}家父*	ko^{45} bəɯ^{24} 家□	ko^{55} bu^{33}家父*
外祖母	ko^{55} mo^{55}家□	ko^{45} mo^{45}家□	ko^{45} mo^{45} 家□	ko^{55} ma^{25}家□
父亲	tia^{55}爹	tia^{45}爹 ia^{45} · ia 爷爷	tia^{45}爹	tia^{55}/tio^{55}爹
母亲	a^{55} ȵioŋ^{55}阿娘 ȵioŋ^{55}娘	a^{45} ȵioŋ^{45} 阿娘	nuɔ̃^{45}娘 a^{45} mã^{45}阿妈	ɳiaŋ^{55} ɳiaŋ^{55} 娘娘
岳父	tɕʻi^{55} tia^{55}亲爹	tɕʻi^{45} tia^{45}亲爹	tɕʻi^{45} tio^{45} 亲爹	/

续表

例词	麻溪铺	巡头	蕨枝坪	古丈
岳母	tɕʻi⁵⁵ ȵioŋ⁵⁵ 亲娘	tɕʻi⁴⁵ ȵioŋ⁴⁵ 亲娘	tɕʻi⁴⁵ ȵiu⁴⁵ 亲娘	/
伯伯	poʔ³⁵ poʔ³⁵ 伯伯	po⁵⁵ ·po 伯伯 pe¹³ ·pe	pu⁵³ ·pu 伯伯	/
叔叔	ȵia¹³ tia⁵⁵ □爹 man¹³ ·man 晚晚	ȵia¹³ tia⁴⁵ □爹 o¹³ ·tsa□子 man⁵³ ·man 晚晚	mæ̃¹³ mæ̃⁵³ 晚晚	o¹³ o³³ 叔* 叔*
叔母	mo³⁵ ·mo□□	me⁵³ ·me□□	mæ̃⁵³ ·mæ̃ 晚晚	moŋ¹³ moŋ⁵⁵ □□
姑母	ta¹³ ·ta□□	dy²⁴ ȵioŋ⁴⁵ 大娘 ȵia¹³ ȵioŋ⁴⁵ □小娘	ȵioŋ⁴⁵ ȵioŋ⁵³ 娘娘	ta⁵⁵ ta⁵⁵ □□
姑父	ku⁵⁵ tioŋ³⁵ 姑丈	ku⁴⁵ tʻioŋ⁵³ 姑丈	ku⁴⁵ tʻioŋ⁵³ 姑丈	
舅舅	go¹³ ko⁵⁵ 舅家 go¹³ kəɯ⁵⁵ 舅公	go²⁴ kəu⁴⁵ 舅公	go²⁴ kəu⁴⁵ 舅公	ko¹³ kəɯ³³ □舅
舅母	go¹³ mo³⁵ 舅□	go²⁴ man⁵³ 舅晚	go²⁴ mæ̃⁵³ 舅晚	ko¹³ maŋ²⁵ □□
姨妈	o¹³ sɿ⁵⁵ □□	o¹³ sɿ⁴⁵ □□	o¹³ sɿ⁴⁵ □□	o¹³ sɪ²⁵ 叔* □
两夫妻	tso³⁵ loŋ¹³ ŋ̍⁵⁵ □两□人	tso⁵³ kʻa⁵³ ·tsɿ □两口子	tso⁵³ kʻa⁵³ ·tsɿ □两口子	/
丈夫	a⁵⁵ suɔ̃⁵⁵ ku²² 阿□牯	luɔ̃⁴⁵ xa⁵³ ko⁴⁵ 男□家	lə⁴⁵ xa⁴² □□	a¹³ sɤŋ⁵⁵ ko⁵⁵ 后生家
妻子	meɪ¹³ xo²² □□ tɕi³⁵ ·da ŋ̍⁵⁵ 室头人	me¹³ xa⁴⁵ □□	me¹³ xa⁴⁵ □□	tɕi²⁵ ·ta kəɯ³³ 室□个
大姑子	luɪ²² ta¹³ ·ta 大□□	dy²⁴ ȵioŋ⁴⁵ ·ȵioŋ 大娘娘	/	/

续表

例词	麻溪铺	巡头	蕨枝坪	古丈
大姨子	a^{55} tseɪ^{55}阿姐	dy^{24} o^{13} sɿ^{45}大□□	ly^{24} o^{13}sɿ^{53} 大□□	／
小姨子	meɪ^{55} · meɪ 妹妹	ȵia^{13} o^{13} sɿ^{45} 小□□	ȵia^{13} o^{13} sɿ^{53} 小□□	／
哥哥	ko^{55} · ko 哥哥	a^{45} ko^{45}阿哥	ku^{45} · ku 哥哥	ku^{55} · ku 哥哥
嫂嫂	tsʻaɔ^{35} tsʻaɔ^{35}	tsʻaɔ^{53} tsʻaɔ^{53}	tsʻau^{53} · tsʻau	tsʻau^{25} tsʻau^{25}
弟弟	lə^{55} · lə□□	laɔ^{53} · laɔ□□	lau^{53} · lau□□	xa^{33} dʑi^{13}□□
姐妹	tɕi^{35}xo^{35}姐□	tɕi^{53} xo^{45}姐□	tɕi^{53} xa^{53}姐□	tɕiɛ^{25} mei^{33}姐妹
姐姐	a^{55}tseɪ^{55}阿姊	a^{45} tse^{53}阿姊	tɕie^{53} · tɕie 姐姐	tɕiɛ^{25} · tɕiɛ 姐姐
姐夫	tɕi^{35} tʻioŋ^{35}姐丈	tɕi^{53} tʻioŋ^{53}姐丈	tɕi^{53}tʻioŋ^{53} 姐丈	／
妹妹	meɪ^{55} · meɪ 妹妹	mei^{45} · mei 妹妹	mei^{45} · mei 妹妹	mei^{25} · zɪ 妹□
妹夫	meɪ^{55} · fu 妹夫	tsa^{13} məu^{45} ku^{45}□□□	tsa^{13} mu^{45} ku^{45}□□□	mei^{25} · zɪ ko^{55}妹□家
儿子	xo^{35} tsa^{35}孩崽	tsa^{53}崽	tsa^{53}崽	tsa^{25}子
儿媳妇	tsa^{35} ɕiʔ^{53} pʻa^{22} 崽媳妇	ɕi^{42}pʻa^{53}媳妇	ɕi^{42} pʻa^{24}媳妇	ɕi^{55} pʻa^{33}媳妇
女儿	liəɯ^{35} tsa^{55}女崽	ȵiu^{53}女	ȵiu^{53}女	ȵiəɯ^{25}女
女婿	tæ^{55} ku^{22}□牯	tæ^{45} · ku□牯	tæ^{45} · ku□牯	ko^{55}□
侄子	tʻiʔ^{53} · tsa 侄子	tʻi^{42}tsa^{53}侄子	tʻi^{42} · tsa 侄子	tʻi^{55} · tsa 侄子
孙子	suɛ^{55} · tsa 孙子	sui^{45} tsa^{53}孙子	suɛ^{45} · tsa 孙子	suai^{55}孙

下面从两个方面讨论四地乡话的常用亲属称谓。

1．四地乡话亲属称谓方式

（1）“祖父”“祖母”级的称谓方式

四地乡话表示“祖父”的词语均有“阿”前缀，核心语素本字不清楚，就音韵地位而言，应属铎韵並母，与“父”字的音韵地位并不相符，因此应该不是“父”字。湘西苗语中“祖父”的读法与此很相似。如杨再彪（2004：265）：吉卫 $ɑ^{35}$p‘$ɯ^{35}$、阳孟 a^{54}p‘$ɯ^{54}$、中心 a^{55}p‘u^{55}、小章 $ɑ^{35}$p‘$ɑ^{53}$、丹青 $ɑ^{55}$p‘u^{53}、蹬上 a^{44}p‘u^{44}。因此，四地乡话“祖父”的称谓或许与苗语的影响有关。

四地乡话“祖母”说成“婆”。“婆”字《说文》未收。《玉篇》：“婆，婆母也。”清代梁章钜撰《称谓录》：“案：古有称母为婆者。故称祖母曰太婆。今俗则称祖母曰婆。而曾祖母曰太婆矣。”在唐代的权德舆所著《权载之集》卷五十《祭孙男法延师之灵》中已用于指祖母：“翁翁婆婆以乳果之奠，致祭于九岁孙南法延师之灵。”

以“婆”或带“婆”语素来称谓祖母在湖南方言中很普遍（材料来源：《湖南省志·方言志》）：

①单以“婆”称祖母：汝城、保靖、花垣、泸溪、吉首、凤凰。

②以“婆”重叠称祖母：浏阳、醴陵、攸县、安仁、桂阳、蓝山、安乡、津市、澧县、临澧、桑植、大庸、永顺、芷江。

③以“婆”为核心语素组词：如酃县、资兴、古丈称“阿婆”，平江称“婆毑”，临武称“婆娅”。

四地乡话的“曾祖父”“曾祖母”都是在“祖父”“祖母”的基础上再加修饰语素构成，麻溪铺乡话加“老”，巡头乡话与蕨枝坪乡话则加“太”，古丈乡话可加“老”，也可加“t‘au^{33}（本字不详）”。

四地乡话“外祖父”“外祖母”都含有共同的语素“家”。“外祖父”中另一个语素同“祖父”中的语素，本字不详。“外祖母”中的语素本字亦不详，可能为“姥”，是语音滞古现象。《一切经音义》卷十三：“今以女老为姥。”泛指老年女人。《集韵·姥韵》：“姥，满补切，女老称也。”

（2）“父母”级的称谓方式

四地乡话“父亲”主要单称“爹”。《广雅·释亲》：“爹，父也。”“爷”的最早义项也指父亲。古乐府《木兰诗》：“军书十二卷，卷卷有爷名。”“不闻爷娘唤女声。”唐代杜甫《兵车行》：“车辚辚，马萧萧，行人弓箭各在腰。耶娘妻子走相送，尘埃不见咸阳桥。”“爷”写作“耶”。“爹”和“爷”是汉语方言中最常见的“父亲”的称谓方式。不过，汉语方言的亲属称谓有一种常见的“越级”称谓现象，因此“爹”与“爷”在汉语方言中经常在“祖父”与“父亲”两级亲属称谓上出现交错。这种现象由来已久，明陈士元《俚语解》卷一："南人称父曰爷，祖父曰爹；北人称父曰爹，祖父曰爷。"

"母亲"在四地乡话中有"娘""阿娘""娘娘""阿妈"四种称谓方法，其中"阿妈"的称法应该是后来产生的。用"娘"称呼"母亲"在魏晋南北朝时已有，如《木兰诗》中"阿妈"就指"母亲"。明代方以智《通雅·称谓》中说："齐人呼母为媭，李贺称母阿弥，江南曰阿妈，或作姥，……皆母字之转也。"现代汉语方言中也有用"阿妈"来称呼"母亲"。官话如云南大理［ᴀ^{44}mᴀ^{44}］，吴语如上海［aʔ^{5}ma^{53}］、粤语如阳江［a^{33}ma^{24}］。"阿娘"称"母亲"在现代汉语方言中也常见，官话如乌鲁木齐［a^{44}ȵiɑŋ^{51}］、福建南平［a^{33}liæŋ^{21}］、吴语如浙江苍南金乡［a^{35}niã^{33}］、湘语如辰溪。清道光二年《辰溪县志》："母曰娘，亦曰妈，或曰阿娘。"以"娘娘"呼母的在汉语方言中也常见，官话如山东诸城［niɑŋ·niɑŋ］、吴语如无锡［ȵiã^{13}ȵiã^{13}］、客家话如广东兴宁。① 罗翙云《客方言·释亲属》："母或曰娘娘。"《南史·竟陵王子良传》："子良曰：'娘今何处？何用读书'。"今兴宁俗呼母为娘娘。

"亲爹""亲娘"指亲生父亲母亲古已有之。明汤显祖《牡丹亭·冥誓》："柳衙内，听根节，杜南安原是俺亲爹。"《牡丹亭·闹殇》："从今后谁把亲娘叫也？一寸肝肠做了百寸焦。"现代汉语方言中"亲爹"有指"亲家公"的，有指"干爹"的，有指"叔叔"的，有指"兄或弟的岳父，或姐妹的公公"的，唯独不见指称自己"岳父"的，倒是有用"亲爷"称岳父的，官话如湖南常德［tɕʻin^{55} ie^{13}］、四川奉节［tɕʻin^{55}ie^{55}］、湖北武汉［tɕʻin^{55}·ie］，吴语如浙江苍南金乡、客家话如四川西昌［tɕʻin^{45} ia^{13}］。可见乡话中"亲爹"称呼岳父是有特色的称谓方式。用"亲娘"称呼"岳母"较常见，官话如四川奉节［tɕʻin^{55}·niaŋ^{55}］、贵族沿河［tɕʻin^{55}liɑŋ^{21}］、湖北武汉［tɕʻin^{55}·niaŋ］，吴语如浙江苍南金乡［tɕʻiŋ^{44} niã^{33}］。

"叔叔"在麻溪铺乡话与巡头乡话都有"ȵia tia"的称呼法，ȵia 在乡话中是"小"的意思，本字或为"躲"。因此实际为"小爹"，武汉话称呼"叔叔"为"小爹"［ɕiau^{42}tie^{55}］。其他说法如："man man"或"mæ̃ mæ̃"即"晚晚"。明史惇《痛余杂录》："呼叔曰晚晚，言晚得也。"今湖

① 本章其他汉语方言的亲属称谓，除特别注明外，均来源于许宝华、宫田一郎主编的《汉语方言大词典》，中华书局，1999 年出版。

南的隆回、衡山等地叫“叔叔”为“晚晚”。巡头乡话与古丈乡话中“叔叔”读音为“o^{13}. tsa”和“$o^{13}o^{33}$”，其本字不明。

蕨枝坪乡话“叔母”也称“晚晚”，这是一种“女性男称”现象，在汉语方言中较为常见，不过以“伯伯”称呼“伯母”的情况多见，如湘语长沙话［$pɤ^{21}$ · pɤ］。清光绪甲辰年《常昭合志稿》：“女子称谓多从男子，如称姑母为伯伯叔叔。”至于麻溪铺乡话的［mo^{35} · mo］、巡头乡话的［me^{53} · me］和古丈乡话的［$moŋ^{13}moŋ^{55}$］，本字待考。

“姑母”有四种称呼法。麻溪铺乡话与古丈乡话的［ta］本字不详。巡头乡话“姑母”根据比父亲年龄大还是小分为“大娘”与“□$_{小}$娘”两类。蕨枝坪乡话则统称“娘娘”。呼“姑母”为“娘娘”在湘语以外的其他汉语方言中多见，官话如武汉［$niaŋ^{55}$ niaŋ］、成都［$ȵiaŋ^{55}ȵiaŋ^{55}$］，吴语如上海［$ȵiã^{55}ȵiã^{21}$］。“姑父”麻溪铺、巡头与蕨枝坪三地乡话均作“姑丈”。这一称谓是书面叫法，如宋王十朋《梅溪集》中有《祭姑丈季公佐文》。

“舅舅”四地分别称为“舅家”或“舅公”。不过古丈［$ko^{13}kəɯ^{33}$］较有意思，从读音来看，与其他三处乡话基本相同，但古丈乡话通摄主体读音为 au，而流摄主体读音为［əɯ］，故伍云姬先生定“$kəɯ^{33}$”为“舅”字而以“ko”本字阙如。古丈乡话“舅舅”一词的读音是另有其字还是“舅公”读音存古？暂时无法判断。

“姨妈”巡头乡话、麻溪铺乡话、蕨枝坪乡话均为$o^{13}sɿ^{55/45}$，古丈乡话则为$o^{13}sɪ^{25}$”，本字待考。

（3）平辈级的亲属称谓

“两夫妻”巡头乡话与蕨枝坪乡话均说“□$_{两}$口子”，麻溪铺乡话说成“□$_{两}$loŋ 人”，其中“loŋ”不知本字。“丈夫”古丈乡话为“后生家”。“后生”原泛指青年男子。《说岳全传》第二回：“不道有个后生冒冒失失走到面前，捏着小官人手，轻轻的抬了一抬。”巡头乡话为“男□家”，蕨枝坪乡话为“$lə^{45}$ xa^{42}”，本字不详，蕨枝坪乡话把“成年男子”称作“$lə^{45}xa^{42}ku^{45}$”，这种构词方式与湘语一些地区（如衡山）把“成年男子”称作“男客人”，把“丈夫”称作“男客”类似。“妻子”在麻溪铺乡话为“室头人”，古丈乡话中称为室□个，意思是“屋里的人”，与古代把妻子称作“内子”相类似。巡头、蕨枝坪以及麻溪铺三地乡话的另一种叫法本字不详。

“大姑子”四地乡话均读同“姑姑”，这是典型的“降级”称谓法，即按照晚辈来称呼。巡头乡话与蕨枝坪乡话的“大姨子”与“小姨子”也是如此，这实际是一种尊称。麻溪铺乡话把“大姨子”称作“阿姐”，把“小姨子”称作“妹妹”，相比之下，这种称呼更亲切。

四地乡话称“哥哥”为“阿哥”或“哥哥”，呼“嫂嫂”为“嫂嫂”，较常见。称呼“弟弟”的语素在麻溪铺、巡头与蕨枝坪三地应该是相同的，从音韵地位看与“老”相同，但我们暂未找到用“老老”或“佬佬”来称呼“弟弟”的佐证。古丈乡话的“xa^{33} $ʥi^{13}$”本字不详。

“姐姐”的称谓有两种：麻溪铺乡话与巡头乡话均为“阿姊”，蕨枝坪乡话与古丈乡话为“姐姐”。“阿姊”为存古叫法。《尔雅·释亲》：“先生为姊，后生为妹。”《木兰诗》：“阿姊闻妹来，当户理红妆。”“姐夫”三地（故读音缺）均称为“tɕi tʻioŋ 姐丈”，只是声调调值有差异。

四地乡话以“妹妹”称呼“妹妹”。古丈乡话的“mei^{25}·zɪ”可能就是“妹子”。“姐妹”除了古丈乡话读为“姐妹”外，其他三地为“tɕi xo”或“tɕi xa”，“xo/xa”本字不详。“妹夫”麻溪铺乡话直接称“妹夫”，古丈乡话则称“mei zɪ ko 妹□家”，巡头乡话与蕨枝坪乡话的“$ʦa^{13}$ $məu^{45}$ ku^{55}”或“$ʦa^{13}$ mu^{45} ku^{45}”本字应相同，但具体是什么字无从得知。

（4）晚辈的称谓

四地乡话中称“儿子”为“崽”或“子”，或叠加语素“孩”变为“孩崽”。“崽”是湖南汉语方言中最为常见的称呼儿子的词。汉代扬雄《方言》十：“崽者，子也。湘沅之会，凡言是子者谓之崽，若东齐言子矣。”明代焦竑《俗字刊误·俗用杂字》：“江湘吴越呼子曰崽。音宰。”“儿媳妇”在乡话区一般称“媳妇”或在其前再加语素“崽”。

巡头、蕨枝坪、古丈三地乡话称“女儿”为“女”，麻溪铺乡话说“女崽”，这是比较少见的称法。“女婿”在麻溪铺、巡头、蕨枝坪三地乡话都叫“tæ ku”，本字不详，古丈则称“ko^{55}”，本字也不详。

“侄子”与“孙子”的称谓在四地乡话中相对一致。

2. 四地乡话亲属称谓的特点

根据各地亲属称谓的一致性程度可分两种情况：

（1）各地乡话称谓方式基本一致：如呼祖母为“婆”，呼祖父为“阿bu”，呼父亲为“爹”，呼岳父、岳母为“亲爹”“亲娘”，呼姐夫为“姐丈”等。

（2）各地称谓方式不一致，又分两种情况：一种是核心语词相同，附加语素不同。如称呼曾祖辈，麻溪铺与古丈两地乡话用语素“老”，巡头与蕨枝坪两地乡话用语素“太”，此外，古丈乡话还有一个本字不详的语素“tʻau”。另一种情况是各地乡话完全不一致，如叔叔，有的称“小爹”，有的称“晚晚”。姑妈，有的称“ta ta”，有的称“娘娘”。

四地乡话有些亲属称谓是很有特色的，如称姨妈为“o sɿ”，称女婿为“tæ ku”等。这些词反映出乡话最原始的状态。此外，有些有明确字源的称谓，如称女儿为“女崽”，呼岳父、岳母为“亲爹”“亲娘”在其他汉语方言也是不多见的。

有些称谓名称新老并存，这反映出亲属称谓在语言接触中受到的影响。如呼姐姐为“阿姊”，也呼“姐姐”，“姊”是较古的说法，“姐”是较新的叫法。“妹妹”的称法四地乡话较统一，“姐妹”中“妹”这个语素的读音为“xo”“xa”，可见“妹”读成“mei”应该是受周边汉语方言影响的结果。

二、分类词表

说明：

（1）本词表所收录的词语主要依据中国社会科学院语言研究所方言组《方言调查词汇表》调查整理所得。为突出巡头乡话的地方特色，我们整理时有所增减。这些词语按意义分为天文、地理、时令时间、农业等类别。

（2）每条词语先写出汉字，然后用国际音标注音，用数字右上标的形式标示声调。轻声字前加轻声点，无调号。

（3）读者较难理解的词语，在音标后加以简单的注释，注释与例子里用“~”替代本词语。有些词语有多义的，注释时分别用带圆圈的数字标示。

（4）同义词或近义词排列时，第一条顶格排列，其他各条缩进一格另行排列。

（5）词条里可有可无的字或音都用圆括号（平常用法除外）标出。

（6）少数方言词有音无字，或暂未考出本字，则用同音字代替，并在其下加画波浪线，如没有合适的同音字代替，则用“□”表示。

（7）分类词表目录如下：

（一）天文	（十一）身体	（二十一）文体活动
（二）地理	（十二）疾病医疗	（二十二）动作
（三）时令时间	（十三）衣服穿戴	（二十三）位置
（四）农业	（十四）饮食	（二十四）代词等
（五）植物	（十五）红白大事	（二十五）形容词
（六）动物	（十六）日常生活	（二十六）副词、介词等
（七）房舍	（十七）讼事	（二十七）量词
（八）器具用品	（十八）交际	（二十八）数词等
（九）称谓	（十九）商业交通	
（十）亲属	（二十）文化教育	

（一）天文

（1）日、月、星

日头 ŋ̍^{42} ·ta 太阳

日头晒到咯□□ŋ̍^{42} ·ta sua^{24} taɔ^{24} ·kə loŋ^{53} ·loŋ 太阳照到的地方

日头掉山 ŋ̍^{42} · ta ty^{24} se^{45}太阳下山

面朝哒日头 mĩ^{24} ʨiaɔ^{13} ·ta ŋ̍^{42} ·ta 向阳

背向日头 pei^{24} ɕioŋ^{24} ŋ̍^{42} ·ta 背阴

天犬食月亮 t‘e^{45} k‘uæ^{53} ʥiu^{24} ȵy^{42} lioŋ^{24}天狗吃月

日头光 ŋ̍^{42} ·ta koŋ^{45}阳光

月亮 ȵy^{42} lioŋ^{24}

半边月亮 poŋ^{24} p‘ĩ^{45} ȵy^{42} lioŋ^{24} 蛾眉月

月亮生毛 ȵy^{42} lioŋ^{24} suɔ̃^{45} maɔ^{45}月晕

星 sin^{45}

北斗星 p‘o^{45} təu^{53} sin^{45}

天河 t‘e^{45} ɣo^{13}银河

星子□屎 sin^{45} ·ʦa ʦa^{24} sʅ^{53}流星

扫帚星 saɔ^{24} kɯ^{53} sin^{45}彗星

（2）风、云、雷、雨

风 fɯ^{45}

大风 dy^{24} fɯ^{45}

狂风 kuɔ̃^{13} fɯ^{45}

暴风 ba^{24} fɯ^{45}

□风 ȵia^{13} fɯ^{45}小风

旋风 ʥye^{13} fɯ^{45}

吹风 ʨ‘y^{45} fɯ^{45}

□风 tui^{24} fɯ^{45}顺风

对风 tua^{24} fɯ^{45}逆风

风停了 fɯ^{45} duɔ̃^{45} ·iaɔ

云 ye^{13}

黑云 kʻi^{42} ye^{13}

白云 pʻo^{45} ye^{13}

䨨 tiu^{45}雷

敤䨨 kʻua^{53} tiu^{45}打雷

䨨公 tiu^{45} kəu^{45}雷公

䨨公敤了 tiu^{45} kəu^{45} kʻua^{53} ·iaɔ 雷公打了

敤火闪 kʻua^{53} fa^{53} sæ^{53}闪电

雨 ua^{53}

□雨 ʤu^{24} ua^{53}下雨

雨点子 ua^{53} tæ^{53} ·ʦa

大雨 dy^{24} ua^{53}

□雨 ȵia^{13} ua^{53}小雨

毛毛雨 maɔ^{45} maɔ^{45} ua^{53}

长雨 dioŋ^{13} ua^{53}连阴雨

雨停了 ua^{53} duɔ̃^{53} ·iaɔ

雨尾□ua^{53} mæ^{53}tʻoŋ^{24}（雨后）转晴

变天 pe^{24} tʻe^{45}

起虹 kʻɯ^{42} kuɔ̃^{13}出彩虹

□湿 kʻua^{53} ʥi^{24}淋雨

（3）冰、雪、霜、露

风雹 fɯ^{45} pʻaɔ^{13}冰雹

□构 lioŋ^{13} ka^{45}冰条

□起了 lioŋ^{13} kʻɯ^{42} ·iaɔ 结冰了

室檐□构 ʨi^{42} zin^{13} lioŋ^{13} ka^{45}屋檐上的冰锥

沙雪 so^{45} ɕy^{42}雪粒子

□雪 ʤu^{24} ɕy^{42}下雪

泡雪 pʻaɔ^{45} ɕy^{42}雪花

雪融了 ɕy^{42} zæ^{13} ·iaɔ 雪化了

露水 lu^{24} ʦu^{53}

下露水 ɣo^{24} lu^{24} ʦu^{53}下露

霜 soŋ^{45}

敤霜 kʻua^{53} soŋ^{45}打霜

罩子 ʦaɔ^{24} ·ʦa 雾

下罩子 ɣo^{24} ʦaɔ^{24} ·ʦa 下雾

（4）气候

天色 tʻe^{45} sa^{42}天气

出日头天 ʦʻu^{42} ŋ̍^{42} ·ta tʻe^{45}晴天

阴天 in^{45} tʻe^{45}

热 ʥi^{42}

天热得很 tʻe^{45} ʥi^{42} ·te xe^{53}

冻 təu^{24}冷

阴冻 in^{45} təu^{24}阴冷

天冻得很 tʻe^{45} təu^{24} ·te xe^{53}

伏天 fu^{13} tʻe^{45}

天干 tʻe^{45} kʻoŋ^{45}天旱

水敤了 ʦu^{53} kʻua^{53} ·iaɔ 淹了

（二）地理

（1）地

地li^{24}

平地 fuɔ̃^{13} li^{24}

草坪 ʦʻaɔ^{53} fuɔ̃^{13}

大坪 ly^{24} fuɔ̃^{13}平原

干地 kʻoŋ^{45} li^{24}旱地

水田 ʦu^{53} læ^{13}

菜地 ʨʻi^{24} li^{24}

菜田 ʨʻi^{24} læ^{13}

荒地 foŋ^{45} li^{24}

沙子地 so^{45} ·tsa li^{24}沙土地

陡□ta^{53} loŋ^{53}陡的地方

山头地 se^{45} ta^{53} li^{24}山地

（2）山

山 se^{45}

半山 poŋ^{24} se^{45}山腰

山脚头 se^{45} kɯ^{42} ·ta 山脚

山坳 se^{45} aɔ^{24}

山尖尖 se^{45} tse^{45} ·tse 山尖

山沟 se^{45} ka^{45}

窟窟 k‘ua^{42} k‘ua^{42}洞

（3）江、河、湖、海、水

溪 k‘a^{45}河

溪□头 k‘a^{45} ȵioŋ^{53} ·ta 河里

水溪 tsu^{53} k‘a^{45}水沟

□水溪 ȵia^{13} tsu^{53} k‘a^{45}小水沟

湖 fu^{13}

水塘 tsu^{53} doŋ^{13}

海 xua^{53}（又音 xæ^{53}）

溪边头 k‘a^{45} pe^{45} · ta 河岸

水溪头子 tsu^{53} k‘a^{45} ta^{45} ·tsa 坝

水 tsu^{53}

清水 ts‘in^{45} tsu^{53}

浑水 xui^{45} tsu^{53}

雨水 ua^{53} tsu^{53}

洪水 ɣæ^{13} tsu^{53}

涨大水 tioŋ^{53} ly^{24} tsu^{53}

井水 tsin^{53} tsu^{53}

温□水 ui^{45} zoŋ^{53} tsu^{53}温水

（4）石沙、土块、矿物

岩□ŋa^{45} tiu^{45}石头

□岩□ȵia^{13} ŋa^{45} tiu^{45}小石头

鸡□岩□ka^{45} koŋ^{45} ŋa^{45} tiu^{45}鹅卵石

沙子 so^{45} ·tsa

沙□泥 so^{45} bi^{13} ȵi^{45}沙土

砖 tsui^{45}

泥砖 ȵi^{45} tsui^{45}

火砖 fa^{53} tsui^{45}

碎砖 sua^{24} tsui^{45}砖块儿

红砖 ɣæ^{13} tsui^{45}

青砖 ts‘in^{45} tsui^{45}

瓦 ua^{53}

碎瓦 sua^{24} ua^{53}

灰尘 xi^{45} t‘i^{45}

□泥 bi^{13} ȵi^{45}烂泥

干□泥 k‘oŋ^{45} bi^{13} ȵi^{45}干泥巴

金子 tse^{45} ·tsa

银子 ȵi^{45} ·tsa

铜 dæ^{13}

铁 t‘a^{42}

锡 t‘i^{24}

煤 mu^{45}

煤油 mu^{45} za^{45}

汽油 tɕ‘i^{24} za^{45}

□灰 ts‘o^{42} xi^{45}石灰

洋灰 zoŋ^{13} xi^{45}水泥

吸铁 ɕi^{13} t‘a^{42}磁铁

玉 y^{42}

黑炭 k‘i^{42} t‘oŋ^{24}木炭

（5）城乡处所

□□loŋ^{53} ·loŋ 地方

街头 kua^{45} ta^{45}街上

上街 ts‘oŋ^{53} kua^{45}

大沟 ly^{24} ka^{45}

门 me^{45}

巷子 ɕioŋ^{24} ·tsa

村□ tsʻui^{45} ȵioŋ^{45} 乡里

室头 tɕi^{42} ta^{45} 屋里

赶场 kan^{53} dioŋ^{13} 赶集

□saɔ^{53} 路

大□ly^{24} saɔ^{53} 大路

□□ȵia^{13} saɔ^{53} 小路

行□ɣuɔ̃^{13} saɔ^{53} 走路

草坪 tsʻaɔ^{53} fuɔ̃^{13}

（三）时令时间

（1）季节

春天 tsʻui^{45} tʻe^{45}

六月天 lia^{42} ȵy^{42} tʻe^{45} 夏天

秋天 tɕʻia^{45} tʻe^{45}

冬天 təu^{45} tʻe^{45}

立春 li^{42} tsʻui^{45}

雨水 ua^{53} tsu^{53}

惊蛰 tɕin^{45} tɕi^{24}

春分 tsʻui^{45} fe^{45}

清明 tsʻin^{45} min^{13}

谷雨 ku^{42} y^{53}

立夏节 li^{42} ɕia^{24} tɕie^{13} 立夏

小满 ɕiaɔ^{53} moŋ^{53}

芒种 moŋ^{13} tsəu^{24}

夏至 ɕia^{24} tsɿ^{24}

□暑 ȵia^{13} su^{53} 小暑

大暑 ly^{24} su^{53}

立秋 li^{42} tɕʻia^{45}

处暑 tsʻu^{24} su^{53}

白露 pʻo^{45} lu^{24}

秋分 tɕʻia^{45} fe^{45}

寒露 xan^{13} lu^{24}

霜降 soŋ^{45} koŋ^{24}

立冬 li^{42} təu^{45}

□雪 ȵia^{13} ɕy^{42} 小雪

大雪 dy^{24} ɕy^{42}

冬至 təu^{45} tsɿ^{24}

小寒 ɕiaɔ^{53} xan^{13}

大寒 dy^{24} xan^{13}

（2）节日

新书 ɕi^{45} tɕiu^{45} 历书

三十夜 soŋ^{45} tsʻɿ^{53} zu^{24}

大正初一 dy^{24} tsin^{45} tsʻe^{45} i^{42} 大年初一

拜正 pua^{24} tsin^{45} 拜年，拜神

正月十五 tsin^{45} ȵy^{42} tsʻɿ^{53} ŋ̍^{53} 元宵节

大十五 dy^{24} tsʻɿ^{53} ŋ̍^{53} 端午节

八月十五 pua^{42} ȵy^{42} tsʻɿ^{53} ŋ̍^{53} 中秋节

重阳节 dʑye^{13} zoŋ^{13} tɕi^{42}

（3）年

今年 tɕi^{45} le^{45}

去年□kʻɯ^{24} le^{45}（tɕiu^{45}）去年

□年 mu^{53} le^{45} 明年

前年□tɕie^{13} le^{45}（tɕiu^{45}）前年

老前年□laɔ^{53} tɕie^{13} le^{45}（tɕiu^{45}）大前年

后年 ɣa^{24} le^{45}

大后年□ dy^{24} ɣa^{24} le^{45}（tɕiu^{45}）大后年

每年 me^{53} le^{45}

年头 le^{45} ta^{45}

半年 poŋ^{24} le^{45}

年底 le^{45} ta^{53}

上半年 ʦ‘oŋ^{53} poŋ^{24} le^{45}

下半年 xa^{24} poŋ^{24} le^{45}

□年 ke^{53} le^{45}

一年 i^{42} le^{45}

（4）月

正月 ʦin^{45} ȵy^{42}

十二月 ʦ‘ɿ^{53} ŋ̍^{24} ȵy^{42}

闰月 zui^{24} ȵy^{42}

月头 ȵy^{42} ta^{45}

月半 ȵy^{42} poŋ^{24}

月尾 ȵy^{42} mæ^{53}

一个月 i^{42} kɯ^{24} ȵy^{42}

前个月 ʥin^{13} kɯ^{24} ȵy^{42}上个月

每一月 me^{53} i^{42} ȵy^{42}

大月 dy^{24} ȵy^{42}

□月 ɕie^{13} ȵy^{42}小月

（5）日、时

今日 ʨia^{45} ŋ̍^{42}今天

明□min^{13} tia^{45}明天

后日 ɣa^{24} ŋ̍^{42}

大后日 dy^{24} ɣa^{24} ŋ̍^{42}

去昨 k‘ɯ^{24} ʦɯ^{42}昨天

前日 ʨie^{13} ŋ̍^{42}前天

大前日 dy^{24} ʨie^{13} ŋ̍^{42}

先前日 ɕi^{45} ʨie^{13} ŋ̍^{42}

一隻星期 i^{42} to^{42} sin^{45} ʥi^{13}一个星期

一日 i^{42} ŋ̍^{42}整天

每日 me^{53} ŋ̍^{42}

十几日 ʦ‘ɿ^{53} ʨi^{53} ŋ̍^{42}

前半牯 ʥin^{13} poŋ^{24} ·ku 上午

下半牯 xa^{24} poŋ^{24} ·ku 下午

半牯 poŋ^{24} ·ku 中午

半□poŋ^{24} ioŋ^{13}半日

大半牯 ly^{24} poŋ^{24} ·ku 大半日

毛毛亮 maɔ^{45} maɔ^{45} lioŋ^{24}凌晨

朝头 tiaɔ^{45} ·ta 清晨

朝牯头 tiaɔ^{45} ·ku ·ta 早上

□□e^{53} ioŋ^{13}白天

断黑了 duɔ̃^{24} k‘i^{42} ·iaɔ 天黑了

麻眼了 mo^{45} ŋæ^{53} ·iaɔ 天黑了

夜头 zu^{24} ·ta 晚上

□夜 le^{53} zu^{24}黑了

半夜 poŋ^{24} zu^{24}

□半夜 ʥin^{53} poŋ^{24} zu^{24}上半夜

下半夜 xa^{24} poŋ^{24} zu^{24}

一夜 i^{42} zu^{24}整夜

每□夜头 me^{53} ioŋ^{13} zu^{24} ·ta 每天晚上

年□ le^{45} aɔ^{24}年份

月□ȵy^{42} aɔ^{24}月份

日牯 ŋ̍^{42} ·ku 日子

（6）其他时间概念

什□时辰 ɕie^{13} ka^{45} sɿ^{13} sin^{45} 什么时候

头世 ta^{45} sɿ^{53}前世

尾头 mæ^{53} ·ta 后来

□今 le^{53} ʨi^{45}现在

（四）农业

（1）农事

做事 tse^{24} tsa^{24}

春耕 tsʻui^{45} ke^{45}

穫谷 xua^{42} ku^{42}收稻子

收洋葱 sa^{45} zoŋ^{13} tsʻəu^{45}

整地 tɕie^{53} li^{24}

种地 tsəu^{24} li^{24}

菜□ tɕʻi^{24} tsoŋ^{24}菜园

□笆沙 tsoŋ^{24} po^{45} so^{45}篱笆

下种 xa^{24} tsæ^{53}播种

插田 tsʻua^{42} læ^{13}

锄草 tɕie^{13} tsʻaɔ^{53}

薅草 xəu^{45} tsʻaɔ^{53}

谷穗 ku^{42} zu^{24}

割禾 kɯ^{42} ɣɯ^{13}

稻禾堆 taɔ^{24} ɣɯ^{13} tua^{45}稻草堆

薅田 xəu^{45} læ^{13}

挖地 ua^{42} li^{24}

洒肥 ɕy^{53} fi^{13}施肥

浇肥 tɕiaɔ^{45} fi^{13}

拾肥 tsʻɿ^{53} fi^{13}

猪食 tiu^{45} dʑiu^{24}

干红薯藤 kʻoŋ^{45} xoŋ^{13} su^{53} dzuõ^{13}

猪屎肥 tiu^{45} sɿ^{53} fi^{13}

牛屎肥 ŋɯ^{45} sɿ^{53} fi^{13}

浇水 tɕiaɔ^{45} tsu^{53}

洒水 ɕy^{53} tsu^{53}

放水 foŋ^{24} tsu^{53}排水

敤水 kʻua^{53} tsu^{53}用桶从井里把水打上来

井凼 tsin^{53} doŋ^{24}水井

（2）农具

水桶 tsu^{53} tʻəu^{53}

水车 tsu^{53} tsʻo^{45}

大车 dy^{24} tsʻo^{45}

风车 fɯ^{45} tsʻo^{45}给稻谷去秕扬尘的一种工具，靠转叶转动形成风

牛轭 ŋɯ^{45} o^{45}

牛笼头 ŋɯ^{45} ləu^{45} ta^{45}

牛绹 ŋɯ^{45} daɔ^{13}牛绳儿

牛针 ŋɯ^{45} tse^{45}牛鼻桊儿

犁 li^{45}

犁橣 li^{45} po^{24}

犁头 li^{45} ta^{45}

犁田 li^{45} læ^{13}

耙 bo^{13}

□耙 tu^{42} bo^{13}一种四齿耙，用来松土

锹 tɕʻiaɔ^{45}锄头

草锹 tsʻaɔ^{53} tɕʻiaɔ^{45}

□泥鳅 kʻa^{53} ȵi^{45} tɕʻia^{45}挖泥鳅

□锹 ȵia^{13} tɕʻiaɔ^{45}

崽崽锹 tsa^{53} ·tsa tɕʻiaɔ^{45}用于栽菜的小锄头

田锹 læ^{13} tɕʻiaɔ^{45}

用来锄草的锄头

□锹 laɔ^{53} tɕʻiaɔ^{45}一种较窄的锄头，用来挖硬土

犁头锹 li^{45} ta^{45} tɕʻiaɔ^{45}一种宽大的锄头，用来挖泥

簟子 læ^{45} ·ʦa 席子
风车 fɯ^{45} ʦʻo^{45}
米筛 mie^{53} sua^{45}
粉筛 pæ^{53} sua^{45}
谷箩 ku^{42} ly^{45}箩筐
皮担 fa^{13} tuɔ̃^{24}用篾皮编织的箩筐
碓 tua^{24}
钯 bo^{13}
三不空 so^{45} pa^{42} kʻəu^{45}镐
禾镰子 ɣɯ^{13} li^{45} ·ʦa 镰刀
莎刀 so^{45} taɔ^{45}砍柴刀
斧头 fu^{53} ·ta
杀猪刀 ɕia^{42} tiu^{45} taɔ^{45}
屠刀 du^{13} taɔ^{45}
菜刀 ʨʻi^{24} taɔ^{45}
□刀 pʻoŋ^{53} taɔ^{45}一种长柄的砍柴刀
铲子 ʦʻe^{53} ·ʦa
□kɯ^{45}簸箕
香铲 ɕioŋ^{45} ʦʻe^{53}铲火的撮箕
筲箕 saɔ^{45} ʨi^{45}粪箕
粪筲箕 fi^{24} saɔ^{45} ʨi^{45}
菜筲箕 ʨʻi^{24} saɔ^{45} ʨi^{45}
尿爵 ȵiaɔ^{24} ʥy^{13}粪勺
茅厕桶 maɔ^{45} sa^{24} tʻəu^{53}粪桶
□槌 maŋ^{53} tiu^{45}用来捶打稻草或芦苇秆的槌子
□ʥuɔ̃^{24}背篓
担谷 tuɔ̃^{24} ku^{42}扁担
抬□叉 da^{13} oŋ^{53} ʦʻo^{45}扛树时用来支撑树木的叉子
扦担棍 ʦʻe^{45} tuɔ̃^{24} kui^{24}用来挑柴草的、两头尖的木棍
薪槁棍子 ɕi^{45} kaɔ^{53} kui^{24} ·ʦa 背柴的工具
担担子 tuɔ̃^{24} tuɔ̃^{24} ·ʦa
仓 ʦʻoŋ^{45}
种菜 ʦəu^{24} ʨʻi^{24}菜
栽菜 ʦua^{45} ʨʻi^{24}
扆桶 fu^{24} tʻəu^{53}脱谷粒时用来装谷子的木桶

（五）植物

（1）农作物

五谷 ŋ̍^{53} ku^{42}
麦子 mo^{53} · ʦa
荞子 ʨiaɔ^{13} · ʦa 荞麦
粟子 ɕiu^{42} · ʦa 小米
苞谷 paɔ^{45} ku^{42}玉米
高粱 kaɔ^{45} lioŋ^{45}
禾 ɣɯ^{13}①稻子；②稻草
早禾 ʦaɔ^{53} ɣɯ^{13}早稻
稗子 pʻua^{24} ·ʦa
穇子 ʦʻe^{53} · ʦɿ 一种类似小米的农作物，5 月左右下种，霜降前收割
二口子 ŋ̍^{24} kʻa^{53} ·ʦa 秕谷
米 mie^{53}
糯米 su^{42} mie^{53}
粗米 ʦʻe^{45} mie^{53}糙米
白米 pʻo^{45} mie^{53}
絮麻 ɕy^{24} mo^{45}棉花
絮麻桃 ɕy^{24} mo^{45} laɔ^{13}棉花桃

麻 mo^{45}

油麻 za^{45} mo^{45}芝麻

洋芋 iaŋ^{13} u^{24}马铃薯

红薯 xoŋ^{13} su^{53}

凉薯 lioŋ^{13} su^{53}

芋头 u^{24} ·ta

山药 se^{45} y^{24}

莲子 liɛn^{13} ·ʦa

（2）豆类、菜蔬

豆 lo^{13} da^{24}黄豆

绿豆 lia^{42} da^{24}

黑豆 k‘i^{42} da^{24}

红豆 ɣæ^{13} da^{24}

长豆荚 dioŋ^{13} da^{24} ko^{42}

刀豆 taɔ^{45} da^{24}

蛾眉豆 ŋɯ^{45} mĩ^{45} da^{24}

豆芽 da^{24} ŋo^{45}

蒿笋 kaɔ^{45} suæ^{53}

茄瓜 ʨye^{13} kua^{45}茄子

黄瓜 ŋ̍^{13} kua^{45}

菜瓜 ʨ‘i^{24} kua^{45}

丝瓜 sa^{45} kua^{45}

苦瓜 k‘u^{53} kua^{45}

□瓜 faŋ^{45} kua^{45}南瓜

长□瓜 dioŋ^{13} faŋ^{45} kua^{45}长南瓜

圞□瓜 luæ^{13} faŋ^{45} kua^{45}圆南瓜

冬瓜 təu^{45} kua^{45}

葫芦 fu^{13} lu^{45}

葱 ʦ‘əu^{45}

洋葱 zoŋ^{13} ʦ‘əu^{45}

叶子 ɕi^{42} ·ʦa

大蒜 ly^{24} suɔ̃^{24}

大蒜□子 ly^{24} suɔ̃^{24} mo^{53} ·ʦa 蒜头

大蒜泡泡 ly^{24} suɔ̃^{24} p‘aɔ^{45} ·p‘aɔ 大蒜球

大蒜须须 ly^{24} suɔ̃^{24} ɕi^{45} ·ɕi 大蒜苗

韭菜 ʨia^{53} ʨ‘i^{24}

韭菜黄 ʨia^{53} ʨ‘i^{24} ŋ̍^{13}

苋菜 ŋ̍^{24} ʨ‘i^{24}

红苋菜 ɣæ^{13} ŋ̍^{24} ʨ‘i^{24}

洋辣子 zoŋ^{13} lo^{24} ·ʦa 西红柿

薑 ʨioŋ^{45}

老薑 laɔ^{53} ʨioŋ^{45}

嫩薑 lui^{24} ʨioŋ^{45}

辣子 lo^{24} ·ʦa 辣椒

辣子粉 lo^{24} ·ʦa pæ^{53}辣椒粉

胡椒 fu^{13} ʨiaɔ^{45}

菠菜 po^{45} ʨ‘i^{24}

白菜 p‘o^{45} ʨ‘i^{24}

□白菜 zoŋ^{13} p‘o^{45} ʨ‘i^{24}洋白菜

□白菜 ȵia^{13} p‘o^{45} ʨ‘i^{24}小白菜

莴笋 o^{45} suæ^{53}

笋 suæ^{53}

芹菜 ʥie^{13} ʨ‘i^{24}

蒿 xaɔ^{45}

□p‘ei^{45}萝卜

红萝□ɣæ^{13} ly^{45} p‘ei^{45}红萝卜

白萝□ p‘o^{45} ly^{45} p‘ei^{45}白萝卜

□空心了 p‘ei^{45} k‘əu^{45} ɕi^{45} ·iaɔ 萝卜空了

萝□秧子 ly^{45} p‘ei^{45} ioŋ^{45} ·ʦa 萝卜秧子

干萝□ k‘oŋ ly^{45} p‘ei^{45}干萝卜

萝□丝子 ly^{45} p‘ei^{45} sa^{45} ·ʦa 萝卜

丝儿

萝□皮 ly^{45} $p'ei^{45}$ fa^{13}萝卜皮

胡萝□υu^{13} ly^{45} $p'ei^{45}$胡萝卜

油菜 za^{45} $tɕ'i^{24}$

油菜须子 za^{45} $tɕ'i^{24}$ $ɕi^{45}$ ·tsa 油菜苔

油菜子子 za^{45} $tɕ'i^{24}$ tsa^{45} ·tsa 油菜籽

空心菜 $k'əu^{45}$ $ɕi^{45}$ $tɕ'i^{24}$

黄花 $ŋ̍^{13}$ xua^{45}

野蒿 zo^{53} $xaɔ^{45}$

（3）树木

刺藤 $tɕ'i^{24}$ $dʑuõ^{13}$荆棘

刺 $tɕ'i^{24}$刺儿

树 tsa^{24}

树山 tsa^{24} se^{45}树林

树苗苗 tsa^{24} $miaɔ^{45}$ ·miaɔ 树苗

树料子 tsa^{24} $tiaɔ^{24}$ ·tsa 树干

树尖尖 tsa^{24} tse^{45} ·tse 树梢

树根根 tsa^{24} ki^{45} ·ki 树根

树桍子 tsa^{24} $k'ua^{53}$ ·tsa 树枝

树叶子 tsa^{24} $ɕi^{53}$ ·tsa

松树 $dʑye^{13}$ tsa^{24}松树

松树叶子 $dʑye^{13}$ tsa^{24} $ɕi^{42}$ ·tsa 松针

松树泡泡 $dʑye^{13}$ tsa^{24} $p'aɔ^{45}$ ·p'aɔ 松球

松树球 $dʑye^{13}$ tsa^{24} $dʑia^{13}$

松香 $tɕioŋ^{45}$

松油 $dʑye^{13}$ za^{45}

松树菌 $dʑye^{13}$ tsa^{24} $tɕ'ye^{45}$

杉树 so^{45} tsa^{24}

桑树 $soŋ^{45}$ tsa^{24}

柳树 lia^{53} tsa^{24}

桐油树 $dæ^{13}$ za^{45} tsa^{24}

桐树子子 $dæ^{13}$ tsa^{24} tsa^{53} ·tsa 桐子

桐油 $dæ^{13}$ za^{45}

苦楝树 $k'u^{53}$ li^{24} tsa^{24}

枫香树 $fɯ^{45}$ $tɕ'ioŋ^{45}$ tsa^{24}

亮皮树 $lioŋ^{24}$ fa^{13} tsa^{24}光皮桦

厚壳树 $ɣa^{24}$ $k'əu^{42}$ tsa^{24}厚朴

红豆杉树 $ɣæ^{13}$ da^{24} so^{45} tsa^{24}

棕树 $tsəu^{45}$ tsa^{24}

白桦树 $p'o^{45}$ fa^{13} tsa^{24}

樟树 $tɕioŋ^{45}$ tsa^{24}

□叶树 $k'ui^{45}$ $ɕi^{42}$ tsa^{24}茶树

竹子 $tɕiu^{42}$ ·tsa

毛竹子 $maɔ^{45}$ $tɕiu^{42}$ ·tsa 毛竹

楠竹子 $luõ^{45}$ $tɕiu^{42}$ ·tsa 楠竹

水竹子 tsu^{53} $tɕiu^{42}$ ·tsa 水竹

苦竹子 $k'u^{53}$ $tɕiu^{42}$ ·tsa 苦竹

兜竹子 tei^{45} $tɕiu^{42}$ ·tsa 箭竹

笋 $suæ^{53}$

冬笋 $təu^{45}$ $suæ^{53}$

春笋 $ts'ui^{45}$ $suæ^{53}$

笋壳壳 $suæ^{53}$ $k'əu^{42}$ ·k'əu 笋壳

晾竿 $lɔŋ^{13}$ $kuõ^{45}$

竹子叶子 $tɕiu^{42}$ ·tsa $ɕi^{42}$ ·tsa 竹叶

篾叶子 $mĩ^{53}$ $ɕi^{42}$ ·tsa 篾片

晒簟 sua^{24} $læ^{24}$

黄篾 $ŋ̍^{13}$ $mĩ^{53}$

青篾 $ts'in^{45}$ $mĩ^{53}$

（4）瓜果

桃 $laɔ^{13}$

白果树 $p'o^{45}$ ko^{53} tsa^{24}

□子 mu^{45} ·tsa 李子

洋桃子 $zoŋ^{13}$ $laɔ^{13}$ ·tsa 猕猴桃

核桃 k‘i^{42} laɔ^{13}

洋□泡 zoŋ^{13} tɕ‘iu^{45} p‘aɔ^{24}乌泡

枣 tsaɔ^{53}

红枣 ɣæ^{13} tsaɔ^{53}

樝 za^{45}梨

枇杷 bi^{13} bo^{13}

□子 kaɔ^{45} ·tsa 柿子

柿饼 zɿ^{24} pin^{53}

柑子 koŋ^{45} ·tsa

臭柑子 ts‘əu^{24} koŋ^{45} ·tsa

板栗子 poŋ^{53} li^{24} ·tsa 板栗

毛栗 maɔ^{45} li^{24} ·tsa

尖栗 tse^{45} li^{24} ·tsa

西瓜 ɕi^{45} kua^{45}

瓜子 kua^{45} ·tsa

甘瓜 kuɔ̃^{45} kua^{45}甜瓜

花生 xua^{45} ɕi^{45}

花生米 xua^{45} ɕi^{45} mie^{53}

花生皮 xua^{45} ɕi^{45} fa^{13}

（5）花草、菌类

桂花 tɕy^{24} xua^{45}

梅花 mei^{24} xua^{45}

荷花 ue^{13} xua^{45}

□□花 tɕi^{24} tse^{45} xua^{45}杜鹃花

万年青 me^{24} le^{45} ts‘in^{45}

朝阳花 tɕiaɔ^{13} ioŋ^{13} fa^{45}向日葵

花苞苞 xua^{45} paɔ^{45} ·paɔ 花苞

花芯 xua^{45} ɕi^{45}花蕊

菌子 tɕ‘ye^{45} ·tsa

香菌 ɕioŋ^{45} tɕ‘ye^{45}

冬菌 təu^{45} tɕ‘ye^{45}冬菇

青□ts‘in^{45} doŋ^{13}青苔

铁丝草 t‘a^{42} sa^{45} ts‘aɔ^{53}铁芒箕（一种南方松树下常见的蕨类植物）

倒生根 taɔ^{24} suɔ̃^{45} ki^{45}，当地路边常见的一种蔷薇科植物

大白茅草 ly^{24} p‘o^{45} maɔ^{45} ts‘aɔ^{53}

山胡椒 se^{45} ʋu^{13} tɕiaɔ^{45}

□姜子 oŋ^{53} tɕioŋ^{45} · tsa 野胡椒

斗笠芽 ta^{53} li^{24} ŋo^{45}一种菜叶，当地人让菜生虫后拿虫子泡茶喝

蕨 dʑy^{13}

野淮山 zo^{53} fæ^{13} san^{45}

（六）动物

（1）牲畜

养生 zoŋ^{53} se^{45}家养的动物总称

公马 kəu^{45} mo^{53}

马娘子 mo^{53} ȵioŋ^{45} ·tsa 母马

□子 tɕi^{53} ·tsa 骟过的马

黄牯 ŋ̍^{13} ku^{45}公牛

□黄牯 tɕi^{53} ŋ̍^{13} ku^{45}阉过的公牛

牛娘 ŋɯ^{45} ȵioŋ^{45}母牛

黄牛 ŋ̍^{13} ŋɯ^{45}

水牛 tsu^{53} ŋɯ^{45}

□牛 ȵia^{13} ŋɯ^{45}小牛

牛崽崽 ŋɯ^{45} tsa^{45} ·tsa 小牛

驴牛 ly^{13} ŋɯ^{45}驴子

公驴子 kəu^{45} ly^{13} ·tsa

娘驴子 ȵioŋ^{45} ly^{13} ·tsa

羊 zoŋ^{13}

□羊 ȵia^{13} zoŋ^{13}小羊

崽崽羊 ʦa^{53} ·ʦa zoŋ^{13}

犬 kʻuæ^{53}狗

犬公 kʻuæ^{53} kəu^{45}公狗

犬娘 kʻuæ^{53} ȵioŋ^{45}母狗

□犬 ȵia^{13} kʻuæ^{53}小狗

犬崽崽 kʻuæ^{53} ʦa^{53} ·ʦa

猫子 maɔ^{45} ·zʅ 小猫

牯猫 ku^{45} maɔ^{45}公猫

□猫 sa^{45} maɔ^{45}母猫

豮猪 fæ^{13} tiu^{45}公猪

猪牯子 tiu^{45} ku^{45} ·ʦa 留种的公猪

猪娘 tiu^{45} ȵioŋ^{45}母猪

□猪 ȵia^{13} tiu^{45}小猪

猪崽崽 tiu^{45} ʦa^{53} ·ʦa

□猪 tɕi^{53} tiu^{45}阉公猪

兔子 tʻu^{24} ·ʦa

鸡 ka^{45}

啼鸡 die^{13} ka^{45}成年打鸣的公鸡

骚鸡 saɔ^{45} ka^{45}骚鸡公

鸡崽崽 ka^{45} ʦa^{53} ·ʦa

鸡娘子 ka^{45} ȵioŋ^{45}母鸡

菢鸡娘 pʻaɔ^{53} ka^{45} ȵioŋ^{45}

鸡□ka^{45} koŋ^{45}鸡蛋

屙鸡□o^{45} ka^{45} koŋ^{45}下鸡蛋

生鸡□ suõ^{45} ka^{45} koŋ^{45}生鸡蛋

菢鸡崽 pʻaɔ^{53} ka^{45} ʦa^{53}

鸡冠子 ka^{45} koŋ^{45} ·ʦa

鸡脚 ka^{45} kɯ^{42}

鸡爪子 ka^{45} ʦaɔ^{53} ·ʦa

□鸡 tɕi^{53} ka^{45}阉鸡（名词）

野鸡 zo^{53} ka^{45}

斑鸡 puõ^{45} ka^{45}

鸭 ɯ^{42}

鸭公 ɯ^{42} kəu^{45}

鸭娘 ɯ^{42} ȵioŋ^{45}

鸭崽崽 ɯ^{42} ʦa^{53} · ʦa

鸭鸡□ɯ^{42} ka^{45} koŋ^{45}鸭蛋

鹅 ŋui^{45}

鹅崽崽 ŋui^{45} ʦa^{53} ·ʦa

（2）鸟兽

狮子 sa^{45} ·ʦa

大猫子 ly^{24} maɔ^{45} ·zʅ 老虎

大猫子娘子 ly^{24} maɔ^{45} ·zʅ　ȵioŋ^{45} ·ʦa 母老虎

猢狲 fu^{13} sui^{45}猴子

豹子 paɔ^{24} ·ʦa

野犬 zo^{53} kʻuæ^{53}豺

豺犬 dʑua^{13} kʻuæ^{53}

黄老鼠 ŋ̍^{13} laɔ^{53} su^{53}黄鼠狼

老鼠 laɔ^{53} su^{53}

熊 dʑye^{13}

鳞甲 lin^{13} ka^{42}穿山甲

虺 fi^{45}蛇

油麻虺 za^{45} mo^{45} fi^{45}身上有像芝麻样的花点蛇，无毒

乌色公 u^{45} sa^{42} kəu^{45}一种无毒的蛇，全身都是黑色

青虺 ʦʻin^{45} fi^{45}竹叶青

水虺 ʦu^{53} fi^{45}

王大虺 ŋ̍^{13} ly^{24} fi^{45}当地一种体型大的蛇，头上有花纹，像“王”字，大的有六尺长，上十斤

烙铁头 laɔ^{24} tʻa^{42} ta^{45}一种头像犁头

有毒的蛇，体重一般2-3斤，身长2尺多

菜花虺 tɕʻi^{24} xua^{45} fi^{45}一种无毒的蛇

秤杆虺 tsʻəu^{24} kan^{53} fi^{45}一种背上有像秤杆一样花纹的蛇，有毒

雀子 tɕy^{42} ·zʅ 鸟

老鸦 laɔ^{53} ua^{45}乌鸦

长尾巴雀子 dioŋ^{13} mæ^{53} ·po tɕy^{42} ·zʅ 喜鹊

燕雀子 in^{24} tɕy^{42} ·zʅ 燕子

天鹅 tʻe^{45} ŋui^{45}

洋雀子 zoŋ^{13} tɕy^{42} ·zʅ 布谷鸟

啄木公 tsʻua^{24} mo^{42} kəu^{45}啄木鸟

野猫 zo^{53} maɔ^{45}

□□mu^{13} ȵioŋ^{45}老鹰

八八子 pua^{42} pua^{42} ·tsa 八哥

鹞子 iaɔ^{45} ·tsa

野鸡 zo^{53} ka^{45}

野鸭子 zo^{53} ɯ^{42} ·tsa

鸬鹚 lu^{45} zʅ^{13}

檐老鼠 zæ^{13} laɔ^{53} su^{53}蝙蝠

翅管 tsʅ^{24} kuɔ̃^{53}翅膀

雀口 tɕy^{42} kʻa^{53}鸟嘴

雀嘴巴 tɕy^{42} tɕy^{53} ·po 鸟嘴

雀子窠 tɕy^{42} ·zʅ kʻui^{45}鸟窝

（3）虫类

虫 dye^{13}

蜂子 fɯ^{45} ·tsa 蜜蜂

蜂窠 fɯ^{45} kʻui^{45}蜂窝

蜇人 se^{42} ŋ̍^{45}

蜂糖 fɯ^{45} loŋ^{13}

萤火虫 iaŋ^{13} fa^{53} dye^{13}

□娘 mĩ^{42} ȵioŋ^{45}蜻蜓

飞蛾 fi^{45} ŋo^{13}蝴蝶

□头子 ze^{45} ta^{45} ·tsa 蚕蛹

蛛蛛 tiu^{45} ·tiu 蜘蛛

蚂蚁子 mo^{53} mĩ^{53} ·tsa

地犬子 tʻie^{53} kʻuæ^{53} ·tsa 蝼蛄

□zuæ^{24}蚯蚓

蜈蚣车 u^{13} koŋ^{45} tsʻo^{45}蜈蚣

毛虫 maɔ^{53} dye^{13}

硬壳虫 ŋuɔ̃^{24} kʻəu^{42} dye^{13}米虫

蚊子 mɯ^{45} ·tsa

饭蚊子 muɔ̃^{45} mɯ^{45} ·tsa

茅厕蚊子 maɔ^{45} sa^{24} mɯ^{45} ·tsa 绿头蝇

长脚蚊 dioŋ^{13} kɯ^{42} mɯ^{45}

虱 sa^{42}

犬虱 kʻuæ^{53} sa^{42}跳蚤

虱娘 sa^{42} ȵioŋ^{45}虱婆

牛虱 ŋɯ^{45} sa^{42}

牛蚊子 ŋɯ^{45} mɯ^{45} ·tsa 牛虻

□□pu^{45} ·tse 蝗虫

灶□子 tsaɔ^{24} tɕi^{53} ·tsa 蟋蟀

油□子 za^{45} liu^{53} ·tsa 蟑螂

拜香虫 pa^{24} ɕioŋ^{45} dye^{13}螳螂

臭虫 tsʻəu^{24} dye^{13}

杨梅虫 iaŋ^{13} mei^{45} dye^{13}蝉

蚂蟥 mo^{53} ŋ̍^{13}

（4）鱼虾类

鱼 ȵiu^{45}

虾公 xo^{45} kəu^{45}

鲤鱼 li^{53} ȵiu^{45}

草鱼 tsʻaɔ^{53} ȵiu^{45}

大脑牯鱼 ly^{24} laɔ^{53} ·ku ȵiu^{45}鳙鱼

鱼鳅 ȵiu^{45} ʨʻia^{45}泥鳅

黄鳝 ŋ̍^{13} ɕiɛn^{24}鳝鱼

干鱼子 kʻoŋ^{45} ȵiu^{45} ·ʦa 干鱼

鱼鳞甲 ȵiu^{45} lin^{13} ka^{42}鱼鳞

鱼骨头 ȵiu^{45} kua^{42} ·ta

鱼泡 ȵiu^{45} pʻaɔ^{45}鱼鳔

鱼刺 ȵiu^{45} ʨʻi^{24}

鱼□ȵiu^{45} xo^{45}鱼鳃

鱼鸡□ȵiu^{45} ka^{45} koŋ^{45}鱼卵

崽崽鱼 ʦa^{53} ·ʦa ȵiu^{45}

鱼秧子 ȵiu^{45} ioŋ^{45} ·ʦa 鱼苗

钓鱼 tiaɔ^{24} ȵiu^{45}

钓鱼竿竿 tiaɔ^{24} ȵiu^{45} kue^{53} ·kue 钓鱼竿

钓鱼钩钩 tiaɔ^{24} ȵiu^{45} ka^{45} ·ka

篓子 da^{53} ·ʦa

乌龟 u^{45} kui^{45}

螃蟹 boŋ^{13} ka^{53}

□蟆子 u^{13} mo^{45} ·ʦa　青蛙

秧蟆子 ioŋ^{45} mo^{45} ·ʦa 蝌蚪

癞□蟆 lua^{24} u^{13} mo^{45}蟾蜍

（七）房舍

（1）房子

土地庙 tʻu^{53} li^{24} miaɔ^{24}

土地堂 tʻu^{53} li^{24} doŋ^{13}神龛下用来敬土地神的地方

家祈 ko^{45} ɕi^{45}神龛

家祈盖 ko^{45} ɕi^{45} kua^{24} 神龛上贴的红纸

香炉碗 ɕioŋ^{45} lu^{45} ŋ̍^{53}香炉

家祈牌 ko^{45} ɕi^{45} po^{13}祖先牌位

室 ʨi^{42}屋

房 ʋoŋ^{13}

造室 ʥa^{24} ʨi^{42}建房子

单室 tuɔ̃^{45} ʨi^{42}单间屋子

堂室 doŋ^{13} ʨi^{42}吊脚楼二楼上的正厅

栏□lan^{13} ʦin^{45}栏杆

阳台 zoŋ^{13} da^{13}

外□me^{45} ʦe^{45}外面

□头 ȵioŋ^{45} ·ta　里间

正室 ʦin^{24} ʨi^{42}正房

横室 uæ^{13} ʨi^{42}厢房

平室 fuɔ̃^{13} ʨi^{42}平房

楼室 la^{45} ʨi^{42}楼房

楼头 la^{45} ta^{45}楼上

楼脚头 la^{45} kɯ^{42} ·ta 楼下

楼梯 la^{45} tʻa^{45}

晒谷坪 sua^{24} ku^{42} fuɔ̃^{13}

室前溪 ʨi^{42} ʦin^{13} kʻa^{45}屋檐下的排水沟

（2）房屋结构

□梁 ŋ̍^{13} lioŋ^{45}檩

椽皮 zæ^{13} fa^{13}

□□dye^{24} kʻaɔ^{53}椽皮

柱 tʻia^{53}

拴□岩 suɔ̃^{45} tui^{13} ŋa^{45}放到支撑房屋柱子下面的石头

柱脚岩 tʻia^{53} kɯ^{42} ŋa^{45}柱下石

磴 tʻoŋ^{53}台阶

天楼板 tʻe^{45} la^{45} poŋ^{53}

正门 ʦin^{24} me^{45}

后门 ɣa^{24} me^{45}

门背头 me^{45} pei^{24} ·ta 门后

门板 me^{45} poŋ^{53}

门框子 me^{45} k‘oŋ^{45} ·ʦa

门闩 me^{45} suɔ̃^{45}

锁 ɕye^{53}

钥匙 y^{53} ʦe^{45}

格子 ke^{24} ·ʦa 窗户

栏□头 lan^{13} ʦin^{45} ta^{45} 走廊

檐口 zin^{13} k‘a^{53} 屋檐

瓦□ua^{53} ʨiu^{53} 屋脊

火坑 fa^{53} k‘uɔ̃^{45} 在厨房地上用来烧火取暖或做饭菜的坑

(3) 其他设施

厨房 tiu^{13} ʋoŋ^{13}

灶 ʦaɔ^{24}

灶窟 ʦaɔ^{24} k‘ua^{42}

茅厕 maɔ^{45} sa^{24}

猪栏 tiu^{45} lan^{13}

猪楼 tiu^{45} la^{45}

猪槽 tiu^{45} ʣaɔ^{13}

狗窠 k‘uæ^{53} k‘ui^{45} 狗窝

鸡窠 ka^{45} k‘ui^{45} 鸡窝

鸡笼 ka^{45} ləu^{45}

鸡棚 ka^{45} bæ^{13}

茅棚子 maɔ^{45} bæ^{13} ·ʦa 草房

牛楼 ŋɯ^{45} la^{45}

□子 ui^{13} ·ʦa 草垛

鳌头 ŋaɔ^{45} ·ta 屋脊两头翘起的部分

吊瓜 tiaɔ^{24} kua^{45} 吊脚楼的圆柱下端雕刻着的类似南瓜的装饰

岩磴子 ŋa^{45} t‘oŋ^{53} ·ʦa 石阶梯

吊脚楼 tiaɔ^{24} kɯ^{42} la^{45}

门口 me^{45} k‘a^{53} 门槛

矮门 o^{53} me^{45} 用来阻挡鸡狗等动物的半截门

(八) 器具用品

(1) 一般家具

柜子 ʨ‘y^{24} ·ʦa

衣柜 i^{45} ʨ‘y^{24}

台子 da^{13} ·ʦa 桌子

圞台 luæ^{13} da^{13} 圆桌

四方台 ɕi^{24} foŋ^{45} da^{13} 八仙桌

饭台 muɔ̃^{45} da^{13} 饭桌

□□zan^{53} ka^{53} 碗柜

箱子 ɕioŋ^{45} ·ʦa

推箱 t‘ua^{45} ɕioŋ^{45} 抽屉

笼箱 ləu^{45} ɕioŋ^{45}

澡面架子 ʦaɔ^{53} mĩ^{24} ko^{24} ·ʦa

椅子 i^{53} ·ʦa

(2) 卧室用具

睏椅 k‘ui^{24} i^{53} 躺椅

靠背 k‘aɔ^{24} pei^{24}

板□ poŋ^{53} ʦuɔ̃^{45} 板凳

□子 tui^{24} ·ʦa 小板凳

蒲团 bu^{13} tui^{13}

睏床 k‘ui^{24} zoŋ^{45}

睏床板 k‘ui^{24} zoŋ^{45} poŋ^{53} 床板

竹子睏床 ʨiu^{42} · ʦa k‘ui^{24} zoŋ^{45}

梳妆台 sei^{45} ʦoŋ^{45} da^{13}

帐子 tioŋ^{24} ·ʦa

帐子钩钩 tioŋ^{24} ·ʦa ka^{45} ·ka 帐钩

晒衣杆 sua^{24} i^{45} kan^{53}

毯子 t‘uɔ̃^{53} ·ʦa

被絮 fa^{53} ɕy^{24}被子

被絮面子 fa^{53} ɕy^{24} mĩ^{24} ·ʦa 被面

被絮里子 fa^{53} ɕy^{24} liu^{53} ·ʦa 被里

絮 ɕy^{24}被芯

卧单 o^{24} tan^{45}床单

垫被絮 t‘æ^{53} fa^{53} ɕy^{24}褥子

竹子簟子 ʨiu^{42} ·ʦa læ^{24} ·ʦa 竹席

晒簟 sua^{24} læ^{24}晒垫

垫脑 t‘æ^{53} laɔ^{53}枕头

垫脑子 t‘æ^{53} laɔ^{53} ·ʦa 枕套

镜子 ʨi^{24} ·ʦa

衣挂子 i^{45} kua^{24} ·ʦa 衣架

开水瓶 k‘ua^{45} ʦu^{53} bin^{13}

夜壶 zu^{24} fu^{13}

（3）炊事用具

火盆 fa^{53} bæ^{13}

火爵 fa^{53} ʥy^{13} 火塘边用来铲灰的工具

风箱 fɯ^{45} ɕioŋ^{45}

通条 t‘əu^{45} tiaɔ^{13}

铁钳 t‘a^{42} ʥi^{13}

火铲子 fa^{53} ʦ‘e^{53} ·ʦa

火桶 fa^{53} t‘əu^{53}

铛箍□ ʦ‘uɔ̃^{45} ku^{45} ʨ‘y^{24} 支撑锅子的三脚架

炉子架子 lu^{45} ·ʦa ko^{24} ·ʦa 架在锅子边上的一个铁圈，用来放菜碗，也称“锅边站”

薪稿 ɕi^{45} kaɔ^{53}柴

麦子草 mo^{42} ·ʦa ʦ‘aɔ^{53}麦秸

豆壳壳 da^{24} k‘əu^{42} ·k‘əu 豆秆

锯末粉粉 kɯ^{24} mo^{42} pæ^{53} ·pæ 锯末

刨□ p‘aɔ^{45} k‘a^{42}刨花

铛□子 ʦ‘uɔ̃^{45} mĩ^{53} ·ʦa 锅灰

铁鼎 t‘a^{42} toŋ^{53}铁锅子

饭铁鼎 muɔ̃^{45} t‘a^{42} toŋ^{53} 做饭用的锅子

铁鼎□t‘a^{42} toŋ^{53} ʥie^{13} 放置锅子的竹圈

锑鼎 t‘a^{45} toŋ^{53}

铛 ʦ‘uɔ̃^{45}锅

□铛 ȵia^{13} ʦ‘uɔ̃^{45}小锅

铛盖 ʦ‘uɔ̃^{45} kua^{24}锅盖

大铛 ly^{24} ʦ‘uɔ̃^{45}大锅

铲子 ʦ‘e^{53} ·ʦa

水壶 ʦu^{53} fu^{13}

沙瓶 so^{45} bin^{13}药罐

碗 ŋ̍^{53}

茶盏 ʦ‘uæ^{53} ʦe^{53}茶杯

饭爵子 muɔ̃^{45} ʥy^{13} ·ʦa 饭勺

刷刷 sua^{45} ·sua 洗锅用的刷子

调羹 diaɔ^{13} kin^{45}

筷滤 k‘ua^{24} li^{24}筷篮

箸 tiu^{24}筷子

茶盘 ʦ‘uæ^{53} buɔ̃^{13}

酒盏 ʨia^{53} ʦe^{53}酒杯

盘子 buɔ̃^{13} ·ʦa

酒壶 ʨia^{53} fu^{13}

甑 ʦin^{24}坛子

酒甑 tɕia^{53} tsin^{24}酒坛子

酒提子 tɕia^{53} tie^{13} ·tsa 舀酒的器具

酒□tɕia^{53} xæ^{42}酿酒时用来发酵的用料

水爵 tsu^{53} dʑy^{13}勺

□爵 oŋ^{53} dʑy^{13}用来量粮食的瓢

□□瓢 lu^{53} sɿ^{45} piaɔ^{13}笊篱

竹子□子 tɕiu^{42} ·tsa to^{42} ·tsa 放在蒸锅里的笼屉

瓶 bin^{13}瓶子

油瓶 za^{45} bin^{13}

盐瓶 zæ^{13} bin^{13}

沙瓶 so^{45} bin^{13}药罐子

瓶盖子 bin^{13} kua^{24} ·tsa

□钵 tɕiaɔ^{53} pɯ^{42}打油茶的钵子

□钵锤 tɕiaɔ^{53} pɯ^{42} tiu^{13} 打油茶时用来捣蒜、干辣椒等用的锤子

菜刀 tɕʻi^{24} taɔ^{45}

砧板 tui^{45} poŋ^{53}

水桶 tsu^{53} tʻəu^{53}

□桶 tsʻe^{24} tʻəu^{53} 提桶，较小，用来打水

水甑 tsu^{53} tsin^{24}用来装水的缸

箍桶篾 ku^{45} tʻəu^{53} mĩ^{53} 用竹篾做的箍桶圈

饭桶 muɔ̃^{45} tʻəu^{53}

□tsoŋ^{13}蒸笼

箅箅 pʻe^{45} ·pʻe

猪□桶 tiu^{45} ȵi^{13} tʻəu^{53}泔水缸

猪食桶 tiu^{45} dʑiu^{24} tʻəu^{53}

尿桶 ȵiaɔ^{24} tʻəu^{53}

麻桶 mo^{45} tʻəu^{53}旧时织布时用来放麻线的桶子

抹台布 mo^{42} da^{13} pu^{24}擦桌布

（4）工匠用具

刨子 pʻaɔ^{45} ·tsa

斧头 fu^{53} ·ta

铲 tsʻe^{53}

锯子 kɯ^{24} ·tsa

凿子 tɕʻyi^{45} ·tsa

勾尺 ka^{45} tsʻo^{42}曲尺

墨斗 me^{42} ta^{53}

钉子 tuɔ̃^{45} ·tsa

墨斗线 mo^{42} ta^{53} zo^{24}

钳子 dʑiɛn^{13} ·tsa

锤子 tiu^{13} ·tsa

夹子 ko^{42} ·tsa

索子 ɕy^{42} ·tsa 绳子

草索子 tsʻaɔ^{53} ɕy^{42} ·tsa 草绳

砖刀 tsui^{45} taɔ^{45}泥刀

水泥板 tsu^{53} ȵi^{45} poŋ^{53}

麻刀 mo^{45} taɔ^{45}

錾子 tsan^{24} ·tsɿ

剃刀 tʻa^{24} taɔ^{45}

铰子 kaɔ^{53} ·tsa 剪刀

棕镰 tsəu^{45} li^{45}用来剥棕皮的刀

树钻 tsa^{24} tsuɔ̃^{24}一种钻孔的工具，手握柄，一手拉弦带动钻头转动

□钻 toŋ^{24} tsuɔ̃^{24}木匠用来钻孔的工具，用双手下压来带动钻头转动

梳 sei^{45}

尺 tsʻo^{42}

熨斗 y^{24} ·ta

弓 koŋ^{45}

纺车 foŋ^{53} ʦʻo^{45}

(5) 其他生活用具

东西 təu^{45} ɕi^{45}

洋碱 zoŋ^{13} ʨie^{53}肥皂

香洋碱 ʨʻioŋ^{45} zoŋ^{13} ʨie^{53}香肥皂

帕子 pʻo^{24} ·ʦa 毛巾

盆 bæ^{13}

澡面盆 ʦaɔ^{53} mĩ^{24} bæ^{13}洗脸盆

澡脚盆 ʦaɔ^{53} kɯ^{42} bæ^{13}洗脚盆

澡身盆 ʦaɔ^{53} se^{45} bæ^{13}洗澡盆

抹脚布 mo^{42} kɯ^{42} pu^{24}

腰子盆 iaɔ^{45} ·ʦa bæ^{13}杀猪以后用于清理猪毛、清洗污垢的盆子

台烛 da^{13} ʨiu^{42}蜡烛

灯□子 tuɔ̃^{45} u^{53} ·ʦa 灯盏

灯芯 tuɔ̃^{45} ɕi^{45}

灯罩子 tuɔ̃^{45} ʦaɔ^{24} ·ʦa

灯草 tuɔ̃^{45} ʦʻaɔ^{53}灯芯

灯油 tuɔ̃^{45} za^{45}

灯笼 tuɔ̃^{45} ləu^{45}

钱包 ʥæ^{13} paɔ^{45}

糊 ʋu^{13}糨糊

书包 ʨiu^{45} paɔ^{45}

背包 pa^{24} paɔ^{45}

针尖 ʦe^{45} ʦe^{45}

针鼻孔 ʦe^{45} bi^{13} kʻəu^{53}针鼻儿

穿针 ʦʻue^{45} ʦe^{45}

钻子 ʦuɔ̃^{24} ·ʦa

挖耳子 ua^{42} ɳie^{53} ·ʦa

澡衣槌子 ʦaɔ^{53} i^{45} diu^{13} ·ʦa 洗衣槌

澡衣板 ʦaɔ^{53} i^{45} poŋ^{53}搓衣板

扫爵 saɔ^{24} ʥy^{13}扫帚

灶扫爵 ʦaɔ^{24} saɔ^{24} ʥy^{13}用来打扫灶台的扫把

大扫爵 ly^{24} saɔ^{24} ʥy^{13}用竹枝扎成的用来打扫场院的扫帚

扇 se^{24}

撑棍 ʦʻoŋ^{45} kui^{24}拐杖

刮手纸 kua^{42} ɕiu^{53} ʦe^{53}手纸

炸药 ʦo^{24} y^{24}

炕架 kʻoŋ^{24} ko^{24}悬挂于火炉之上用来烘烤食物的木制或竹制的架子

楼竹头 la^{45} ʨiu^{42} ·ta 竹编的楼板，置于火坑上方，用于烘烤辣椒、腊肉等

火筒 fa^{53} die^{13}吹火筒

米筛筛 mie^{53} sua^{45} ·sua 米筛

炭筛 tʻoŋ^{24} sua^{45}用来筛火炭的筛子

□叶□□kʻui^{45} ɕi^{42} ʦa^{24} ·ʦa 打油茶时用来过滤茶叶渣的篓子

鱼篓子 ɳiu^{45} da^{53} ·ʦa

笱 ka^{24}捕鱼的工具，置放在稻田的水口或小溪口捕捉鱼虾

虾耙 xo^{45} bo^{13}捕鱼捞虾的工具

□篓 lu^{45} da^{53}一种三角形的捕鱼工具

箍网 ku^{45} ʋoŋ^{53}大的用竹子做的捕鱼的网

鱼叉 ɳiu^{45} ʦʻo^{45}

箸篮子 tiu^{24} læ^{45} ·ʦa 筷篮

菜篮子 ʨʻi^{24} læ^{45} ·ʦa

□□kʻui^{45}toŋ^{45}茶叶波萝

□叶□kʻui^{45} ɕi^{42}dye^{24}打油茶时用来漏茶叶的工具

谷□ku^{42} tsʻe^{53}用来烘干谷子的工具

松膏篓子 dʑye^{13} kaɔ^{45} da^{53} ·tsa 悬挂于火坑之上，用来烘干松树条的工具

猪崽□ tiu^{45} tsa^{53} dʑye^{24}用于挑猪崽的竹制的笼子

鸡罩 ka^{45} tsaɔ^{24}

水瓜芦 tsu^{53} kua^{45} lu^{45}用葫芦瓜做的水壶

升子 tsəu^{45} ·tsa 量米的工具，装满为一升

斗 ta^{53}量米的工具，十升为一斗

□米爵 oŋ^{53} mie^{53} dʑy^{13}量米筒

米桶 mie^{53} tʻəu^{53}

扁桶 pie^{53} tʻəu^{53}用来装谷的木桶

草箍耙 tsʻaɔ^{53} ku^{45} bo^{13}打草鞋的工具

葛饼槽 ke^{53} pæ^{53} dzaɔ^{13}打糍粑用的石槽

糍锤子 dʑi^{13} tiu^{45} ·tsa

碓堂 tua^{24} doŋ^{13}碓的石臼部分

碓身 tua^{24} se^{45}

碓爵 tua^{24} dʑy^{13}碓堂与碓身接触的部分

碓脑壳 tua^{24} laɔ^{53} kʻəu^{42}用来搅动碓中谷物的棒子

岩磨 ŋa^{45} mei^{24}石磨

磨架子 mei^{24} ko^{24} ·tsa

磨勾子 mei^{24} ka^{45} ·tsa 磨柄

磨槽 mei^{24} dzaɔ^{13}

车盘 tsʻo^{45} buɔ̃^{13}用来绕棕绳的工具

牛角篓 ŋɯ^{45} kɯ^{42} da^{53}牛角做的子弹袋

顶针 tæ^{53} tsin^{45}

（九）称谓

（1）一般称谓

后生家 ɣa^{24} suɔ̃^{45} ko^{45}男人

男子家 luɔ̃^{45} tsa^{53} ko^{45}男人

女子家 ȵiu^{53} ·tsa ko^{45}女人

□□子 ȵia^{13} li^{53} ·tsa 小孩

□孩 ȵia^{13} xua^{45}小孩

孩家子 xua^{45} ko^{45} ·tsa 小孩

伢子牯 ŋo^{45} tsa^{53} ·ku 几岁的小孩

妹妹 mei^{45} ·mei 女孩

老□子 laɔ^{53} puɔ̃^{13} ·tsa 老头

老□□ laɔ^{53} ·pu tʻoŋ^{45}老人家

街头人 kua^{45} ·ta ŋ̍^{45}城里人

乡巴佬 ɕioŋ^{45} po^{45} laɔ^{53}乡下人（含贬义）

乡里人 ɕioŋ^{45} li^{53} ŋ̍^{45}乡下人（不含贬义）

一家人 i^{13} ko^{45} ŋ̍^{45}

外□人 me^{45} tse^{45} ŋ̍^{45}外地人

本□人 pæ^{53} loŋ^{53} ŋ̍^{45}本地人

亲家人 tɕʻi^{45} ko^{45} ŋ̍^{45}自己人

客人 kʻo^{42} ŋ̍^{45}

老同 laɔ^{53} dæ^{13}

laɔ^{53} dəu^{13}同庚

单身佬 tuɔ̃^{45} sin^{45} laɔ^{53}单身汉

老女 laɔ^{53} ȵiu^{53}老姑娘

童养媳 tæ^{13} zoŋ^{13} ɕi^{24}

半□亲 poŋ^{24} saɔ^{53} tɕʻi^{45}半路亲；二婚头

野生子 zo^{53} suɔ̃^{45} ·tsa 私生子

犯人 xua^{24} ŋ̍^{45}

叫花 kaɔ^{24} xua^{45}乞丐

强盗 dʑioŋ^{13} daɔ^{24}

贼子子 tɕʻi^{45} tsa^{53} ·tsa 小偷

（2）职业称谓

长工 dioŋ^{13} kəu^{45}

□工 tɕʻia^{53} kəu^{45}短工

零工 luɔ̃^{45} kəu^{45}

做生意的 tse^{24} suɔ̃^{45} i^{24} ·ti 商人

老板 laɔ^{53} poŋ^{53}

老板娘 laɔ^{53} poŋ^{53} ȵioŋ^{45}

伙计 fa^{53} tɕi^{24}

徒弟 du^{13} di^{24}

学生 ɕio^{13} sin^{45}

同学 dæ^{13} ɕio^{13}

朋友 bəu^{13} tsa^{24}

兵 pĩ^{45}

诊病师傅 tsæ^{53} fuɔ̃^{13} sa^{45} ·fu 医生

赤脚医生 tsʻei^{42} kɯ^{42} i^{45} sin^{45}

手艺人 ɕiu^{53} ȵi^{24} ŋ̍^{45}

木匠师傅 mu^{42} tɕioŋ^{24} sa^{45} ·fu

□匠 po^{42} tɕʻioŋ^{24}木匠

岩匠 ŋa^{45} tɕioŋ^{24}石匠

篾匠 mĩ^{53} tɕioŋ^{24}

瓦匠 ua^{53} tɕʻioŋ^{24}

银匠 ȵi^{45} tɕioŋ^{24}

铜匠 dæ^{13} tɕioŋ^{24}

铁匠 tʻa^{42} tɕioŋ^{24}

补锅匠 pu^{53} ko^{45} tɕioŋ^{24}

杀猪的 ɕia^{42} tiu^{45} ·ti

开屠的 kʻua^{45} du^{13} ·ti 屠夫

抬轿人 da^{13} tɕiaɔ^{24} ŋ̍^{45}轿夫

担担子的 tuɔ̃^{24} tuɔ̃^{24} ·tsa ·ti 挑夫

撑艄的 tsʻoŋ^{45} saɔ^{45} ·ti 艄公

管家人 kue^{53} ko^{45} ŋ̍^{45}管家

人老管 ŋ̍^{45} laɔ^{53} kue^{53}管家

敤伙的 kʻua^{53} fa^{53} ·ti 合伙的

厨房师傅 tiu^{13} ʋoŋ^{13} sa^{45} ·fu 厨师

□娘 mĩ^{53} ȵioŋ^{45}奶妈

拾生婆 tsʻɿ^{53} suɔ̃^{45} bu^{13}接生婆

取生的 tsʻa^{53} suɔ̃^{45} ·ti 接生的

和尚 ue^{13} tsʻoŋ^{24}

尼姑婆 ȵi^{13} ku^{45} bu^{13}尼姑

道士（子）tʻaɔ^{24} sɿ^{24}（·tsa）

道衣 tʻaɔ^{24} i^{45}

剃脑师傅 tʻa^{24} laɔ^{53} sa^{45} ·fu 理发师

老师 laɔ^{53} sa^{45}

教书的 kaɔ^{24} tɕiu^{45} ·ti

老婆婆 laɔ^{53} po^{13} ·po 称呼年纪大的妇女

双胞胎 soŋ^{45} paɔ^{45} tʻua^{45}

扒子手 bua^{13} ·tsa ɕiu^{53}扒手

（十）亲属

（1）长辈

大班 ly^{24} puõ^{45}长辈
前一班 dʑin^{13} i^{45} puõ^{45}长辈
太阿父 tʻæ^{24} a^{45} bu^{24}曾祖父
太婆 tʻæ^{24} bu^{13}曾祖母
阿父 a^{45} bu^{24}祖父
婆 bu^{13}祖母
家父 ko^{45} bu^{24}外祖父
家□ ko^{45} mo^{45}外祖母
爹 tia^{45}
爷 ia^{45}父亲
阿妈 a^{45} ma^{45}
阿娘 a^{45} ȵioŋ^{45}母亲
亲爹 tɕʻi^{45} tia^{45}岳父
亲娘 tɕʻi^{45} ȵioŋ^{45}岳母
伯 po^{42}公公
继爹 tɕi^{24} tia^{45}继父
伯伯 pe^{42} ·pe 伯父
伯娘 pe^{42} ȵioŋ^{45}伯母
□子 o^{24} ·ʦa 叔父
□□me^{53} ·me 婶婶（婚前称）
□娘 ȵia^{13} ȵioŋ^{45}婶婶（婚后称）
舅舅 go^{24} ·ko
舅公 go^{24} kəu^{45}
舅□ go^{24} me^{53}舅母
大娘 ly^{24} ȵioŋ^{45}姑母
□□o^{13} sɿ^{45}母亲的姐姐
□娘 ʦoŋ^{53} ȵioŋ^{45}母亲的妹妹
姑丈 ku^{45} tʻioŋ^{53}姑父
□□丈 o^{13} sɿ^{45} tʻioŋ^{53}姨丈
老姑姑 laɔ^{53} ku^{45} ·ku 姑奶奶
姨婆 i^{13} bu^{13}姨奶奶
老□娘 laɔ^{53} ʦoŋ^{53} ȵioŋ^{45}姨奶奶

（2）平辈

平□ fuõ^{13} tɕi^{53}平辈
同班 dæ^{13} puõ^{45}平辈
□□人 ʦo^{53} loŋ^{13} ŋ^{45}夫妻
□口子 ʦo^{53} kʻa^{45} ·ʦɿ 夫妻
阿生牯 a^{45} suõ^{45} ku^{45}
男□牯 luõ^{45} xa^{53} ku^{45}丈夫
室头人 tɕi^{42} ·taŋ^{45}妻子
□□me^{13} xa^{45}妻子
□□□ȵia^{13} me^{13} xa^{45}小老婆
大伯伯 ly^{24} pe^{42} ·pe
大哥 ly^{24} ko^{45}大伯
□□ȵia^{13} o^{24}小叔子
大娘娘 ly^{24} ȵioŋ^{45} ·ȵioŋ 大姑姑
小娘娘 ȵia^{13} ȵioŋ^{45} ·ȵioŋ 小姑姑
阿姊（面称）e^{45} ʦe^{53}
大□□（背称）ly^{24} o^{13} sɿ^{45}大姨子
□□□ ȵia^{13} o^{13} sɿ^{45}小姨子
兄□牯 foŋ^{45} xa^{53} ku^{45}兄弟
姐□□tɕi^{53} xo^{45} ·ka 姐妹
哥哥 ko^{45} ·ko
阿哥 a^{45} ko^{45}哥哥
堂兄□doŋ^{13} foŋ^{45} xa^{53}堂哥
嫂嫂 ʦʻaɔ^{53} ·ʦʻaɔ
佬佬 laɔ^{53} ·laɔ 弟弟
堂佬 doŋ^{13} laɔ^{53}堂弟
□□ xa^{53} məu^{45}弟媳
阿姊 e^{45} ʦe^{53}姐姐
堂阿姊 doŋ^{13} e^{45} ʦe^{53}堂姐

姐丈 ȶɕi^{53} t‘ioŋ^{53}姐夫

妹妹 mei^{45} ·mei

堂妹 doŋ^{13} mei^{45}

妹夫 mei^{45} fu^{45}

□□牯 ʦa^{13} məu^{45} ku^{45}妹夫

表兄□ piaɔ^{53} foŋ^{45} xa^{53}老表

表哥 piaɔ^{53} ko^{45}

表嫂 piaɔ^{53} ʦ‘aɔ^{53}

表佬 piaɔ^{53} laɔ^{53}表弟

表姐□□ piaɔ^{53} ȶɕi^{53} xo^{45} ·ka 表姊妹

表妹 piaɔ^{53} mei^{45}

（3）晚辈

下一班 xa^{24} i^{45} puɔ̃^{45}晚辈

侄子 t‘i^{42} ·ʦa

侄侄 t‘i^{42} ·t‘i 侄子

侄女 t‘i^{42} ȵiu^{53}

外甥崽 uæ^{24} soŋ^{45} ʦa^{53}

外甥女 uæ^{24} soŋ^{45} ȵiu^{53}

□□子 ȵia^{13} li^{53} ·ʦɿ 小孩子

崽女 ʦa^{53} ȵiu^{53}

崽 ʦa^{53}儿子

大孩崽 ly^{24} xo^{45} ʦa^{53}大儿子

□孩崽 ȵia^{13} xo^{45} ʦa^{53}小儿子

抱养的子 baɔ^{24} zoŋ^{53} ·ti ʦa^{53}养子

媳妇 ɕi^{42} p‘a^{53}

女 ȵiu^{53}

□牯 tæ^{45} ku^{45}女婿

孙 sui^{45}

孙媳妇 sui^{45} ɕi^{42} p‘a^{53}

孙女 sui^{45} ȵiu^{53}

孙□牯 sue^{45} tæ^{45} ku^{45}孙女婿

重孙 ʥye^{13} sui^{45}

外孙 uæ^{24} sui^{45}

外孙女 uæ^{24} sui^{45} ȵiu^{53}

（4）其他

亲家 ʨ‘i^{45} ko^{45}

亲家母 ʨ‘i^{45} ko^{45} mo^{53}

亲戚 ʨ‘i^{45} ʨ‘i^{24}

行亲 ɣuɔ̃^{13} ʨ‘i^{45}走亲戚

（十一）身体

（1）五官

身个 se^{45} kɯ^{24}身体

脑牯 laɔ^{53} ·ku 头

□脑牯 baŋ^{13} laɔ^{53} ·ku 光头

脑牯颠 laɔ^{53} ·ku te^{45}头顶

气门 ʨ‘i^{24} me^{45}囟门

后脑牯 ɣa^{24} laɔ^{53} ·ku

□□ʦɿ^{45} ke^{53}颈

□□窝子 ʦɿ^{45} ke^{53} o^{45} ·ʦɿ 后颈窝

脑毛 laɔ^{53} maɔ^{45}头发

□白脑 ȵia^{13} p‘o^{45} laɔ^{53}少年白头

掉脑毛 ty^{24} laɔ^{53} maɔ^{45}掉头发

额门 ŋo^{42} me^{45}额头

辫子 p‘ie^{45} ·ʦa

□□o^{13} ʦu^{45}拢头发的丝网

面 mĩ^{24}脸

面巴 mĩ^{24} po^{45}脸蛋儿

面巴骨头 mĩ^{24} po^{45} kua^{42} ·ta 颧骨

酒凼子 ȶɕia^{53} doŋ^{24} ·ʦa 酒窝

鼻孔槽 bi^{13} k‘əu^{53} ʣaɔ^{13}人中

下巴 ɣo^{24} po^{45}

眼珠 ŋæ^{53} tɕiu^{45}眼睛

白眼珠 pʻo^{45} ŋæ^{53} tɕiu^{45}

黑眼珠 kʻi^{42} ŋæ^{53} tɕiu^{45}

眼珠角 ŋæ^{53} tɕiu^{45} kɯ^{42}眼角

眼珠圈圈 ŋæ^{53} tɕiu^{45} tsʻue^{45} ·tsʻue

眼眶眶 ŋæ^{53} tɕʻioŋ^{45} tɕʻioŋ

眼□ŋæ^{53} kɯ^{45}眼泪

眼皮 ŋæ^{53} fa^{13}

单眼皮 tuɔ̃^{45} ŋæ^{53} fa^{13}

双眼皮 soŋ^{45} ŋæ^{53} fa^{13}

眼毛 ŋæ^{53} maɔ^{45}睫毛

眉毛 mĩ^{45} maɔ^{45}

鼻孔 bi^{13} kʻəu^{53}

　　鼻窟 bi^{13} kʻua^{42}鼻孔

鼻屎 bi^{13} sɿ^{53}

鼻毛 bi^{13} maɔ^{45}

鼻孔尖尖 bi^{13} kʻəu^{53} tse^{45} ·tse 鼻尖

酒糟鼻 tɕia^{53} tsaɔ^{45} bi^{13}

　　ɣæ^{13} bi^{13} kʻəu^{53}红鼻孔

口 kʻa^{53}

口皮 kʻa^{53} fa^{13}嘴唇

□子 tʻiu^{24} ·tsɿ 涎水

痰 doŋ^{13}

舌口 dʑi^{24} ki^{45}舌头

牙齿 ŋo^{45} tsʻɿ^{53}

门牙 me^{45} ŋo^{45}门齿

大牙齿 ly^{24} ŋo^{45} tsʻɿ^{53}大牙

犬牙齿 kʻuæ^{53} ŋo^{45} tsʻɿ^{53}虎牙

虫牙齿 dye^{13} ŋo^{45} tsʻɿ^{53}

耳朵 ȵie^{53} tiu^{45}

耳朵眼 ȵie^{53} tiu^{45} ŋæ^{53}

耳屎 ȵie^{53} sɿ^{53}

耳朵聋 ȵie^{53} tiu^{45} tsəu^{45}

喉口 a^{13} kʻa^{53}喉咙

胡 ʋu^{13}

面巴胡 mĩ^{24} po^{45} ʋu^{13}络腮胡子

（2）手、脚、胸、背

手 ɕiu^{53}

脚 kɯ^{42}

胸口 ɕy^{45} kʻa^{53}胸脯

背 pei^{24}

背梁骨 pei^{24} lioŋ^{45} kua^{42}脊背

肩膊tɕi^{45} po^{53}

　　肩膀 tɕi^{45} puɔ̃^{53}

手膀子 ɕiu^{53} puɔ̃^{53} ·tsɿ 胳膊

手包包 ɕiu^{53} paɔ^{45} ·paɔ 胳膊肘

左手 tɕy^{53} ɕiu^{53}

右手 za^{53} ɕiu^{53}

手指 ɕiu^{53} tsɿ^{53}

大手指 ly^{24} ɕiu^{53} tsɿ^{53}

二手指 ŋ̍^{24} ɕiu^{53} tsɿ^{53}食指

当中手指 toŋ^{45} tio^{45} ɕiu^{53} tsɿ^{53}中指

□手指 ȵia^{13} ɕiu^{53} tsɿ^{53}小指

手指甲 ɕiu^{53} tsɿ^{53} ko^{42}指甲

手指□ɕiu^{53} tsɿ^{53} xo^{24}手指缝

拳头 dʑye^{13} ·ta

手板 ɕiu^{53} poŋ^{53}手掌

𣪘一耳□ kʻua^{53} i^{42} ȵie^{53} ·sɿ 打一巴掌

手板心 ɕiu^{53} poŋ^{53} ɕi^{45}

硬皮子 ŋuɔ̃^{24} fa^{13} ·tsa 茧

手背 ɕiu^{53} pei^{24}

腿 tʻua^{53}

大腿 ly^{24} tʻua^{53}

大腿骨 ly^{24} tʻua^{53} kua^{42}胫骨

□腿 ȵia^{13} tʻua^{53}小腿

腿肚子□ tʻua^{53} tu^{53} ·tsɿ 腿肚子

脚□□kɯ^{42} ɕy^{53} po^{13}膝盖

下卵 ɣo^{24} luɔ̃^{53}袴裆

屁股 pʻi^{24} ku^{53}

屁股眼 pʻi^{24} ku^{53} ŋæ^{53}肛门

鸡 ka^{45}赤子阴

□koŋ^{45}男阴

大□ ly^{24} kʻa^{53}男阴（成年男子的）

屄 bi^{13}女阴

□屄 do^{53} bi^{13}交合

敤赤脚 kʻua^{53} ʦʻei^{42} kɯ^{42}打赤脚

脚背 kɯ^{42} pei^{24}

脚板 kɯ^{42} poŋ^{53}

脚心 kɯ^{42} ɕi^{45}

脚尖尖 kɯ^{42} ʦe^{45} ·ʦe

脚趾头 kɯ^{42} ʦɿ^{53} ·ta^{45}

脚趾甲 kɯ^{42} ʦɿ^{53} ko^{42}脚趾甲

脚跟 kɯ^{42} ki^{45}

脚印子 kɯ^{42} i^{24} ·ʦa

□子骨 pi^{45} ·ʦa ku^{42}肋骨

□包 mĩ^{53} paɔ^{45}乳房

□ mĩ^{53}乳汁

肚 tu^{53}

腰 iaɔ^{45}

（3）其他

旋 ʥy^{13}头顶的旋

双旋 soŋ^{45} ʥy^{13}

手印 ɕiu^{53} i^{24}

胭 ly^{45}

□pʻiaɔ^{24}手指上箩箕的纹

汗毛 ŋ̍^{24} maɔ^{45}

痣 ʦɿ^{24}

骨头 kua^{42} ·ta

筋 ʨi^{45}

血 ɕy^{42}

血管 ɕy^{42} kuɔ̃^{53}

脉 ma^{42}

心 ɕi^{45}

肝 koŋ^{45}

肺 fe^{24}

胆 tuɔ̃^{53}

脾 fa^{13}

胃 y^{24}

腰子 iaɔ^{45} ·ʦa

肠子 dioŋ^{13} ·ʦa

□肠 ȵia^{13} dioŋ^{13}小肠

大肠 dy^{24} dioŋ^{13}

影子 in^{53} ·ʦa

（十二）疾病医疗

（1）一般用语

病 fuɔ̃^{24}

□病 ȵia^{13} fuɔ̃^{24}小病

大病 ly^{24} fuɔ̃^{24}

病好了 fuɔ̃^{24} xaɔ^{53} ·iaɔ

诊病 ʦæ^{53} fuɔ̃^{24}治病

望病 moŋ^{24} fuɔ̃^{24}看病

号脉 xaɔ^{24} ma^{42}

开药单子 kʻua^{45} y^{24} tuɔ̃^{45} ·ʦa 开药方

拾药 tsʻɿ^{53} y^{24}捡药

买药 ma^{53} y^{24}

药铺 y^{24} pʻu^{24}

药房 y^{24} ʋoŋ^{13}

药根子 y^{24} ki^{45} ·tsa 药引子

药瓶子 y^{24} bæ^{13} ·tsa

煲药 paɔ^{45} y^{24}煎药

药渣子 y^{24} tso^{45} ·tsa

药膏 y^{24} kaɔ^{45}

药粉 y^{24} pæ^{53}

搽药 tsʻo^{45} y^{24}

上药 tsʻoŋ^{53} y^{24}

膏药 kaɔ^{45} y^{24}

出汗 tsʻu^{42} ŋ̍^{24}

祛风 tsʻa^{53} fɯ^{45}

祛病 tsʻa^{53} fuɔ̃^{24}

刮毒 kua^{42} tu^{42}

刮痧 kua^{42} so^{45}

插针 tsʻua^{42} tse^{45}扎针

敤火筒 kʻua^{53} fa^{53} die^{13}拔火罐

（2）内科

发烧 fa^{42} saɔ^{45}

上火 tsʻoŋ^{53} fa^{53}

去火 kʻɯ^{24} fa^{53}

滚□ kuæ^{53} po^{45}发烧

惧冻 tɕʻy^{53} təu^{24}怕冷

恶心 ɯ^{42} ɕi^{45}

中风 tsəu^{24} fɯ^{45}

□□tʻiu^{42} po^{24}脱臼

灌汁 kui^{24} tsɿ^{42}化脓

发炎 fa^{42} iɛn^{13}

嗽 kʻuɔ̃^{53}咳嗽

扯哈 dza^{53} xa^{13}气喘

肚胀 tu^{53} dioŋ^{13}

脱肚 tʻua^{42} tu^{53}泻肚

肚□ tu^{53} səu^{24}肚痛

脑牯□laɔ^{53} ·ku səu^{24}头痛

晕车 yn^{45} tsʻo^{45}

晕船 yn^{45} zuæ^{13}

想吐 ɕioŋ^{53} tʻe^{24}

吐了 tʻe^{24} ·iaɔ

敤□kʻua^{53} paɔ^{13}干呕

掉尿泡 ty^{24} ȵiaɔ^{13} pʻaɔ^{45}疝气

掉屎门 ty^{24} sɿ^{53} me^{45}脱肛

敤摆 kʻua^{53} po^{53}打摆子

出麻子 tsʻu^{42} mo^{45} ·tsa

出水痘 tsʻu^{42} tsu^{53} da^{24}

痨病 laɔ^{13} fuɔ̃^{24}肺结核

（3）外科

跌伤 da^{42} ɕioŋ^{45}

撞伤 tsʻoŋ^{53} ɕioŋ^{45}

撞破皮 tsʻoŋ^{53} pʻe^{24} fa^{13}

割哒口子 kɯ^{42} ·ta kʻa^{53} ·tsa

出血 tsʻu^{42} ɕy^{42}

瘀血 y^{45} ɕy^{42}

□起 ɯ^{53} kʻɯ^{42}肿起

起疤子 kʻɯ^{42} po^{45} ·tsa 结痂

疤 po^{45}

丫龟口 ŋo^{45} tɕy^{45} kʻa^{53}龟裂

长疮子 tioŋ^{53} tsʻoŋ^{45} ·tsa

长疔疮 tioŋ^{53} toŋ^{45} tsʻoŋ^{45}

冻疮 təu^{24} tsʻoŋ^{45}

疥疮 kua^{24} tsʻoŋ^{45}

癣 ɕye^{53}

痧痱子 so^{45} fei^{45} ·tsa

□$bəu^{13}$大脖子

一只眼 i^{13} $tsei^{53}$ $ŋæ^{53}$独眼

斗眼子 tua^{24} $ŋæ^{53}$ ·tsɿ 斗鸡眼

笪斜眼珠 $dʑio^{13}$ $ŋæ^{53}$ $tɕiu^{45}$斜视眼

（4）残疾等

扯猛风病 dza^{53} $mɯ^{53}$ $fɯ^{45}$ $fuɔ̃^{24}$

癫疯 te^{45} $fɯ^{45}$癫痫

扯风 dza^{53} $fɯ^{45}$抽风

瘫立 $t'oŋ^{45}$ ·li 瘫痪

□子 liu^{53} ·tsa 瘸子

□子 dye^{24} ·tsa 驼背

聋子 $tsəu^{45}$ ·tsa

哑子 o^{53} ·tsa

结子 $tɕye^{42}$ ·tsa 结巴

瞎子 xo^{42} ·tsɿ

癞子 lua^{24} ·tsa 秃子

蠢宝人 $ts'ui^{53}$ $paɔ^{53}$ $ŋ̍^{45}$傻子

六手子 lia^{42} $ɕiu^{53}$ ·tsɿ

麻子 mo^{45} ·tsa

缺子 $tɕ'y^{42}$ ·tsɿ 豁唇

缺牙子 $tɕ'y^{42}$ $ŋo^{45}$ ·tsɿ

手□$ɕiu^{53}$ fa^{13}手残疾

光脑牯 $koŋ^{45}$ $laɔ^{53}$ ·ku 秃子

左撇子 $tɕy^{53}$ $p'i^{24}$ ·tsɿ

（十三）衣服穿戴

（1）穿戴

戴te^{24}

敤扮 $k'ua^{53}$ $poŋ^{24}$打扮

毛线 $maɔ^{45}$ zo^{24}

衣裈 i^{45} kue^{45}衣裤

长衫 $dioŋ^{13}$ se^{45}

长衣 $dioŋ^{13}$ i^{45}

衣摆 i^{45} po^{53}下摆

旗袍 $dʑi^{13}$ $baɔ^{13}$

絮衣 $ɕiu^{24}$ i^{45}棉袄

夹衣 ko^{42} i^{45}

皮衣 fa^{13} i^{45}

单衣 $tuɔ̃^{45}$ i^{45}

大衣 dy^{24} i^{45}

□大衣 $tɕ'ia^{53}$ dy^{24} i^{45}短大衣

衬衣 $ts'ui^{24}$ i^{45}

里衣 liu^{53} i^{45}内衣

里子 liu^{53} ·tsa

背心 pei^{24} $ɕi^{45}$

衣边 i^{45} $p'ĩ^{45}$

大衣襟 ly^{24} i^{45} $tɕi^{45}$

小衣襟 $ȵia^{13}$ i^{45} $tɕi^{45}$

对胸衣 tua^{24} $ɕy^{45}$ i^{45}对襟衣

衣领 i^{45} lin^{53}

衣袖 i^{45} $dʑy^{24}$

裙子 $dʑye^{13}$ ·tsa

裈 kue^{45}裤子

单裈 $tuɔ̃^{45}$ kue^{45}单裤

□裈 $tɕ'ia^{53}$ kue^{45}短裤

开裆裈 $k'ua^{45}$ $toŋ^{45}$ kue^{45}开裆裤

丫裆裈 $ŋo^{45}$ $toŋ^{45}$ kue^{45}开裆裤

死裆裤 $ɕi^{53}$ $toŋ^{45}$ kue^{45}实裆裤

裈裆 kue^{45} $toŋ^{45}$裤裆

裈腰 kue^{45} $iaɔ^{45}$裤腰

裈带子 kue^{45} tiu^{24} ·ʦa 裤腰带

裈腿 kue^{45} tʻua^{53}裤腿

衣□包 i^{45} duɔ̃^{24} paɔ^{45}衣袋子

裈□包 kue^{45} duɔ̃^{24} paɔ^{45}裤袋子

扣子 kʻa^{24} ·ʦa

扣眼 kʻa^{24} ŋæ^{53}

扣窟 kʻa^{24} kʻua^{42}扣眼儿

（2）鞋帽

履 di^{53}鞋

帽子 maɔ^{24} ·ʦa

絮履 ɕy^{24} di^{53}棉鞋

皮履 fa^{13} di^{53}皮鞋

布履 pu^{24} di^{53}布鞋

□履 zei^{13} di^{53}拖鞋

履底 di^{53} ta^{53}鞋底

履底样子 di^{53} ta^{53} zoŋ^{24} ·ʦa 鞋底模子

履面子 di^{53} mĩ^{13} ·ʦa 鞋帮儿

履拔子 di^{53} po^{42} ·ʦa 鞋拔子

履带子 di^{53} tiu^{24} ·ʦa 鞋带儿

履楦子 di^{53} ɕy^{45} ·ʦa 鞋楦

弓履子 ko^{45} di^{53} ·ʦa 弓鞋

盖头 kua^{24} ta^{53}鞋垫

□脚 ʦo^{42} kɯ^{42}裹脚

袜 ua^{24}

长袜 dioŋ^{13} ua^{24}

□袜 ʨʻia^{53} ua^{24}短袜

皮帽 fa^{13} maɔ^{24}

斗笠 ta^{53} li^{24}

叶子斗笠 se^{42} ·ʦa ta^{53} li^{24}大斗笠

蓑衣 ɕye^{45} i^{45}

帽啄啄 maɔ^{24} ʦʻua^{42} ·ʦʻua 帽檐儿

（3）装饰品

手圈 ɕiu^{53} ʦʻue^{45}镯子

戒子 kua^{24} ·ʦa 戒指

喉圈 a^{13} ʦʻue^{45}项链

锁 ɕye^{53}

别针 pʻe^{13} ʦe^{45}

扣针 kʻa^{24} ʦe^{45}别针

银针 ȵi^{45} ʦe^{45}簪子

松紧带 səu^{45} ʨie^{53} tiu^{24}

环子 uɔ̃^{13} ·ʦa 耳环

粉 pæ^{53}妇女装扮用的粉

（4）其他穿戴用品

抹裙 mo^{42} ʥye^{13}围裙

□子兜兜 tʻiu^{24} ·ʦɿ ta^{45} ·ta 围嘴儿

尿布 ȵiaɔ^{24} pu^{24}

尿絷 ȵiaɔ^{24} ʦua^{42}尿片儿

帕子 pʻo^{24} ·ʦa 手帕

丝帕子 sa^{45} pʻo^{24} ·ʦa

花帕子 xua^{45} pʻo^{24} ·ʦa

围巾 y^{13} ʨin^{45}

手套 ɕiu^{53} tʻaɔ^{24}

眼镜 ŋæ^{53} ʨi^{24}

伞 soŋ^{53}

雨衣 ua^{53} i^{45}

荷包 ye^{13} paɔ^{45}

（十四）饮食

（1）伙食

□菜 $tsæ^{53}$ $tɕ'i^{24}$做菜

伙食 fa^{53} $sɿ^{13}$

朝饭 $tiaɔ^{45}$ $muɔ̃^{45}$早饭

晌 $soŋ^{53}$午饭

黑饭 $k'i^{42}$ $muɔ̃^{45}$晚饭

宵夜 $ɕiaɔ^{45}$ zu^{24}

半夜饭 $poŋ^{24}$ zu^{24} $muɔ̃^{45}$宵夜

（2）米食

米 mie^{53}

米子 mie^{53} ·tsa 做油茶时用糯米做的爆米花

饭 $muɔ̃^{45}$

剩饭 $tɕiu^{24}$ $muɔ̃^{45}$

食饭 $dʑiu^{24}$ $muɔ̃^{45}$吃饭

饭□了 $muɔ̃^{45}$ xo^{13} ·iaɔ 饭煳了

饭酸了 $muɔ̃^{45}$ $tɕiu^{24}$ ·iaɔ

饭臭了 $muɔ̃^{45}$ $ts'əu^{24}$ ·iaɔ

焦巴 $tɕiaɔ^{45}$ po^{45}锅巴

□饭 bi^{13} $muɔ̃^{45}$软饭：粥

米汤 mie^{53} $t'oŋ^{45}$

米糊 mie^{53} $ʋu^{13}$

粽穄 $tsəu^{13}$ $tɕi^{24}$

□米穄 su^{42} mie^{53} $tɕi^{24}$糯米饼

（3）面食

面 $mĩ^{24}$面条

面粉 $mĩ^{24}$ $pæ^{53}$

面糊 $mĩ^{24}$ $ʋu^{13}$

包子 $paɔ^{45}$ ·tsa

油条 za^{45} $tiaɔ^{13}$

烧饼 $saɔ^{45}$ $pæ^{53}$

花卷 xua^{45} $tɕye^{53}$

饺子 $tɕiaɔ^{53}$ ·tsɿ

烧卖 $saɔ^{45}$ ma^{24}

汤圆子 $t'oŋ^{45}$ ye^{13} ·tsa

月饼 ye^{13} pin^{53}

野蒿糍 zo^{53} $xaɔ^{45}$ $dʑi^{13}$用艾蒿叶子和糯米做出来的粑粑，通常用红椎树叶包裹

（4）肉、蛋

肉 $ȵiu^{42}$

腊肉 lo^{42} $ȵiu^{42}$

鸡鸡□ ka^{45} ka^{45} $koŋ^{45}$鸡蛋

肉丝 $ȵiu^{42}$ sa^{45}

肉皮子 $ȵiu^{42}$ fa^{13} ·tsa 肉皮

猪脚 tiu^{45} $kɯ^{42}$

猪蹄子 tiu^{45} ti^{13} ·tsa

腰□肉 $iaɔ^{45}$ $fuɔ̃^{45}$ $ȵiu^{42}$里脊

筋 $tɕi^{45}$

牛舌□ $ŋɯ^{45}$ $dʑi^{24}$ ki^{45}牛舌头

猪舌□ tiu^{45} $dʑi^{24}$ ki^{45}猪舌头

□□ $dzəu^{13}$ $kɯ^{53}$猪、牛、羊的内脏

猪肺 tiu^{45} fe^{24}

猪肠子 tiu^{45} $dioŋ^{13}$ ·tsa

下水 $ɣo^{24}$ tsu^{53}猪内脏的总称

骨头 kua^{42} ·ta

牛肚 $ŋɯ^{45}$ tu^{53}

猪肝 tiu^{45} $koŋ^{45}$

猪腰子 tiu^{45} $iaɔ^{45}$ ·tsa

鸡杂 ka^{45} $tsua^{13}$

鸡肚 ka^{45} tu^{53}鸡肫

猪红 tiu^{45} ɣæ^{13}猪血

排骨 bua^{13} ku^{42}

鸡血 ka^{45} ɕy^{42}

炒鸡□ts‘aɔ^{53} ka^{45} koŋ^{45}炒鸡蛋

荷包鸡□ ue^{13} paɔ^{45} ka^{45} koŋ^{45}

皮鸡□fa^{13} ka^{45} koŋ^{45}皮蛋

□鸡□tɕ‘i^{24} ka^{45} koŋ^{45}蒸蛋

盐鸡□ zæ^{13} ka^{45} koŋ^{45}咸鸡蛋

盐鸭鸡□zæ^{13} ɯ^{42} ka^{45} koŋ^{45}咸鸭蛋

鸭鸡□ɯ^{42} ka^{45} koŋ^{45}鸭蛋

鹅鸡□ŋui^{45} ka^{45} koŋ^{45}鹅蛋

鸡□汤 ka^{45} koŋ^{45} t‘oŋ^{45}鸡蛋汤

（5）菜

菜 tɕ‘i^{24}

荤菜 xui^{45} tɕ‘i^{24}

盐菜 zæ^{13} tɕ‘i^{24}咸菜

干萝卜 k‘oŋ^{45} ly^{45} p‘e^{45}

干鱼 k‘oŋ^{45} ȵiu^{45}

干豆荚 k‘oŋ^{45} da^{24} ko^{42}

豆腐 da^{24} ·fu

豆腐皮 da^{24} ·fu fa^{13}

煎豆腐 tse^{45} da^{24} ·fu

发豆腐 xua^{42} da^{24} ·fu 油豆腐

霉豆腐 me^{45} da^{24} ·fu

豆腐脑 da^{24} ·fu laɔ^{53}

豆浆 da^{24} tɕioŋ^{45}

凉粉 lioŋ^{13} pæ^{53}

豆豉 da^{24} sɿ^{24}

木耳 mo^{42} e^{53}

粉丝 pæ^{53} sa^{45}

蚕豆 tsan^{13} da^{24}

白木耳 p‘o^{45} mo^{42} e^{53}银耳

口味 k‘a^{53} mĩ^{24}味道

骚气 saɔ^{45} tɕ‘i^{24}气味

色 sa^{42}

（6）油盐佐料

荤油 xui^{45} za^{45}动物油

桐油 dæ^{13} za^{45}

猪油 tiu^{45} za^{45}

羊油 zoŋ^{13} za^{45}

菜油 tɕ‘i^{24} za^{45}

花生油 xua^{45} ɕi^{45} za^{45}

□油 k‘ui^{45} za^{45}茶油

麻油 mo^{45} za^{45}

盐 zæ^{13}

粗盐 ts‘e^{45} zæ^{13}

细盐 ɕi^{24} zæ^{13}精盐

粉盐 pæ^{53} zæ^{13}

酱油 tɕioŋ^{24} za^{45}

辣子酱 lo^{42} ·tsa tɕioŋ^{24}

醋 ts‘u^{24}

红酒 ɣæ^{13} tɕia^{53}

红糖 ɣæ^{13} loŋ^{13}

黄糖 ŋ̍^{13} loŋ^{13}

白砂糖 p‘o^{45} sa^{45} loŋ^{13}

冰糖 pin^{45} loŋ^{13}

盐糖 zæ^{13} loŋ^{13}

粉子糖 pæ^{53} ·tsa loŋ^{13}颗粒状的糖

块糖 k‘ua^{24} loŋ^{13}

花生糖 xua^{45} ɕi^{45} loŋ^{13}

白糖 p‘o^{45} loŋ^{13}

香料 tɕ‘ioŋ^{45} liaɔ^{24}

八角 pua^{42} ko^{42}

花椒 xua^{45} ʨiaɔ^{45}

胡椒 ʋu^{13} ʨiaɔ^{45}

（7）烟、茶、酒

烟 i^{45}

烟叶子 i^{45} ɕi^{42} ·ʦa 烟叶

烟丝 i^{45} sa^{45}

香烟 ʨ‘ioŋ^{45} i^{45}

旱烟 ŋ̍^{24} i^{45}

水烟袋 ʦu^{53} i^{45} ti^{42}

旱烟袋 ŋ̍^{24} i^{45} ti^{42}

烟荷包 i^{45} ue^{13} paɔ^{45}烟盒

烟油 i^{45} za^{45}

烟屎 i^{45} sɿ^{53}烟灰

烟灰 i^{45} xi^{45}

火镰子 fa^{53} liɛn^{13} ·ʦa 打火石

火岩 fa^{53} ŋa^{45}打火石

纸煤子 ʦe^{53} mei^{45} ·ʦa 一种用纸卷成的细长条物，保存火种用，用嘴吹燃

茶 ʦ‘uæ^{53}加工过的茶；已沏好的茶

油茶 za^{45} ʦ‘uæ^{53}

□叶 k‘ui^{45} ɕi^{42}茶叶

青茶 ʦ‘in^{45} ʦ‘uæ^{53}

□叶树 k‘ui^{45} ɕi^{42} ʦa^{24}茶树

开水 k‘ua^{45} ʦu^{53}

泡茶 p‘aɔ^{24} ʦ‘uæ^{53}

倒茶 tiu^{24} ʦ‘uæ^{53}

白酒 p‘o^{45} ʨia^{53}

米酒 mie^{53} ʨia^{53}米酒

酒糟 ʨia^{53} ʦaɔ^{45}

甘酒 kuɔ̃^{45} ʨia^{53}甜酒

（十五）红白大事

（1）婚姻、生育

□酒 fu^{53} ʨia^{53}（在家）喝酒

□酒 æ^{53} ʨia^{53}（在外）喝酒

□油茶 æ^{53} za^{45} ʦ‘uæ^{53}喝油茶

养 zoŋ^{53}生育

样子 zoŋ^{24} ·ʦa 相貌

岁数 ʦua^{24} sa^{24}

算八字 soŋ^{24} pua^{42} za^{24}

做媒 ʦe^{24} mo^{45}

媒人 mo^{45} ŋ̍^{45}

望亲 moŋ^{24} ʨ‘i^{45}相亲

订婚 tin^{24} xui^{45}

报日牯 paɔ^{24} ŋ̍^{42} ·ku 报日子

下礼 ɣo^{24} liu^{53}下聘礼

拜堂 pua^{24} doŋ^{13}

拜客 pua^{24} k‘o^{42}拜长辈

好日牯 xaɔ^{53} ŋ̍^{42} ·ku 喜期

喜酒 ɕi^{53} ʨia^{53}

□嫁妆 sei^{24} ko^{24} ʦoŋ^{45}送嫁妆

抬嫁妆 da^{13} ko^{24} ʦoŋ^{45}

纳亲 la^{24} ʨ‘i^{45}娶亲

取亲 ʦ‘a^{53} ʨ‘i^{45}接亲

出嫁 ʦ‘u^{42} ko^{24}

上门 ʦ‘oŋ^{53} me^{45}

嫁女 ko^{24} ȵiu^{53}

纳媳妇 la^{24} ɕi^{42} p‘a^{53}娶媳妇

花轿 xua^{45} ʨiaɔ^{24}

新郎官 ɕi^{45} loŋ^{45} kue^{45}新郎

新娘子 ɕi^{45} ȵioŋ^{45} ·ʦa 新娘

啼嫁 die^{13} ko^{24}哭嫁

娘头人 ȵioŋ^{45} ta^{45} ŋ̍^{45}婚礼上陪新娘来的娘家亲戚

观亲 koŋ^{45} ʨʻi^{45}一种婚礼习俗，即新郎家的长辈随接亲队伍去接新娘，并邀请新娘家长辈来新郎家做客

领亲人 lin^{53} ʨʻi^{45} ŋ̍^{45}男方接亲队伍中的领队人

离娘鸡 li^{13} ȵioŋ^{45} ka^{45}新郎去接新娘时带到新娘家的鸡

长生鸡 dioŋ^{13} ɕi^{45} ka^{45}婚礼时女方回遂给男方家的鸡

新房 ɕi^{45} ʋoŋ^{13}

交杯酒 ʨiaɔ^{45} pei^{45} ʨia^{53}

还门 ʋoŋ^{13} me^{45} 结婚三天女方回娘家

㪉三朝 kʻua^{53} so^{45} tiaɔ^{45}小孩出生三天请客吃饭

退盘 tʻua^{24} buɔ̃^{13}旧时喝喜酒时送礼，主人家不全收，而是要用茶盘把剩下的东西回赠给客人

散履 suɔ̃^{24} di^{53}婚礼第二天早上新娘把从娘家带来的鞋分发给新郎家的父母

□端茶 to^{45} ʦʻuæ^{53}一种婚礼习俗，新娘嫁过来的第二天早上，用从娘家带来的打油茶用料打油茶给新郎的长辈喝，喝茶的人要给红包

嫁二嫁 ko^{24} ŋ̍^{24} ko^{24}再醮

纳亲 la^{24} ʨʻi^{45}续弦

有毛毛 ua^{53} maɔ^{45} ·maɔ 怀孕

巴肚 pa^{45} tu^{53}怀孕

想吐 ɕioŋ^{53} tʻe^{24}害喜

丢□子了 liu^{45} mo^{45} ʦa^{53} ·iaɔ 小产了

养□子 zoŋ^{53} mo^{45} ·ʦa

得□□子 ti^{42} ȵia^{13} li^{53} ·ʦa 生小孩

取生 ʦʻa^{53} ɕi^{45}接生

包衣 paɔ^{45} i^{45}胎盘

坐月 ʥie^{24} ȵy^{42}

满月 moŋ^{53} ȵy^{42}

头胎 ta^{45} tʻua^{45}

双胞胎 soŋ^{45} paɔ^{45} tʻua^{45}

㪉胎 kʻua^{53} tʻua^{45}打胎

□生子 pʻa^{45} suɔ̃^{45} ʦa^{53}遗腹

□□oŋ^{53} mĩ^{45}吃奶

尿床 ȵiaɔ^{24} zoŋ^{45}

（2）寿辰、丧葬

生日 suɔ̃^{45} ŋ̍^{42}

做生日 ʦe^{24} suɔ̃^{45} ŋ̍^{42}

对子 tua^{24} ·ʦa 对联

寿老人 ɕiu^{24} laɔ^{53} ŋ̍^{45}寿星

老人 laɔ^{53} ŋ̍^{45}死人（委婉说法）

死 ɕi^{53}

老室 laɔ^{53} ʨi^{42}棺材

大料 ly^{24} liaɔ^{24}棺材

老履 laɔ^{53} di^{53}寿鞋

入木 zu^{42} mu^{42}入棺材

守夜 ʨiu^{53} zu^{24}守灵

守灵 ʨiu^{53} lin^{45}

戴孝 te^{24} xaɔ^{24}

孝子 ɕiaɔ^{24} tsa^{53}

孝孙 ɕiaɔ^{24} sui^{45}

起丧 k‘ɯ^{53} soŋ^{45}出殡

纸钱 tse^{53} dzæ^{13}

坟堆 fæ^{13} tua^{45}

坟 fæ^{13}

岩碑 ŋa^{45} pei^{45}碑

　坟碑 fæ^{13} pei^{45}碑

挂青 kua^{24} ts‘in^{45}上坟

　上坟 ts‘oŋ^{53} fæ^{13}

跳塘 daɔ^{24} doŋ^{13}

上吊 ts‘oŋ^{53} tiaɔ^{24}

死人骨头 ɕi^{53} ŋ̍^{45} kua^{42} ·ta

死人 ɕi^{53} ŋ̍^{45}尸体

埋 bəu^{13}

（3）迷信

天阿菩 t‘e^{45} a^{45} bu^{13}老天爷

灶王菩萨 tsaɔ^{24} ŋ̍^{13} bu^{13} sua^{42}

菩萨 bu^{13} sua^{42}

斋堂 tsua^{45} doŋ^{13}

庙 miaɔ^{24}

祠堂 zɿ^{13} doŋ^{13}

佛堂 fu^{13} doŋ^{13}

香台 ɕioŋ^{45} da^{13}香案

祭饭 tɕi^{24} muɔ̃^{45}

烛台 tɕiu^{42} da^{13}

烛 tɕiu^{42}

香 ɕioŋ^{45}

香炉 ɕioŋ^{45} lu^{45}

烧香 saɔ^{45} ɕioŋ^{45}

上香 ts‘oŋ^{53} ɕioŋ^{45}

烧纸 saɔ^{45} tse^{53}

抽签 t‘ia^{45} ts‘e^{45}

敤卦 k‘ua^{53} kua^{24}打卦

做道场 tse^{24} t‘aɔ^{24} dʑioŋ^{13}

经书 tɕin^{45} tɕiu^{45}

念经 ȵĩ^{24} tɕi^{45}

望室场 moŋ^{24} tɕi^{42} dioŋ^{13}建房看风水

望坟山 moŋ^{24} fæ^{13} se^{45}下葬看风水

算八字 soŋ^{24} pua^{42} za^{24}

算命师傅 soŋ^{24} muɔ̃^{24} sa^{45} ·fu

望相的人 moŋ^{24} ɕioŋ^{24} ·ti ŋ̍^{45}看相的

安神 ŋæ^{45} ɕin^{13}

阴死鬼 in^{45} ɕi^{53} tɕy^{53}死在外面的人

六月六晒龙袍 lia^{42} ȵy^{42} lia^{42} sua^{24} liu^{45} baɔ^{13}农历六月初六，老人要把寿衣拿出来晒一晒，以防起霉

当大事 toŋ^{45} ly^{24} tsa^{24}旧时在灵堂前写上“当大事”三个字①

① 源于《孟子·离娄下》：“养生者不足以当大事，惟送死可以当大事。”明陈继儒《大司马节寰袁公（袁可立）家庙记》：“惟送死可以当大事，长公（袁枢）无愧斯语矣。”

（十六）日常生活

（1）衣

衣i^{45}

着衣裤 tiu^{42} i^{45} kue^{45}穿衣服

解衣裤 ka^{53} i^{45} kue^{45}脱衣服

解履 ka^{53} di^{53}脱鞋

量衣裤 lioŋ^{45} i^{45} kue^{45}量衣服

做衣裤 ʦe^{24} i^{45} kue^{45}做衣服

绞边 ʨiaɔ^{53} pe^{45}缲边

滚边 kuæ^{53} pe^{45}

□履底 pʻei^{53} di^{53} ta^{53}纳鞋底

钉扣子 tuɔ̃^{45} kʻa^{24} ·ʦa

绣花 ɕiu^{24} xua^{45}

敤补巴 kʻua^{53} pu^{53} · po 打补丁

做被絮 ʦe^{24} fa^{53} ɕy^{24}做被子

缝被絮 bæ^{13} fa^{53} ɕy^{24}

食 ʥiu^{24}吃

烧火 saɔ^{45} fa^{53}生火

做饭 ʦe^{24} muɔ̃^{45}

办饭 pæ^{24} muɔ̃^{45}

澡米 ʦaɔ^{53} mie^{53}淘米

发面 xua^{42} mɪ̃^{13}

和面 ue^{13} mɪ̃^{13}

□面 liu^{53} mɪ̃^{13}揉面

选菜 ɕye^{53} ʨʻi^{24}

澡菜 ʦaɔ^{53} ʨʻi^{24}洗菜

做菜 ʦe^{24} ʨʻi^{24}

敤汤 kʻua^{53} tʻoŋ^{45}打汤

饭做好了 muɔ̃^{45} ʦe^{24} xaɔ^{53} ·iaɔ

生饭 suɔ̃^{45} muɔ̃^{45}

食饭了 ʥiu^{24} muɔ̃^{45} ·iaɔ 吃饭了

澡衣裤 ʦaɔ^{53} i^{45} kue^{45}洗衣服

澡头趟 ʦaɔ^{53} ta^{45} tʻoŋ^{24}洗第一次

□ soŋ^{13}用清水漂洗衣服

晒衣裤 sua^{24} i^{45} kue^{45}晒衣服

挂衣裤 kua^{24} i^{45} kue^{45}挂衣服

浆衣裤 ʨioŋ^{45} i^{45} kue^{45}浆衣服

烫衣裤 tʻoŋ^{24} i^{45} kue^{45}烫衣服

（2）食

食零□ ʥiu^{24} luɔ̃^{53} soŋ^{53}吃零食

使箸 sa^{53} tiu^{24}用筷子

肉不□ ȵiu^{42} pa^{42} fei^{53}肉不烂

食不动 ʥiu^{24} ·pu zæ^{24}咬不动

□哒了 kʻo^{24} ·ta ·iaɔ 噎住了

敤噎气 kʻua^{53} i^{42} ʨʻi^{24}打饱嗝

□饱气 kʻo^{53} paɔ^{53} ʨʻi^{24}打饱嗝

胀哒 dioŋ^{13} ·ta 胀了

口不味 kʻa^{53} pa^{42} mɪ̃^{24}口没味

□茶 uɔ̃^{53} ʦʻuæ^{53}喝茶

□酒 uɔ̃^{53} ʨia^{53}喝酒

□烟 uɔ̃^{53} i^{45}吸烟

饿 ŋɯ^{24}

（3）住

宿 ɕiu^{24}住

倒起 taɔ^{24} kʻɯ^{42}起床

澡手 ʦaɔ^{53} ɕiu^{53}洗手

澡面 ʦaɔ^{53} mɪ̃^{24}洗脸

涮口 soŋ^{24} kʻa^{53}漱口

涮牙齿 soŋ^{24} ŋo^{45} ʦʻʅ^{53}刷牙

梳脑 sei^{45} laɔ^{53}梳头

梳辫 sei^{45} pʻie^{45}

装饭 tsoŋ^{45} muɔ̃^{45}

夹菜 ko^{42} tɕʻi^{24}

舀汤 iaɔ^{53} tʻoŋ^{45}

食早饭 dʑiu^{24} tsaɔ^{53} muɔ̃^{45}

　　食朝饭 dʑiu^{24} tiaɔ^{45} muɔ̃^{45}

食晌 dʑiu^{24} soŋ^{53}吃午饭

食黑饭 dʑiu^{24} kʻi^{42} muɔ̃^{45}吃晚饭

歇凉 ɕi^{42} lioŋ^{13}乘凉

炙火 tso^{42} fa^{53}烤火

点亮 tæ^{53} lioŋ^{24}点灯

　　点灯 tæ^{53} tuɔ̃^{45}

歇气 ɕi^{53} tɕʻi^{24}

吹灯 tɕʻy^{45} tuɔ̃^{45}熄灯

敤着 kʻua^{53} tɕʻy^{24}打盹

敤哈歇 kʻua^{53} xo^{45} ɕi^{42}打哈欠

睏 kʻui^{24}睡

摊睏床 tʻuɔ̃^{45} kʻui^{24} zoŋ^{45}铺床

睏□□ kʻui^{24} a^{45} ·ta 躺下

睏着了 kʻui^{24} tɕʻy^{24} ·iaɔ 睡着了

敤□鼾 kʻua^{53} pu^{24} xan^{45}打鼾

睏不着 kʻui^{24} ·pu tɕʻy^{24}睡不着

翻天睏 fæ^{45} tʻe^{45} kʻui^{24}仰着睡

□哒睏 tɕioŋ^{24} ·ta kʻui^{24}侧着睡

趴哒睏 po^{45} ·ta kʻui^{24}趴着睡

扯筋 dza^{53} tɕi^{45}抽筋

做梦 tse^{24} məu^{24}做梦

讲梦字 kæ^{53} məu^{24} za^{24}说梦话

魇梦 ie^{53} məu^{24}梦魇

熬夜 ŋaɔ^{13} zu^{24}

敤辫 kʻua^{53} pʻie^{45}扎辫子

铰手指牯 ko^{53} ɕiu^{53} tsɿ^{53} ·ku 剪手指甲

铰脚趾牯 ko^{53} kɯ^{42} tsɿ^{53} ·ku 剪脚趾甲

挖耳屎 ua^{42} ȵie^{53} sɿ^{53}

澡身个 tsaɔ^{53} se^{45} kɯ^{24}洗澡

抹身个 mo^{42} se^{45} kɯ^{24}擦澡

□尿 zu^{24} ȵiaɔ^{24}小便（动）

解大手 kua^{53} dy^{24} ɕiu^{53}大便（动）

回来 fuɔ̃^{13} zæ^{13}

行街 ɣuɔ̃^{13} kua^{45}

（4）行

做工 tse^{24} kəu^{45}干活

下地 ɣo^{24} li^{24}

上工 tsʻoŋ^{53} kəu^{45}出工

　　tsʻu^{53} kəu^{45}

收工 sa^{45} kəu^{45}

出去 tsʻu^{53} kʻɯ^{24}

回室 fuɔ̃^{13} tɕi^{42}回家

（十七）讼事

敤官司 kʻua^{53} koŋ^{45} sɿ^{45}打官司

告状 kəu^{24} tsʻoŋ^{24}

状子 tsʻoŋ^{24} ·tsa

坐堂 dʑie^{24} doŋ^{13}

问案子 me^{24} ŋ̍^{24} ·tsa 问案

对口 tua^{24} kʻa^{53}对质

室头事 tɕi^{42} ·ta tsa^{24}家务事

　　家头事 ko^{45} ·ta tsa^{24}家务事

服 fu^{13}

不服 pa^{42} fu^{13}

认账 ȵi^{24} tioŋ^{24}招认

捉起 tsua^{42} kʻɯ^{42}

□脑牯 dʑye^{53} laɔ^{53} ·ku 斩首

枪殼 tsʻəu^{45} kʻua^{53}枪毙，枪打

殼屁股 kʻua^{53} pʻi^{24} ku^{53}打屁股

手铐 ɕiu^{53} kʻaɔ^{24}

脚铐 kɯ^{42} kʻaɔ^{24}

绹起 daɔ^{13} kʻɯ^{53}绑起

缚起 fu^{53} kʻɯ^{53}绑起

闭起 pi^{24} kʻɯ^{53}关起

坐牢 dʑie^{24} laɔ^{45}

立个字 li^{42} kɯ^{24} za^{24}

交税 ko^{45} ɕy^{24}

章子tioŋ^{45} ·tsa

tɕioŋ^{45} ·tsa 印章

免官 mie^{53} kue^{45}

（十八）交际

来去 zæ^{13} kʻɯ^{24}来往

望人 moŋ^{24} ŋ̍^{45}去看望人

客人 kʻo^{42} ŋ̍^{45}

请客 tsʻin^{53} kʻo^{42}

男客 luɔ̃^{45} kʻo^{42}

女客 ȵiu^{53} kʻo^{42}

送东西 səu^{24} təu^{45} ɕi^{45}送礼

人情 in^{45} tsin^{45}

做客 tse^{24} kʻo^{42}

对客 tua^{24} kʻo^{42}待客

陪客 bei^{13} kʻo^{42}

送客səu^{24} kʻo^{42}

sei^{24} kʻo^{42}

不送了 pa^{42} səu^{24} ·iaɔ

难为你 luɔ̃^{45} ue^{13} ȵi^{53}谢谢你

倒茶 taɔ^{24} tsʻuæ^{53}

摆酒席 pua^{53} tɕia^{53} ɕi^{13}

一台酒席 i^{13} da^{13} tɕia^{53} ɕi^{13}一桌酒席

请帖 tsʻin^{53} tʻi^{42}

入席 zu^{42} ɕi^{13}

坐席 dʑie^{24} ɕi^{13}就坐

上菜 tsʻoŋ^{53} tɕʻi^{24}

倒酒 taɔ^{24} tɕia^{53}

划拳 xua^{24} dʑye^{13}

劝酒 tɕʻy^{24} tɕia^{53}

一口干 i^{42} kʻa^{53} kʻoŋ^{45}干杯

不和气 pa^{42} ue^{13} tɕʻi^{24}

多口 ti^{45} kʻa^{53}插嘴

摆架子 pua^{53} ko^{24} ·tsa

装哈 tsoŋ^{45} xo^{45}装傻

装癫 tsoŋ^{45} te^{45}装疯

出丑 tsʻu^{42} tɕiu^{53}

巴结 po^{45} tɕi^{42}

行门 ɣuɔ̃^{13} me^{45}

驰人家 tʻua^{45} ŋ̍^{45} ko^{45}串门儿

望得起 moŋ^{24} ·te kʻɯ^{53}看得起

望不起 moŋ^{24} pa^{42} kʻɯ^{53}看不起

殼伙 kʻua^{53} fa^{53}合伙

□□ tu^{42} ɯ^{42}答应

不□□ pa^{42} tu^{42} ɯ^{42}不答应

话不来 ua^{24} ·pu zæ^{13}（与某人）有过节

（十九）商业交通

（1）经商行业

牌子 bua^{13} ·tsa 招牌

开铺子 k'ua^{45} p'u^{24} ·tsɿ 开店

铺面 p'u^{24} mĩ^{24}

摆摊子 po^{53} t'an^{45} ·tsɿ

做生意 tse^{24} suɔ̃^{45} i^{24}

剃脑牯铺 t'a^{24} laɔ^{53} ·ku p'u^{24}

刮胡 kua^{42} ʋu^{13}

肉铺 ȵiu^{42} p'u^{24}

杀猪 ɕia^{42} tiu^{45}

油坊 za^{45} foŋ^{45}

当铺 toŋ^{24} p'u^{24}

布铺 pu^{24} p'u^{24}

粮铺 lioŋ^{45} p'u^{24}

粮店 lioŋ^{45} te^{24}

煤铺 mei^{45} p'u^{24}

煤球 mei^{45} ʥia^{13}

（2）经营、交易

开张 k'ua^{45} ʨioŋ^{45}

开业 k'ua^{45} ȵie^{24}

算账 soŋ^{24} tioŋ^{24}

柜台 ʨ'y^{24} da^{13}

喊价 xuɔ̃^{53} ko^{24}

讲价 kæ^{53} ko^{24}还价

便宜 pie^{13} ȵie^{13}

贵 ʨy^{24}

卖了了 ma^{24} liaɔ^{53} ·iaɔ 卖完了

生意好 suɔ̃^{45} i^{24} xaɔ^{53}

生意不好 suɔ̃^{45} i^{24} pa^{42} xaɔ^{53}

工钱 kəu^{45} ʣæ^{13}

本钱 pæ^{53} ʣæ^{13}

保本 paɔ^{53} pæ^{53}

赚钱 ʨin^{24} ʣæ^{13}

亏本 k'ui^{45} pæ^{53}

□钱 saɔ^{53} ʣæ^{13} 路费

利息 li^{24} ɕi^{13}

命好 muɔ̃^{24} xaɔ^{53}

该账 kua^{45} tioŋ^{24}欠账

欠 ʨ'iɛn^{24}

押金 o^{42} ʨin^{45}

（3）账目、度量衡

开销 k'ua^{45} ɕiaɔ^{45}

收账 sa^{45} tioŋ^{24}

出账 ts'u^{42} tioŋ^{24}

要账 iaɔ^{24} tioŋ^{24}

纳账 la^{24} tioŋ^{24}

发票 fa^{42} p'iaɔ^{24}

收条 sa^{45} tiaɔ^{13}收据

零散钱 luɔ̃^{45} suɔ̃^{24} ʣæ^{13}

钱 ʣæ^{13}

铜板 dæ^{13} poŋ^{53}

花钱 xua^{45} ʣæ^{13}银元

一块钱 i^{42} k'ua^{24} ʣæ^{13}

一角钱 i^{42} kɯ^{42} ʣæ^{13}

一张钱 i^{42} tioŋ^{45} ʣæ^{13}

算盘 soŋ^{24} buɔ̃^{13}

秤ts'uɔ̃^{24}

ts'əu^{24}

秤盘 ts'uɔ̃^{24} buɔ̃^{13}

秤星子 ts'uɔ̃^{24} sin^{45} ·tsɿ

秤杆子 ts'uɔ̃^{24} kan^{53} ·tsɿ

秤钩子 ts'uɔ̃^{24} ka^{45} ·tsɿ

秤锤 ʦʻuõ^{24} tʻiu^{45}
秤尾 ʦʻuõ^{24} mæ^{53}
刮板 kua^{42} poŋ^{53}

（4）交通

铁□ tʻa^{42} saɔ^{53}铁路
铁轨 tʻa^{42} kui^{53}
马□ mo^{53} saɔ^{53}公路
汽车 ʨʻi^{24} ʦʻo^{45}
车子 ʦʻo^{45} ·ʦa
客车 kʻo^{42} ʦʻo^{45}
货车 xɯ^{24} ʦʻo^{45}
单车 tuõ^{45} ʦʻo^{45}
大车 ly^{24} ʦʻo^{45}
船 zuæ^{13}
帆 fæ^{45}

（二十）文化教育

学堂 ɕio^{13} doŋ^{13}
学校 ɣo^{13} doŋ^{13}
上学 ʦʻoŋ^{53} ɕio^{13}
　　ʦʻoŋ^{53} ɣo^{13}
放学foŋ^{24} ɕio^{13}
　　foŋ^{24}ɣo^{13}
书钱 ʨiu^{45} ʥæ^{13}学费
放假 foŋ^{24} ko^{53}
请假 ʦʻin^{53} ko^{53}
上课 ʦʻoŋ^{53} kʻo^{24}
下课 ɣo^{24} kʻo^{24}
黑板 kʻi^{42} poŋ^{53}
粉笔 pæ^{53} pa^{42}
刷子 sua^{45} ·ʦa
名单 min^{45} tuõ^{45}
尺 ʦʻo^{42}
本子 pæ^{53} ·ʦa
课本 kʻo^{24} pæ^{53}
铅笔 ye^{13} pa^{42}
擦子 ʦʻo^{42} ·ʦa 橡皮擦
铅笔刀 ye^{13} pa^{42} taɔ^{45}
三角板 so^{45} kɯ^{42} poŋ^{53}
作文本 ʦo^{42} ui^{13} pæ^{53}
大字本 ly^{24} za^{24} pæ^{53}
毛笔 maɔ^{45} pa^{42}
笔帽 pa^{42} maɔ^{24}
笔筒 pa^{42} dəu^{13}
墨盘 me^{42} buõ^{13}砚台
墨盒子 me^{42} xa^{13} ·ʦa 墨水瓶
墨水 me^{42} ʦu^{53}
掭笔 tʻuõ^{13} pa^{42}
钢笔水 kaŋ^{45} pa^{42} ʦu^{53}
书包 ʨiu^{45} paɔ^{45}
读书 lu^{24} ʨiu^{45}
认字 ȵi^{24} za^{24}
读书人 lu^{24} ʨiu^{45} ŋ̍^{45}
认字的 ȵi^{24} za^{24} ti
不认字的 pa^{42} ȵi^{24} za^{24} ·ti
温书 ui^{45} ʨiu^{45}复习
背书 pa^{24} ʨiu^{45}
报考 paɔ^{24} kʻaɔ^{53}
考场 kʻaɔ^{53} dioŋ^{13}
考试 kʻaɔ^{53} sɿ^{24}
卷子 ʨye^{24} ·ʦa

满分 moŋ^{53} fe^{45}
鸡□ ka^{45} koŋ^{45}零分（像鸡蛋）
头名 ta^{45} me^{45}第一名
尾名 mæ^{53} me^{45}末名
毕业 pi^{42} ȵie^{24}
歇了 ɕi^{42} ·iaɔ 肄业
写字 ɕio^{53} za^{24}
大楷子 ly^{24} k‘e^{53} ·ʦa
帖 t‘a^{42}
模子 mo^{45} ·ʦa
抹了 mo^{42} ·iaɔ 涂了
写白字 ɕio^{53} p‘o^{45} za^{24}写错字
写倒字 ɕio^{53} taɔ^{24} za^{24} 不注意笔顺地写字
掉字 liaɔ^{24} za^{24}
草稿纸 ʦ‘aɔ^{53} kaɔ^{53} ʦe^{53}
抄一到 ʦ‘aɔ^{45} i^{42} taɔ^{24}抄一次
一点 i^{42} tæ^{53}
一横 i^{42} uæ^{13}
一竖 i^{42} ʦu^{53}
一提 i^{42} t‘ia^{53}
一勾 i^{42} ka^{45}
一画 i^{42} xua^{24}

（二十一）文体活动

哈xua^{24}玩
把戏 po^{53} ɕi^{24}游戏
风筝 fɯ^{45} ʦəu^{45}
□□□ʨ‘io^{13} ki^{53} ·li 捉迷藏
划拳 xua^{24} ʥye^{13}
出谜子 ʦ‘u^{53} mĩ^{24} ·ʦa
猜谜 ʦ‘ua^{45} mĩ^{24}
麻将 mo^{45} ʨioŋ^{24}
掉色子 liaɔ^{24} sa^{42} ·ʦa 掷骰子
压宝 o^{42} paɔ^{53}
炮子 p‘aɔ^{24} ·ʦa 爆竹
□炮 ȵia^{13} p‘aɔ^{24}小鞭炮
放炮子 foŋ^{24} p‘aɔ^{24} ·ʦa
烟火 i^{45} fa^{53}
放烟火 foŋ^{24} i^{45} fa^{53}
放花炮 foŋ^{24} xua^{45} p‘aɔ^{24}
象棋 ɕioŋ^{24} ʥi^{13}
下棋 ɣo^{24} ʥi^{13}
将 ʨioŋ^{24}
帅 sua^{24}
士 sɿ^{24}
相/象 ɕioŋ^{24}
马 mo^{53}
车 tiu^{45}
炮 p‘aɔ^{24}
军 ʨyi^{45}
兵 pĩ^{45}
卒子 ʦu^{42} ·ʦa
将军 ʨioŋ^{45} ʨyi^{45}
围棋 y^{13} ʥi^{13}
黑子 k‘i^{42} ·ʦa
白子 p‘o^{45} ·ʦa
和棋 ue^{13} ʥi^{13}
跳马 daɔ^{24} mo^{53}
澡身个 ʦaɔ^{53} se^{45} kɯ^{24}去池塘等地游泳

浮□baɔ^{13} duõ^{24}游泳
敨水 k'ua^{53} tsu^{53}潜水
敨球 k'ua^{53} dʑiu^{13}打球
乒乓球 p'ĩ^{45} p'aŋ^{45} dʑiu^{13}
篮球 luõ^{45} dʑiu^{13}
排球 bua^{13} dʑiu^{13}
跳远 daɔ^{24} uæ^{53}
跳高 daɔ^{24} kaɔ^{45}
敨筋斗 k'ua^{53} tɕi^{45} təu^{53}翻跟斗
敨倒□子 k'ua^{53} taɔ^{24} tɕi^{53} ·tsa 倒立
舞狮子 ʋu^{53} sa^{45} ·tsa
□高脚 zo^{13} kaɔ^{45} kɯ^{42}踩高跷
对刀 tua^{24} taɔ^{45}
舞刀 ʋu^{53} taɔ^{45}
耍枪 so^{53} ts'əu^{45}
对枪 tua^{24} ts'əu^{45}
敨腰鼓 k'ua^{53} iaɔ^{45} ku^{53}
跳舞 daɔ^{24} ʋu^{53}
树脑牯戏 tsa^{24} laɔ^{53} ·ku ɕi^{24}木偶戏
大戏 ly^{24} ɕi^{24}舞台戏
戏台 ɕi^{24} da^{13}
讲书 kæ^{53} tɕiu^{45}说书
角 kɯ^{42}
老生 laɔ^{53} sin^{45}
□生 ȵia^{13} sin^{45}小生
武生 ʋu^{53} sin^{45}
丑角 tɕiu^{53} kɯ^{42}
老旦 laɔ^{53} tuõ^{24}
青衣 ts'in^{45} i^{45}
花旦 xua^{45} tuõ^{24}
□旦 ȵia^{13} tuõ^{24}
开头的 k'ua^{45} ta^{45} ·ti 跑龙套的
六子棋 lia^{42} ·tsa dʑi^{13}当地一种游戏
竹子牌 tɕiu^{42} ·tsa bua^{13}骨牌

（二十二）动作

站za^{24}
□do^{24}蹲
跌了 ta^{42} ·iaɔ 跌倒
□起 lu^{24} k'ɯ^{53}爬起来
□脑牯 liaɔ^{24} laɔ^{53} ·ku 摇头
点脑牯 tæ^{53} laɔ^{53} ·ku 点头
　抬脑牯 da^{13} laɔ^{53} ·ku 抬头
　□脑牯 fæ^{24} laɔ^{53} ·ku 抬头
勾脑牯 ka^{45} laɔ^{53} ·ku 低头
转□头 dʑy^{24} ŋ̍^{13} ta^{45}转头
□dʑia^{13}脸转过去
开眼珠 k'ua^{45} ŋæ^{53} tɕiu^{45}睁眼
鼓起眼珠 ku^{53} k'ɯ^{53} ŋæ^{53} tɕiu^{45}瞪眼
闭眼珠 pi^{24} ŋæ^{53} tɕiu^{45}
碰到 p'æ^{24} taɔ^{24}
撞到 ts'oŋ^{53} taɔ^{24}遇见
望 moŋ^{24}看
□ mĩ^{42}听
眼珠敨转转 ŋæ^{53} tɕiu^{45} k'ua^{53} dʑy^{24} ·dʑy
流眼□dʑiu^{13} ŋæ^{53} kɯ^{45}流眼泪
开口 k'ua^{45} k'a^{53}
丫口 ŋo^{45} k'a^{53}张嘴
闭起嘴巴 pi^{24} k'ɯ^{53} tɕy^{53} po^{45}
翘起嘴巴 tɕ'iaɔ^{24} k'ɯ^{53} tɕy^{53} po^{45}
举手 tɕy^{53} ɕiu^{53}
放开手 foŋ^{24} k'ua^{45} ɕiu^{53}

松手 səu^{45} ɕiu^{53}

摆手 pua^{53} ɕiu^{53}

摇手 iaɔ^{13} ɕiu^{53}

抻手 t'i^{45} ɕiu^{53}伸手

动手 zæ^{24} ɕiu^{53}

拍手 p'o^{42} ɕiu^{53}

背手 pei^{24} ɕiu^{53}

反手 fæ^{53} ɕiu^{53}

撑手 ʦ'oŋ^{45} ɕiu^{53}叉着手

笼手 ləu^{45} ɕiu^{53}把手交叉放入衣袖

抱起手 baɔ^{24} k'ɯ^{53} ɕiu^{53}

捂起口 u^{53} k'ɯ^{53} k'a^{53}捂着嘴巴

摸 me^{45}

搊尿 ʦ'ua^{45} ȵiaɔ^{24}

搊屎 ʦ'ua^{45} sʅ^{53}

□ʥe^{24}搀（扶）

撑哒 ʦ'oŋ^{45} ·ta 撑着

捏拳头 ȵie^{24} ʥye^{13} · ta

跺脚 tia^{53} kɯ^{42}

踮脚 tæ^{45} kɯ^{42}

勾脚 ka^{45} kɯ^{42}

踢脚 t'ia^{42} kɯ^{42}

勾腰 ka^{45} iaɔ^{45}

撑腰 ʦ'oŋ^{45} iaɔ^{45}

翘屁股 ʨ'iaɔ^{24} p'i^{24} ku^{53}

抻腰 t'i^{45} iaɔ^{45}伸腰

捶背 tiu^{13} pei^{24}

□鼻 xəu^{53} bi^{13}擤鼻涕

敤喷□ k'ua^{53} p'e^{24} ʨ'io^{53}打喷嚏

□ʨ'ioŋ^{45}嗅

啼 die^{13}哭

撂 liaɔ^{24}

话 ua^{24}讲

驰 t'ua^{45}走

行 ɣuõ^{13}慢走

放 foŋ^{24}

收 sa^{45}

拾 ʦ'ʅ^{53}收拾

选 ɕye^{53}

提 t'ia^{53}

摘 ti^{42}

栽树 ʦua^{45} ʦa^{24}

□树 ʥye^{53} ʦa^{24}　砍树

□aɔ^{53}掰

拾到起 ʦ'ʅ^{53} taɔ^{24} k'ɯ^{53}拾起来

擦 ʦ'o^{42}

抹 mo^{42}

丢 liu^{45}

忘 mɯ^{24}

寻 lye^{45}

□ʨ'io^{13}人躲藏起来

码 mo^{53}

□起 ʨ'ye^{13} k'ɯ^{53}把东西码起来

讲白字 kæ^{53} p'o^{45} za^{24}聊天

不做声 pa^{42} ʦe^{24} se^{45}

不要紧 pa^{42} iaɔ^{24} ʨie^{53}没关系

哈 xua^{24}玩

晓得 ɕiaɔ^{53} ·te 知道

□了 xæ^{45} ·iaɔ 会了

认得倒 ȵi^{24} ·te taɔ^{24}认识

认不得 ȵi^{24} ·pu te^{24}不认识

认字 ȵi^{24} za^{24}

想 ɕioŋ^{53}

估想 ku^{45} ɕioŋ^{53}估计

想主意 ɕioŋ^{53} ʦu^{53} i^{24}
猜 ʦʻua^{45}
信 ɕi^{24}
不信 pa^{42} ɕi^{24}
敤不清主意 kʻua^{53} pu^{42} ʦʻin^{45} ʦu^{53} i^{24}犹豫
敤主意 kʻua^{53} ʦu^{53} i^{24}打主意
守哒 ʨiu^{53} ·ta 留意
惧 ʨʻy^{53}害怕
吓到 ɣo^{42} taɔ^{24}
急 kɯ^{42}
放心 foŋ^{24} ɕi^{45}
巴不得 pa^{45} ·pu · te
□到 ɯ^{42} taɔ^{24}记得
想起 ɕioŋ^{53} kʻɯ^{53}
红眼珠 ɣæ^{13} ŋæ^{53} ʨiu^{45}嫉妒
不欢喜 pa^{42} xoŋ^{45} kʻɯ^{53}
恨 xe^{24}
偏心 pʻi^{45} ɕi^{45}
发气 xua^{42} ʨʻi^{24}生气
□火 ȵia^{24} fa^{53}生气
怄气 a^{24} ʨʻi^{24}
喜欢 ɕi^{53} xoŋ^{45}
难为 luɔ̃^{45} ue^{13}感谢
惯势 kuɔ̃^{24} sɿ^{24}惯坏
顺 zui^{24}迁就
哄 xəu^{53}骗
□嘴巴 te^{24} ʨy^{53} pa^{45}顶嘴
回口 fuɔ̃^{13} kʻa^{53}回嘴
□□ɕi^{13} laɔ^{45}吵架
□人 ɕie^{53} ŋ̍^{45}骂人
纳□ la^{24} ɕie^{53}挨骂
喊 xuɔ̃^{53}
□ʦin^{24}（树）结（果子）
敤隻包 kʻua^{53} to^{42} paɔ^{45}（绳子）打个结
敤油 kʻua^{53} za^{45}谑语，指小孩要哭了，像打油一样出油了

（二十三）位置

村□头 ʦʻui^{45} ȵioŋ^{45} ·ta 村里面
高□kaɔ^{45} loŋ^{53}上面
高头边 kaɔ^{45} ta^{45} pe^{45}上面
底下 ta^{53} xa^{24}下面
地头 tʻie^{53} ta^{45}地面
天头 tʻe^{45} ta^{45}天上
山头 se^{45} ta^{45}山上
□头 saɔ^{53} ta^{45}路上
街头 kua^{45} ta^{45}街上
墙头 ʥioŋ^{13} ta^{45}
门头 me^{45} ta^{45}门上
台高头 da^{13} kaɔ^{45} ta^{45}桌上
椅子高头 i^{53} ·ʦɿ kaɔ^{45} ta^{45}椅子上
边头 pʻĩ^{45} ta^{45}
□头 ȵioŋ^{45} ta^{45}里面
门□me^{45} ʦe^{45}外面
手□头 ɕiu^{53} ȵioŋ^{45} ta^{45}手里
手头 ɕiu^{53} ta^{45}
心□头 ɕi^{45} ȵioŋ^{45} ta^{45}心里
水□头 ʦu^{53} ȵioŋ^{45} ta^{45}水里
乡□头 ɕioŋ^{45} ȵioŋ^{45} ta^{45}
村□头 ʦʻui^{45} ȵioŋ^{45} ta^{45}乡里

镇□头 tsin²⁴ ȵioŋ⁴⁵ ta⁴⁵镇里

大门口 ly²⁴ me⁴⁵ k'a⁵³

墙外□dʑioŋ¹³ me⁴⁵ tse⁴⁵墙外

格子 ke²⁴ ·tsa 窗户

车头 ts'o⁴⁵ ta⁴⁵车上

车门□ts'o⁴⁵ me⁴⁵ tse⁴⁵车外

□□pa²⁴ k'a⁴²

　前头 tɕie¹³ ·ta 前面

□□pa²⁴ k'a⁵³前边

尾头 mæ⁵³ ·ta 后边

山前头 se⁴⁵ tɕie¹³ ·ta 山前

山尾头 se⁴⁵ mæ⁵³ ·ta 山后

东面 təu⁴⁵ mĩ²⁴

西面 ɕi⁴⁵ mĩ²⁴

南面 luɔ̃⁴⁵ mĩ²⁴

北面 p'o⁴² mĩ²⁴

当中 toŋ⁴⁵ tio⁴⁵中间

睏床底下 k'ui²⁴ zoŋ⁴⁵ ta⁵³ xa²⁴床底下

楼脚底下 la⁴⁵ kɯ⁴² ta⁵³ xa²⁴楼下

脚底下 kɯ⁴² ta⁵³ xa²⁴脚下

碗底下 ŋ̍⁵³ ta⁵³ xa²⁴

铛底下 ts'uɔ̃⁴⁵ ta⁵³ xa²⁴锅底下

□面 tso⁵³ mĩ²⁴两面

一边 i⁴² p'ĩ⁴⁵

左面 tɕy⁵³ mĩ²⁴

右面 za⁵³ mĩ²⁴

行□头 ɣuɔ̃¹³ ȵioŋ⁴⁵ ·ta 往里走

（二十四）代词等

吾u⁵³我

你 ȵi⁵³

渠 ʑi¹³他/她/它

　□zaŋ²⁴他/她/它

□倔 ɣa²⁴ ŋa⁵³我们

你倔 ȵi⁵³ ŋa⁵³你们

□倔 zaŋ²⁴ ŋa⁵³他（她/它）们

你老□□ ȵi⁵³ laɔ⁵³ pu⁵³ t'oŋ⁴⁵你老人家

□老□□zaŋ²⁴ laɔ⁵³ pu⁵³ t'oŋ⁴⁵他老人家

吾的 u⁵³ ·ti 我的

□倔人的 zaŋ²⁴ ŋa⁵³ ŋ̍⁴⁵ ·ti 别人的

□家 zei¹³ ko⁴⁵大家

一□i¹³ saɔ⁵³一路，一起

□个 e²⁴ kɯ²⁴谁

□个 li⁴⁵ kɯ²⁴哪个

　□□li⁴⁵ ka⁵³

□□e²⁴ t'o⁴⁵这个

□□ ŋ̍²⁴ t'o⁴⁵那个

□□□e²⁴ ko¹³ ·li 这些

　□□e²⁴ k'ua⁵³

□□□ŋ̍²⁴ ko¹³ ·li 那些

□个 sei⁵³ kɯ²⁴哪些

□□e²⁴ la⁵³这里

□□e²⁴ ta⁵³这儿

□□ŋ̍²⁴ la⁵³那里

□□ŋ̍²⁴ ta⁵³那儿

□□ta²⁴ la⁵³哪里

□么高 e²⁴ me⁴⁵ kaɔ⁴⁵这么高

□么高 ŋ̍²⁴ me⁴⁵ kaɔ⁴⁵那么高

么□做 me⁴⁵ tɕi⁵³ tse²⁴怎么做

什□ɕie^{24} ka^{45}什么

么□□me^{45} tɕi^{53} te^{13}为什么

好多 xaɔ^{53} ti^{45}多少

好久 xaɔ^{53} tɕia^{53}

□□ta^{13} i^{53}哪一天

□㑌□□ɣa^{24} ŋa^{53} tso^{53} to^{24}我们两个

你㑌□□ȵi^{53} ŋa^{53} tso^{53} to^{24}你们俩

渠㑌□□ ʑi^{13} ŋa^{53} tso^{53} to^{24}他们俩

□口子 tso^{53} k'a^{53} ·tsɿ 夫妻俩

□娘子 tso^{53} ȵioŋ^{45} ·tsɿ 娘儿俩

□□□ tso^{53} tɕi^{45} pu^{45}爷儿俩

□□□孙 tso^{53} a^{45} pu^{45} sui^{45}爷孙俩

□姊□tso^{53} tɕi^{53} xo^{45}妯娌俩

□娘□ tso^{53} ȵioŋ^{45} ·tsɿ 婆媳俩

□兄□ tso^{53} foŋ^{45} xa^{53}兄弟俩

娘头 ȵioŋ^{45} ta^{45}娘家

家母室 ko^{45} mu^{53} tɕi^{42}姥姥家

亲爹室 tɕ'i^{45} tia^{45} tɕi^{42}岳丈家

百多人 po^{53} ti^{45} ŋ̍^{45}

（二十五）形容词

苦k'u^{53}

甘 kuɔ̃^{45}甜

好 xaɔ^{53}

不错 pa^{42} tɕ'y^{24}

差不多 ts'o^{45} pu^{42} ti^{45}

不□□好 pa^{42} se^{45} kɯ^{42} xaɔ^{53}不怎么好

善 ts'æ^{53}善良

坏 xua^{24}

差 ts'o^{45}

乖 kua^{45}

体面 t'i^{53} mie^{24}漂亮

丑 tɕiu^{53}

要紧 iaɔ^{24} tɕie^{53}

当紧 toŋ^{45} tɕie^{53}要紧

闹热 laɔ^{24} dzu^{24}热闹

扎实 tsua^{13} sɿ^{45}结实

硬 ŋuɔ̃^{24}

梆硬 poŋ^{45} ŋuɔ̃^{24}很硬

□bi^{13}软；稀

□□ la^{45} bi^{13}很软

干爽 koŋ^{45} soŋ^{53}干净

□□p'a^{24} la^{53}脏

□□o^{45} tso^{45}脏

□光 lin^{53} koŋ^{45}

淡 doŋ^{24}

精淡 tsin^{45} doŋ^{24}

香 tɕ'ioŋ^{45}

□香 fei^{45} tɕ'ioŋ^{45}很香

臭 ts'əu^{24}

□臭 fei^{45} ts'əu^{24} 很臭

□tɕiu^{24}酸

□□tsin^{53} tɕiu^{24}很酸

蛮深 muɔ̃^{13} se^{45}很深

咸 dʑie^{13}

很咸 xe^{53} dʑie^{13}

清甘 ts'in^{45} kuɔ̃^{45}很甜

□苦 fei^{45} k'u^{53}很苦

辣 lo^{42}

干 k'oŋ^{45}

稀 ɕi^{45}

焦干 tɕiaɔ^{45} k‘oŋ^{45}

焦湿 tɕiaɔ^{45} dʑi^{24}

□稀 ləu^{45} ɕi^{45}很稀

密 me^{42}

肥 fi^{13}

瘦 ɕiu^{24}

□瘦 la^{45} ɕiu^{24}很瘦

精肉 tsin^{45} ȵiu^{42}瘦肉

难过 luɔ̃^{45} ko^{24}难受

乖 kuæ^{45}

调皮 taɔ^{13} fa^{13}

不行 pa^{42} ɕin^{13}

缺德 tɕ‘y^{42} ta^{42}

巧 tɕ‘iaɔ^{53}

□量 ɕie^{13} lioŋ^{24}小气

大量 ly^{24} lioŋ^{24}大方

圞 luæ^{13}圆

一身 i^{42} se^{45}全身

冻 təu^{24}凉快

好齐 xaɔ^{53} tɕie^{13}整齐

顺心 zui^{24} ɕi^{45}

来晏了 zæ^{13} ŋ̍^{13} ·iaɔ 来晚了

多 ti^{45}

少 tsaɔ^{53}

□ȵia^{13}小

长 dioŋ^{13}

□tɕ‘ia^{53}短

阔 k‘ɯ^{42}宽

狭 ɣo^{13}窄

厚 ɣa^{24}

薄 bɯ^{13}

深 se^{45}

浅 ts‘æ^{53}

高 kaɔ^{45}

矮 o^{53}

快 k‘ua^{24}

缓 xuɔ̃^{53}慢

正 tsin^{24}（与“歪”相对）

直 t‘iu^{45}

偏 p‘i^{45}

红 ɣæ^{13}

深红 se^{45} ɣæ^{13}

浅红 ts‘æ^{53} ɣæ^{13}

蓝 luɔ̃^{45}

绿 lia^{42}

白 p‘o^{45}

灰 xi^{45}

黄 ŋ̍^{13}

青 ts‘in^{45}

紫 tɕie^{53}

黑 k‘i^{42}

（二十六）副词、介词等

也a^{53}

才 zæ^{13}

□刚 ŋæ^{13} tɕioŋ^{45}刚好

只 tsɿ^{53}

□to^{45}都

有点点 ua^{53} tæ^{53} ·tæ

可能 k‘o^{53} lin^{45}

差一点点 ts‘o^{45} i^{42} tæ^{53} ·tæ

不……不 pa^{42}…… pa^{42}

就 ʨiu^{53}

□早 do^{13} ʦaɔ^{53}趁早

不论早晏 pu^{42} lui^{24} ʦaɔ^{53} ŋ̍^{24} 不管早晚

搭帮 ta^{13} poŋ^{45}

望哒 moŋ^{24} ·ta 眼看

当面 toŋ^{45} mĩ^{24}

背□头 pei^{24} bi^{13} ta^{45}背地

一□人 i^{13} to^{53} ŋ̍^{45}一个人

□哒来 du^{53} ·ta zæ^{13}顺便

特意 tʻe^{24} i^{24}特地

到底 taɔ^{24} ti^{53}

真 ʦe^{45}

四十边头 ɕi^{24} ʦʻɿ^{53} pe^{45} ·ta 四十左右

莫 mo^{42}别

缓缓行 xuõ^{53} xuõ^{53} ɣuõ^{13}慢慢行

白 pʻo^{45}

硬要 ŋuõ^{24} iaɔ^{24}

先 ɕi^{45}

你行先 ȵi^{53} ɣuõ^{13} ɕi^{45}你先走

着 tʻiu^{42}被

跟 ki^{45}

把 po^{53}

对 tua^{24}

到 taɔ^{24}

打 ta^{53}~哪儿来

使 sa^{53}

替 tʻi^{24}

得我 te^{24} u^{53}给我

□□ŋ̍^{13} ȵia^{13}从小

赶 koŋ^{53}

追逐 ʦʻəu^{24}

（二十七）量词

把po^{53}一~椅子（枪、米、笔、香、脑毛、伞）

块 kʻua^{24}一~肥皂（砖、板子、肉）

本 pæ^{53}一~书

笔 pa^{42}一~钱

匹 fa^{42}一~马

头 ta^{45}一~牛

封 fɯ^{45}一~信

服 fu^{13}一~药

□ʨy^{24}一~花一束花

隻 to^{42}一~人、事

顶 to^{53}/tæ^{53}一~帽子

顿 tui^{24}一~饭

支 ʦei^{45}一~笔

□ʥæ^{13}一~手一只手

双 soŋ^{45}一~手

盏 ʦuõ^{53}一~灯

张 tioŋ^{45}一~纸

台 da^{13}一~菜一桌菜

场 tioŋ^{13}一场雨

床 zoŋ^{45}一~被

身 se^{45}一~衣裤一身衣服

根 ki^{45}一~烟

□kʻa^{53}一~字一句话

件 ʨʻie^{53}一~衣

□iaɔ^{45}一~衣裤一套衣服

□$_{路}$ saɔ^{53}一～车

□$_{页}$ zin^{13}一～书

面 mĩ^{24}一～旗

层 dzuɔ̃^{13}一～纸

盘 buɔ̃^{13}一～炮

刀 taɔ^{45}一～纸

沓 t‘o^{42}一～钱

桶 t‘əu^{53}一～水

碗 ŋ̍^{53}一～饭

卷 tɕye^{53}一～纸

捆 k‘ui^{53}一～薪稿一捆柴

担 tuɔ̃^{24}一～水

挂 kua^{24}一～炮杖

双 soŋ^{45}一～鞋子

对 tua^{24}一～手圈

套 t‘aɔ^{24}一～书

团 tui^{13}一～线

串 ts‘ui^{24}一～钥匙

拃 ts‘o^{45}一～：大拇指与中指张开的长度

掐 k‘a^{42}一～：大拇指与中指相拢能拿住的量

庹 p‘a^{53}一～：两臂平伸两手伸直的长度

食一顿 dʑiu^{24} i^{42} tui^{24}吃一顿

行一趟 ɣuɔ̃^{13} i^{42} t‘oŋ^{24}走一趟

敤一口 k‘ua^{53} i^{42} kua^{53}打一下

望一眼 moŋ^{24} i^{42} ŋæ^{53}看一眼

食一口 dʑiu^{24} i^{42} k‘a^{53}吃一口

话一阵字 ua^{24} i^{42} tɕ‘ie^{53} za^{24}说一会儿话

见一面 kĩ^{24} i^{42} mĩ^{24}

扇 se^{24}一～格子一扇窗户

一班车 i^{42} puɔ̃^{45} ts‘o^{45}

一堆雪 i^{42} tua^{45} ɕy^{42}

写一手好字 ɕio^{53} i^{42} ɕiu^{53} xaɔ^{53} za^{24}

请一台客 ts‘in^{53} i^{42} da^{13} k‘o^{42}　请一桌客

一阵子 i^{42} tɕ‘ie^{53} ·tsɿ

唱一台戏 ts‘oŋ^{24} i^{42} da^{13} ɕi^{24}

一点雨 i^{42} tæ^{53} ua^{53}

一箱子衣裤 i^{42} ɕioŋ^{45} ·tsa i^{45} kue^{45}

一架子书 i^{42} ko^{24} ·tsa tɕiu^{45}

一柜书 i^{42} tɕ‘y^{24} tɕiu^{45}

一屉箱书 i^{42} t‘i^{24} ɕioŋ^{45} tɕiu^{45}　一抽屉书

一篮子 i^{42} luɔ̃^{45} ·tsa

一炉子灰 i^{42} lu^{45} ·tsa xi^{45}

一袋 i^{42} tua^{24}

一池 i^{42} tsɿ^{13}

一瓶 i^{42} bin^{13}/bæ^{13}

一甑 i^{42} tsin^{24}

一盆水 i^{42} bæ^{13} tsu^{53}

一壶 i^{42} fu^{13}

一铛饭 i^{42} ts‘uɔ̃^{45} muɔ̃^{45}一锅饭

一爵 i^{42} dʑy^{13}一勺

（二十八）数词等

初一 ts‘e^{45} i^{42}

初二 ts‘e^{45} ŋ̍^{24}

初三 ts‘e^{45} soŋ^{45}

初四 ts‘e^{45} ɕi^{24}

初五 ts‘e^{45} ŋ̍^{53}

初六 ts‘e^{45} lia^{42}

初七 ts‘e^{45} tɕ‘i^{42}

初八 ts‘e^{45} pua^{42}

初九 ts‘e^{45} tɕia^{53}

初十 ts‘e^{45} ts‘ɿ^{53}

大哥 ly^{24} ko^{45}

□哥 ȵia^{13} ko^{45}小哥

三哥 soŋ^{45} ko^{45}

一条 i^{42} laɔ^{13}一个

□条 tso^{53} laɔ^{13}二个

三条 so^{45} laɔ^{13}三个

四条 ɕi^{24} laɔ^{13}四个

五条 ŋ̍^{53} laɔ^{13}五个

六条 lia^{42} laɔ^{13}六个

七条 tɕ‘i^{42} laɔ^{13}七个

八条 pua^{42} laɔ^{13}八个

九条 tɕia^{53} laɔ^{13}九个

十条 ts‘ɿ^{53} laɔ^{13}十个

头名 ta^{45} me^{45}第一名

第二名 ti^{24} ŋ̍^{24} me^{45}

一 i^{42}

二 tso^{53}/ŋ̍^{24}

三 soŋ^{45}/so^{45}

四 ɕi^{24}

五 ŋ̍^{53}

六 lia^{42}

七 tɕ‘i^{42}

八 pua^{42}

九 tɕia^{53}

十 ts‘ɿ^{53}

十一 ts‘ɿ^{53} i^{42}

十二 ts‘ɿ^{53} ŋ̍^{24}

十三 ts‘ɿ^{53} soŋ^{45}

二十 ŋ̍^{24} ts‘ɿ^{53}

二十一 ŋ̍^{24} ts‘ɿ^{53} i^{42}

二十二 ŋ̍^{24} ts‘ɿ^{53} ŋ̍^{24}

三十 soŋ^{45} ts‘ɿ^{53}

三十一 soŋ^{45} ts‘ɿ^{53} i^{42}

四十 ɕi^{24} ts‘ɿ^{53}

四十一 ɕi^{24} ts‘ɿ^{53} i^{42}

五十 ŋ̍^{53} ts‘ɿ^{53}

五十一 ŋ̍^{53} ts‘ɿ^{53} i^{42}

六十 lia^{42} ts‘ɿ^{53}

六十一 lia^{42} ts‘ɿ^{53} i^{42}

七十 tɕ‘i^{42} ts‘ɿ^{53}

七十一 tɕ‘i^{42} ts‘ɿ^{53} i^{42}

八十 pua^{42} ts‘ɿ^{53}

八十一 pua^{42} ts‘ɿ^{53} i^{42}

九十 tɕia^{53} ts‘ɿ^{53}

九十一 tɕia^{53} ts‘ɿ^{53} i^{42}

一百 i^{42} po^{42}

一千 i^{42} ts‘e^{45}

一百一十 i^{42} po^{42} i^{13} ts‘ɿ^{53}

一百一十一 i^{42} po^{42} i^{42} ts‘ɿ^{53} i^{42}

一百二 i^{42} po^{42} ŋ̍^{24}

一百三 i^{42} po^{42} soŋ^{45}

一百四 i^{42} po^{42} ɕi^{24}

一百五 i^{42} po^{42} ŋ̍^{53}

二百 ŋ̍^{24} po^{42}

二百五 ŋ̍^{24} po^{42} ŋ̍^{53}

三百 soŋ^{45} po^{42}

三百一 soŋ^{45} po^{42} i^{42}

三百二 soŋ^{45} po^{42} ŋ̍^{24}

三百三 soŋ^{45} po^{42} soŋ^{45}

三百六 soŋ^{45} po^{42} lia^{42}

三百八 soŋ^{45} po^{42} pua^{42}

一千一百 i^{42} tsʻe^{45} i^{42} po^{42}

一千九 i^{42} tsʻe^{45} tɕia^{53}

二千 ŋ̍^{24} tsʻe^{45}

三千 soŋ^{45} tsʻe^{45}

三千三百三 soŋ^{45}tsʻe^{45} soŋ^{45} po^{42} soŋ^{45}

四千 ɕi^{24} tsʻe^{45}

五千 ŋ̍^{53} tsʻe^{45}

八千 po^{42} tsʻe^{45}

一万 i^{42} me^{24}

一万二 i^{42} me^{24} ŋ̍^{24}

一万二千 i^{42} me^{24} ŋ̍^{24} tsʻe^{45}

二万五千 ŋ̍^{24} me^{24} ŋ̍^{53} tsʻe^{45}

零 luɔ̃^{45}

□斤 tso^{53} tɕi^{45}两千

二两 ŋ̍^{24} lioŋ^{53}

□分 tso^{53} fe^{45}两分

□厘 tso^{53} li^{13}两厘

□丈 tso^{53} tʻioŋ^{53}两丈

□尺 tso^{53} tsʻo^{42}两尺

□里 tso^{53} li^{53}两里

□担 tso^{53} tuɔ̃^{24}两担

□斗 tso^{53} ta^{53}两斗

二升 ŋ̍^{24} tsuɔ̃^{45}

□升 tso^{53} tsuɔ̃^{45}两升

□亩 tso^{53} məu^{53}两亩

几隻/条 tɕi^{53} to^{42}/laɔ^{13}几个

好几隻 xaɔ^{53} tɕi^{53} to^{42}/laɔ^{13}好几个

好一点 xaɔ^{53} i^{42} tæ^{53}

大一点 ly^{24} i^{42} tæ^{53}

十多条 tsʻɿ^{53} ti^{45} laɔ^{13}一多个

一百多条 i^{42} po^{42} ti^{45} laɔ^{13}一百多个

十来条 tsʻɿ^{53} læ^{13} laɔ^{13}十来个

千把条 tsʻe^{45} po^{53} laɔ^{13}千把个

百把条 po^{42} po^{53} laɔ^{13}百把个

半条 poŋ^{24} laɔ^{13}半个

一半 i^{42} poŋ^{24}

多半 ti^{45} poŋ^{24}

□半 tso^{53} poŋ^{24}两半

大半 ly^{24} poŋ^{24}

一条半 i^{42} laɔ^{13} poŋ^{24}一个半

第四章　巡头乡话语法

一、语法特点

（一）词法特点

1. 名词词尾

城步巡头乡话的名词词尾主要有：子、立、牯（娘）、头

(1) 词尾“子”

“子”在巡头乡话中是个很常见的名词词尾，可以放在很多词根的后面，作为名词构成的一部分。

沙子	篁子	磨盘子	筛子	担子	孙子	扣子	伢子	野生子
tsa	tsa	tsa	tsa	tsa	tsa^{53}	tsa	tsa	tsa^{53}
侄子	肚子	缺口子豁唇	六指子	章子	柑子	金子	竹子	洋辣子
tsa	tsɿ	tsɿ	tsɿ	tsa	tsa	tsa	tsa	tsa
锯子	钉子	索子	帕子	筛子	帐子	样子	案子	状子
tsa	tsa	tsa	tsa	tsa	tsa	tsa	tsa	tsa
饺子	本子	格子	肠子	影子	雀子	猫子	罩子	小鸭子
tsɿ	tsa	tsa	tsa	tsɿ	tsɿ	zɿ	tsa	tsa
斗眼子	贩子	孝子	瞎子	哑子	瘫子	癞子	聋子	麻子
tsɿ	tsɿ	tsa^{53}	tsɿ	tsa	tsɿ/li	tsa	tsa	tsa

从上面表格可以看出，巡头乡话名词词尾“子”读音分为三种：tsa^{53}、tsa、tsɿ/zɿ，有三种用法：

①可以单独作为名词，有实在意义，表示“幼儿”的意思，语音上的表现是，韵母一般为 a，声调一般读作上声，如：孙子 ʦa、孝子 ʦa、野生子 ʦa。

②作为名词词尾，用于形语素和动语素后，如：

形语素后：

癞子 ʦa、哑子 ʦa、瘫子 ʦɿ、聋子 ʦa、瞎子 ʦɿ 等；

动语素后：

锯子 ʦa、钉子 ʦa、扣子 ʦa、缺口子 ʦɿ 等。

这种用法的读音形式主要是 ʦa/ ʦɿ，这些形语素和动语素加上“子”尾后变成了名词，也就是说“子”尾失去了概念意义，在充当词尾的同时已经带上了语法意义，改变了整个词的性质。

③作为名词词尾，没有实在意义，多读轻声，这种用法在巡头乡话中很常见：

肠子 ʦa、肉皮子 ʦa、样子 ʦa、状子 ʦa、案子 ʦa、本子 ʦa、洋辣子 ʦa、葱□子$_{葱叶}$ ʦa、大蒜□子$_{蒜头}$ ʦa、竹子 ʦa、柑子$_{橘子}$ ʦa、饺子 ʦɿ、稿子 ʦɿ、鹞子 ʦa 等；

（2）立［li］

在上表中可看到，在湘西乡话如沅陵乡话、麻溪铺乡话、古丈乡话中，表示身体部位缺陷的人的词语均用［li］或［ti］，只是词语数量不一，但巡头乡话中只有一个这样的词语：瘫立［t‘oŋ^{45} · li］。杨蔚（1998：180）指出，沅陵乡话有一个语素［li^{22}］用于形语素与动语素后，构成表人名词，指身体有缺陷的人，不带有感情色彩。字形记作“立”，不过可明显看出“立”只是同音替代而已，并非本字。伍云姬（2010）记录的古丈乡话中也有一个相同的语素，不过读音为［ti］，伍先生认为本字不详。蒋冀骋（2004）专文进行了讨论，认为沅陵乡话中的“立”尾与“子”尾是有区别的。［li］的来源应该是赣方言的“仂”［li］，而赣方言的“仂”又来自北方话的“儿”。所举理由是：1）沅陵乡话区的移民史反映他们有大批是由江西迁徙而来；2）赣语中有大批“仂”尾词，“仂”的用法与沅陵乡话的基本相同；3）“儿”变为［li］可以有语音上的证明；4）［li］不可能来源于“子”，因为赣语中有“名词素+子+仂”的结构，未发现有“名词素+儿+仂”的结构。在没有更深入细致地研究之前，我们暂且同意蒋先生的看法。麻溪铺乡话和古丈乡话在读音上表现出来的差异应该是［l］与［t］的音变，因为它们发音部位相同，产生音变是完全可能的。

巡头乡话中，只有一个词语保留了［li］尾，其他的同类词语都用“子”尾。为什么只有这一个词语保留了这个读音，我们暂时不能做出合理的解释。

（3）牯［ku⁴⁵/·ku］和娘［ȵioŋ⁴⁵］

①牯［ku⁴⁵/·ku］：

［ku⁴⁵］：构成表示动物的词，表雄性，有一定的语法意义，语音表现为读阴平，如

黄牯 ŋ̍¹³ ku⁴⁵

猪牯 tiu⁴⁵ ku⁴⁵

牯猫 ku⁴⁵ maɔ⁴⁵

构成表示人的词语，表男性，读阴平。如：

伢子牯 ŋo⁵³ · ʦa ku⁴⁵

新郎牯 ɕi⁴⁵ loŋ⁴⁵ ku⁴⁵

□牯 tæ⁵³ ku⁴⁵女婿

阿□牯 a⁴⁵ suɔ̃⁴⁵ ku⁴⁵丈夫

［·ku］：用在表示时间的词语中，没有实在意义，语音表现为读轻声，如：

□半牯 ʥin⁵³ poŋ²⁴ ·ku

下半牯 ɣo²⁴ poŋ²⁴ ·ku

半牯□□ poŋ²⁴ ·ku ʦe⁵³ ke⁵³中午

半牯 poŋ²⁴ ·ku 半日

大半牯 ly²⁴ poŋ²⁴ ·ku 大半日

日牯 ŋ̍⁴² ·ku

构成表示人体部位的词语，没有实在意义，读轻声。如：

脑牯 laɔ⁵³ ·ku

后脑牯 ɣa²⁴ laɔ⁵³ ·ku

②娘［ȵioŋ⁴⁵］

构成表动物的名词，一般放在词根的后面，表雌性，读阴平。如：

马娘子 mo⁵³ ȵioŋ⁴⁵ ·ʦa

牛娘 ŋɯ⁴⁵ ȵioŋ⁴⁵

猪娘 tiu^{45} ȵioŋ^{45}

鸡娘 ka^{45} ȵioŋ^{45}

鸭娘 ɯ^{42} ȵioŋ^{45}

个别情况下“娘”可放在词根的前面：

娘驴子 ȵioŋ^{45} ly^{13} ·ʦa

在下面的词语中不起区分性别的作用，如：

虱娘 sa^{42} ȵioŋ^{45}虱子

③动物雌雄性别标记

现代汉语方言中雌雄动物性别标记的差别主要体现在两个方面：一是雌雄性别的标记词不同；二是标记词的位置不同。巡头乡话中表示动物雄性标记的有“公、牯、啼”，雌性标记的有“娘、娘子”。如：

雄性：公马子　牯猫　牛公　犬公　猪牯　啼鸡　鸭公

雌性：马娘子　猫娘　牛娘　犬娘　猪娘　鸡娘　鸭娘

可以看出，巡头乡话动物性别标记以后置式为主，但雄性和雌性分别都有少数性别标记前置的情况，如“牯猫、娘驴子”等。

下面我们从标记词及其位置两个方面来考察巡头乡话的动物性别标记。

a. 雌雄性别标记词：

从共时平面来看，雄性标记词北方汉语方言中多用“公”，南方汉语方言多用“公”和“牯”，乡话也不例外，主要用“公”和“牯”；雌性动物的标记词北方汉语方言多用“母”，南方汉语方言多用“婆、母、嫲”，用“娘”作为雌性标记词出现不多，而巡头乡话中雌性动物标记词都用“娘”。经考察，湖南境内乡话以外的汉语方言中有些方言点雌性标记用“娘”（资料来源：《湖南省志·方言志》P1610–1787），如“牛娘”一词出现在 9 个点：靖县、洪江、黔阳、怀化、凤凰、麻阳、吉首、溆浦、辰溪；“鸡娘”出现在 8 个点：古丈、龙山、隆回、泸溪、辰溪、吉首、麻阳、凤凰；“猪娘”出现在 28 个点：攸县、茶陵、安乡、汉寿、澧县、临澧、常德市、桃源、石门、慈利、古丈、保靖、龙山、洞口、隆回、泸溪、辰溪、溆浦、吉首、麻阳、凤凰、怀化、芷江、黔阳、会同、洪江、靖县、通道。另外，湖南省内乡话以外汉语方言中有性别标记词连用的情况，虽然分布方言点很少，但我们不能忽视，如：“~母娘”“~婆娘”和“~娘婆”

“鸡母娘”：桑植、大庸

“猪母娘”：桑植、大庸、永顺

“鸡婆娘”：武冈、新晃

“猪婆娘”：新晃

“牛娘婆”：会同

从地域上来看，“娘”做雌性标记词的方言点基本分布在湘西地区。我们是否可以这样推测：湘西乡话区地处偏远山区，地形封闭，交通不便，再加上说乡话的人向心力强，所以基本没有受到外围方言的影响和冲击，把“娘”作为雌性动物标记词这一地域特征得以保留下来，这也与乡话保留较古老的音韵特征相呼应。巡头乡话的雌性标记词“娘”应该是从湘西乡话地区迁出之前的特点的保留，因为我们在周边的城步儒林话和桂林官话中都没有发现“娘”这一雌性标记词。

b. 性别标记词的位置：

语言学界一般认为北方的动物性标记词多是前置式，南方的多为后置式（如何大安，1987），罗自群（2006）根据相关材料提出了“鸡公”型、“公鸡”型和混合型三种位置式。罗文通过论证得出的结论是，北方汉语在使用“公鸡”型词语之前使用的也是“鸡公”型的，“公鸡”型应该比“鸡公”型出现得晚，同时指出“鸡公”型是汉语固有的。巡头乡话中的雌性动物标记词中的大多数和雄性动物标记词的部分都采用后置式，符合南方汉语方言的“鸡公”型特点，雌性动物标记词的部分和雄性动物标记词中的多数采用的是前置式。伍云姬（2010：50）将汉语方言的动物性别标记系统分为五个阶段，伍文认为乡话处于第四个阶段，同时指出乡话的早期系统应该是前置式，瓦乡话的动物性别系统处于从前置到后置的转换过程中。我们认为可以从另一个角度来思考：既然南方汉语方言雌雄性别标记词多是后置式，那么乡话属于南方汉语方言，应该也具有这一区域性特征，所以后置式应该是乡话的早期形式，后来由于北方汉语方言和官话的影响，客赣方言、吴方言、湖南境内乡话以外的汉语方言中都有了前置式，乡话也受到了同样的冲击，表现为雄性标记词前置式占主流，部分雌性标记词的位置也发生前移。

（4）头［ta^{45}/ ·ta］

①用在方位名词中，表示“……上/里”，读为阴平调，如：

室头 $tɕi^{42}$ ta^{45}屋里

山头 se^{45} ta^{45}山上

街头 kua^{45} ta^{45}街上

门头 me^{45} ta^{45}门上

楼头 la^{45} ta^{45}楼上

天头 tʻe^{45} ta^{45}天上

路头 saɔ^{53} ta^{45}路上

桌头 da^{13} ta^{45}桌上

椅头 i^{53} ta^{45}椅子上

水头 ʦu^{53} ta^{45}水里

心头 çi^{45} ta^{45}心里

车头 ʦʻo^{45} ta^{45}车上

②用在个别表示人称呼的名词后，读阴平调，如：

娘头 ȵioŋ^{45} ta^{45}娘家

③用于构成时间名词，没有实在意义，一般读轻声，如：

夜头 zu^{24} ·ta 晚上

尾头 mæ^{53} ·ta 后来

前头 ʨie^{13} ·ta 前面

④用于构成地点名词，没有实在意义，一般读轻声，如：

河边头 kʻa^{45} pe^{45} ·ta 河岸

山脚头 se^{45} kɯ^{42} ·ta 山脚

日头 ŋ̍^{42} ·ta 太阳

2. 叠音后缀

巡头乡话中有部分名词后面带叠音后缀，表示细小、幼小、可爱的语法色彩。如：

大蒜泡泡 大蒜球　　大蒜须须 大蒜苗

油菜子子 油菜籽　　树苗苗　　树尖尖　　树根根

桐树子子 桐子　　笋壳壳

牛崽崽　　犬崽崽　　猪崽崽　　鸡崽崽　　鸭崽崽　　鹅崽崽

钓鱼钩钩　　锯末粉粉　　箅箅　　贼子子 小偷小摸的人

眼眶眶　　眼珠圈圈　　鼻孔尖尖　　脚尖尖

帽啄啄 帽檐儿　　敹补补 打补丁

个别叠音后缀可放到词根前面，形成词序倒装，如：

崽崽羊　崽崽鱼

3. 代词

(1) 人称代词

巡头乡话的人称代词如下：

第一人称　吾 u^{53}　单数

我们 $ɣa^{24}$ $ŋa^{53}$　复数

第二人称　你 $ȵi^{53}$　单数

你们 $ȵi^{53}$ $ŋa^{45}$　复数

第三人称　渠 $ʑi^{13}$或□$zaŋ^{24}_{他/她/它}$　单数

他/她/它们 $zaŋ^{24}$ $ŋa^{53}$　复数

其他类型　别人 $zaŋ^{24}$ $ŋa^{45}$　□家 zei^{13} ko^{45}大家

(2) 指示代词

近指：这/这个 e^{24} $t'o^{45}$　这里 e^{24} la^{45}　这些 e^{24} ko^{13}　这么 e^{24} mi^{45}

远指：那/那个 $\dot{ŋ}^{24}$ $t'o^{42}$　那里 $\dot{ŋ}^{24}$ la^{45}　那些 $\dot{ŋ}^{24}$ ko^{13}　那么 $\dot{ŋ}^{24}$ mi^{45}

(3) 疑问代词

问人：谁/哪个□□e^{24} $kɯ^{24}$　谁 li^{45} $kɯ^{24}$

问事：什么 $ɕie^{24}$ ka^{45}

问原因：为什么 mi^{45} $tɕi^{45}$ te^{13}

问地点：哪儿/哪里 ta^{24} la^{45}

问方式：怎么 mi^{45} $tɕi^{45}$

问数量：多少 $xaɔ^{53}$ $ti^{45}_{好多}$

问时间：哪一天 ta^{13} $i^{53}_{什么时候}$

例如：谁说的？e^{24} $kɯ^{24}$ ua^{24} ·ti？

渠$_{他}$在食$_{吃}$什么？$ʑi^{13}$ $ʦ'e^{53}$ $ʥiu^{24}$ $ɕie^{24}$ ka^{45}？

渠$_{她}$为什么不来？$ʑi^{13}$ me^{45} $tɕi^{45}$ te^{13} pa^{42} $zæ^{13}$？

铺子在哪儿？$p'u^{24}$ ·ʦɿ $ʦ'e^{53}$ ta^{24} la^{45}？

巡头怎么去？$ʥin^{13}$ $təu^{13}$ mi^{45} $tɕi^{53}$ $k'ɯ^{24}$？

你买好多$_{多少}$书？$ȵi^{53}$ ma^{53} $xaɔ^{53}$ ti^{45} $tɕiu^{45}$？

你哪一天行$_{走}$啊？$ȵi^{53}$ ta^{13} i^{53} $ɣuɔ̃^{13}$？

渠$_{他}$什么时候来？$ʑi^{13}$ ta^{13} i^{53} $zæ^{13}$？

4. 形容词的加强式

(1) 巡头乡话可在形容词前加“很、好、点、蛮”等表示形容程度的加深，这个与普通话相同。如：

很冻 xe^{53} təu^{24}

好厚 xaɔ^{53} ɣa^{24}

有点热 ua^{53} tæ^{53} ʥi^{42}

蛮高 muɔ̃^{13} kaɔ^{45}

另外，巡头乡话还可以在形容词词根的前面附加语音成分，使形容词生动化或程度加深。如：

梆硬 poŋ^{45} ŋuɔ̃^{24}

血红 ɕy^{42} ɣæ^{13}

绷紧 poŋ^{45} ʨie^{53}

□酸 ʦin^{45} ʨiu^{24}

□□ la^{45} bi^{13}很软

坦平 t‘an^{53} fuɔ̃^{13}

崭新 ʦan^{53} ɕi^{45}

焦干 ʨiaɔ^{45} k‘oŋ^{45}

□瘦 la^{45} ɕiu^{24}

清淡 ʦin^{45} doŋ^{24}

□稀 ləu^{45} ɕi^{45}

雪白 ɕy^{42} p‘o^{45}

□重 la^{45} t‘ye^{53}

□臭 fei^{45} ʦ‘əu^{24}

□苦 fei^{45} k‘u^{53}

□光 lin^{53} koŋ^{45}

斩齐 ʦan^{53} ʨie^{13}

精瘦 ʦin^{45} ɕiu^{24}

焦湿 ʨiaɔ^{45} ʥi^{24}

清甘 ʦ‘in^{45} kuɔ̃^{45}

□黑 mĩ^{53} k‘i^{42}

喷香 p‘e^{24} ʨ‘ioŋ^{45}

5. 量词

（1）巡头乡话中的量词很丰富，有些量词如“把、根、双、张、块”等与普通话的用法相同，如：

把 po^{53}：可用于铲子、刀、铰子（剪刀）、扫帚、扇子、梳子、锁、牙刷、钥匙等名词。

根 ki^{45}：可用于扁担、头发、香烟等名词。

双 soŋ^{45}：可用于箸（筷子）、履（鞋）等名词。

张 tioŋ^{45}：可用于椅子、纸、皮、凳子、床等名词。

块 k‘ua^{24}：可用于皮、布、表等名词。

（2）巡头乡话的特殊量词

①通用量词“隻”［to^{42}］，可以用作修饰很多名词，如人、鼻子、窗户、凳子、篮子、梯子、帽子、骨头、锅、鸡、猫、鸟、兔子、蚊子、鸭子、猪等。

②量词［pa^{53}］，可用在某些动物名词的前面，如鸟、兔、蚊子、鸭

子、锅等。

③量词［iaɔ^{45}］，用于衣服，如：一～衣裤（一身衣服）。

④量词［laɔ^{13}］，巡头乡话中可用“个”或“隻”修饰的名词，基本可用［laɔ^{13}］。如：一个人：i^{42}laɔ^{13}ŋ̍^{45}。

6. 数词“二”“两/俩”

巡头乡话中的“二”有两种读音［ŋ̍^{24}］［tso^{53}］，但用法不一样。

（1）“二”［ŋ̍^{24}］：

用于基数中，如：二、二十、二千、十二。

用于某些度量衡单位前，如：二升、二两。

用于序数中，如：初二、第二名、第二十个。

（2）“二”［tso^{53}］

用于度量衡词语前，如：二斤、二分（厘、丈、尺、里、斗）。

用于其他单位名词前，如：二担、二亩、二升、二条。

用于基数形式，如：二百、二千、二万。

（3）表示“两”“俩”的词语：

□倠□□ɣa^{13} ŋa^{53} tso^{53} to^{13}我们两个

□倠□□ȵi^{53} ŋa^{53} tso^{53} to^{13}你们俩

□倠□□ ʑi^{13} ŋa^{53} tso^{53} to^{13}他们俩

□口子 tso^{53} k‘a^{53} ·tsɿ 夫妻俩

□娘子　tso^{53} ȵioŋ^{45} tsɿ^{53}娘儿俩

□□□　tso^{53} tɕi^{45} pu^{45}爷儿俩

□□□孙 tso^{53} a^{53} pu^{45} sui^{45}爷孙俩

□□□　tso^{53} tɕi^{45} ·xa 妯娌俩

□娘子　tso^{53} ȵioŋ^{45}tsɿ^{53}婆媳俩

□兄□ tso^{53} foŋ^{45} ·xa 兄弟俩

（4）巡头乡话中表示“二”的意思时，出现三种不同搭配类型：

①有些量词前只用［tso^{53}］，不能用［ŋ̍^{24}］。如：

两根薪稿$_{\text{柴}}$ tso^{53} ki^{45} ɕi^{45} kaɔ^{53}　　两隻犬$_{\text{狗}}$ tso^{53} to^{42} k‘uæ^{53}

两隻碗 tso^{53} to^{42} oŋ^{53}　　两隻铛$_{\text{锅}}$ tso^{53} to^{42} ts‘oŋ^{45}

两个人 tso^{53} to^{42} ŋ̍^{45}

②有的可用［tso^{53}］，也可用［ŋ̍^{24}］，如：

两条板□$_{\text{凳子}}$ tso^{53}/ŋ̍^{24} laɔ^{13} poŋ^{53} ts‘oŋ^{45}

两千 ʦo^{53}/ŋ̍^{24} ʦʻe^{45}　两升 ʦo^{53}/ŋ̍^{24} ʦoŋ^{45}

③有的只用［ŋ̍^{24}］，不用［ʦo^{53}］，如：

初二 ʦʻe^{45} ŋ̍^{24}　二两 ŋ̍^{24} lioŋ^{53}　二十 ŋ̍^{24} ʦʻɿ^{53}

7. 动态助词

（1）表示状态持续用“哒”，如：

讲哒讲哒就啼$_{\text{哭}}$起来了。kæ^{53} ·ta kæ^{53} ·ta ʨiu^{53} die^{13} kʻɯ^{53} zæ^{13} ·iaɔ。讲着讲着就哭起来了。

坐哒食$_{\text{吃}}$比站哒食好。ʥie^{24} ·ta ʥiu^{24} pi^{53} ʣa^{24} ·ta ʥiu^{24} xaɔ^{53}。坐着吃比站着吃好

渠$_{\text{他}}$拿哒一本书。ʑi^{13} to^{13} ·ta i^{42} pæ^{53} ʨiu^{45}。他拿着一本书。

渠$_{\text{他}}$端哒一碗茶。ʑi^{13} to^{45} ·ta i^{13} oŋ^{53} ʦʻuæ^{53}。他端着一碗茶。

渠$_{\text{他}}$牵哒一匹牛。ʑi^{13} ʨʻi^{45} ·ta i^{13} fa^{53} ŋɯ^{45}。他牵着一头牛。

（2）表示动作完成用“了”：

我望了半牯$_{\text{天}}$书。u^{53} moŋ^{24} ·iaɔ poŋ^{24} ·ku ʨiu^{45}。

渠$_{\text{他}}$睏$_{\text{睡}}$了一个小时。ʑi^{13} kʻui^{24} ·iaɔ i^{42} to^{42} ɕiaɔ^{53} sɿ^{13}。

寻$_{\text{找}}$了半天，钢笔在书包里。lye^{24} ·iaɔ poŋ^{24} ·ku，kaŋ^{45} pa^{42} ʦʻe^{53} ʨiu^{45} paɔ^{45} ȵioŋ^{45} ta^{45}。

渠$_{\text{他}}$□$_{\text{喝}}$了两碗茶。ʑi^{13} fu^{53} ·iaɔ ʦo^{53} ŋ̍^{53} ʦʻuæ^{53}。

渠$_{\text{他}}$驰$_{\text{走}}$了两□$_{\text{里}}$□$_{\text{路}}$。ʑi^{13} tʻua^{45} ·iaɔ ʦo^{53} ʨi^{53} saɔ^{53}。

8. 否定副词“不”“莫”

（1）巡头乡话的“不”有三种读音，用法不同，表示“不、没有、没”的意思。

①［pa^{42}］：用在形容词或动词前，相当于普通话的“不、没有、没”。如：

不高/不肥$_{\text{胖}}$/不早 pa^{42} kaɔ^{45}/pa^{42} fi^{13}/pa^{42} ʦaɔ^{53}

不迟/不快/不好 pa^{42} li^{13}/pa^{42} kʻua^{24}/pa^{42} xaɔ^{53}

阿姐$_{\text{姐姐}}$今天不想行$_{\text{走}}$亲戚。a^{45} ʦe^{53} ʨia^{45} ŋ̍^{42} pa^{42} ɕioŋ^{53} ɣuɔ̃^{13} ʨʻi^{45} ʨʻi^{42}。

不回/不食$_{\text{吃}}$/不望 pa^{42} ʋoŋ^{13}/pa^{42} ʥiu^{24}/pa^{42} moŋ^{24}

渠$_{\text{他}}$不给吾$_{\text{我}}$买东西。ʑi^{13} pa^{42} te^{24} u^{53} ma^{53} təu^{45} ɕi^{45}。

不去/没读书 pa^{42} kʻɯ^{24}/pa^{42} lu^{24} ʨiu^{45}

门没锁起。me^{45} pa^{42} ɕye^{53} kʻɯ^{53}。

电视没闭$_{\text{关}}$。tiɛn^{24} sɿ^{24} pa^{42} pi^{24}。

早饭没食$_{\text{吃}}$就驰$_{\text{走}}$了。ʦaɔ^{53} muɔ̃^{45} pa^{42} ʥiu^{24} ʨiu^{53} tʻua^{45} ·iaɔ。

②［·pu］：用在动结式或动趋式中充当补语，表示否定。如：

听不到 mĩ^{53} ·pu taɔ^{24}　讲不赢 kæ^{53} ·pu zin^{13}

拿不动 to^{53} ·pu zæ^{24}　食$_{吃}$不得 ʥiu^{24} ·pu ·te

驰$_{走}$不动 tʻua^{45} ·pu zæ^{24}　望$_{看}$不到 moŋ^{24} ·putaɔ^{24}

食$_{吃}$不动 ʥiu^{24} ·pu zæ^{24}　食$_{吃}$不进去 ʥiu^{24} ·pu oŋ^{53} loŋ^{53}

③［pa^{13}］：表示对举的否定一方。如：

是那么做，不是这么做。ʦʻe^{53} ŋ̍^{24} pu^{45} ·li ʦe^{24}，pa^{13} ʦʻe^{53} e^{24} pu^{45} ·li ʦe^{24}。

不要那么多，只要这么多。pa^{13} iaɔ^{24} ŋ̍^{24} pu^{45} ·li ti^{45}，ʦɿ^{53} iaɔ^{24} e^{24} pu^{45} ti^{45}。

不坐车去。pa^{13} ʥie^{24} ʦʻo^{45} kʻɯ^{24}。

（2）“莫”用在祈使句中，表示劝慰或命令口气。如：

莫驰$_{走}$ mo^{42} tʻua^{45}

莫慌 mo^{42} foŋ^{45}

莫望$_{看}$电视 mo^{42} moŋ^{24} tiɛn^{24} sɿ^{24}

莫站在那里 mo^{42} ʣa^{24} ʦʻe^{53} ŋ̍^{24} ·ta

行$_{走}$这边，不走那边。ɣuɔ̃^{13} e^{24} pʻĩ^{45}，mo^{42} ɣuɔ̃^{13} ŋ̍^{24} pʻĩ^{45}。

9. “给”

巡头乡话中作为动词的“给”和作介词的“给”读音均为［te^{24}］，如：

动词：

给吾$_{我}$一碗水。te^{24} u^{53} i^{42} ŋ̍^{53} ʦu^{53}。

你不要了就给吾$_{我}$。ȵi^{53} pa^{42} iaɔ^{24} ·liaɔ ʨiu^{24} te^{24} u^{53}。

他给了吾$_{我}$一件衣。ʑi^{13} te^{24} ·iaɔ u^{53} i^{42} ʨʻie^{24} i^{45}。

给一块钱给了吾$_{我}$。te^{24} i^{42} kʻua^{24} ʣæ^{13} te^{24} u^{53}。

介词：

拿给吾$_{我}$食$_{吃}$。to^{13} te^{24} u^{53} ʥiu^{24}。

把铰子$_{剪刀}$给吾$_{我}$。po^{53} kaɔ^{45} ·ʦa te^{24} u^{53}。

叔叔送给吾$_{我}$一斗米。o^{24} ·ʦɿ səu^{24} te^{24} u^{53} i^{42} ta^{53} mie^{53}。

渠$_{他}$还给吾$_{我}$两百块钱。ʑi^{13} ʋoŋ^{13} te^{24} u^{53} ʦo^{53} po^{53} kʻua^{24} ʣæ^{13}。

借三块钱给吾$_{我}$。ʨi^{24} so^{45} kʻua^{24} ʣæ^{13} te^{24} u^{53}。

送三隻鸡给吾$_{我}$。səu^{24} so^{45} to^{42} ka^{45} te^{24} u^{53}。

你把这本书还给吾$_{\text{我}}$。ȵi^{53} do^{13} e^{24} pæ^{53} ʨiu^{45} ʋoŋ^{13} te^{24} u^{53}。

给口口子$_{\text{小孩}}$喂药。te^{24} ȵia^{13} li^{53} ·ʦa y^{24} y^{24}。

（二）句法特点

1.“被”字句

巡头乡话被动意义有两种表示方法，一是无表示介引施事的介词，二是有介引施事的介词。

（1）无介引施事的介词，如：

碗�$_{\text{打}}$口$_{\text{烂}}$了。ŋ̍^{53} k‘ua^{53} fei^{24} ·iaɔ。碗被打烂了。

吾$_{\text{我}}$的铛$_{\text{锅}}$不敂$_{\text{打}}$口$_{\text{烂}}$。u^{53} ·ti ʦ‘uɔ̃^{45} pa^{42} k‘ua^{53} fei^{24}。我的锅没打烂。

草牛食了。ʦ‘aɔ^{53} ŋɯ^{45} ʥiu^{24} ·iaɔ。草被牛吃了。

门不锁起。me^{45} pa^{42} ɕye^{53} k‘ɯ^{53}。门没锁上。

薪稿$_{\text{柴}}$烧了$_{\text{完}}$了。ɕi^{45} kaɔ^{53} saɔ^{45} liaɔ^{53} ·iaɔ。

渠$_{\text{他}}$的脚敂$_{\text{打}}$口$_{\text{烂}}$了。ʑi^{13} ·ti kɯ^{42} k‘ua^{53} fei^{53} ·iaɔ。

（2）有介引施事的介词。巡头乡话中表示被动的介引施事介词用“着”［t‘iu^{42}］。如：

两头牛着$_{\text{被}}$渠$_{\text{他}}$杀了。ʦo^{53} to^{42} ŋɯ^{45} t‘iu^{42} ʑi^{13} ɕia^{42} ·iaɔ。

室$_{\text{房子}}$着$_{\text{被}}$火烧了。ʨi^{42} t‘iu^{42} fa^{53} saɔ^{45} ·iaɔ。

东西都着$_{\text{被}}$渠$_{\text{他}}$食$_{\text{吃}}$了。təu^{45} ɕi^{45} t‘əu^{45} t‘iu^{42} ʑi^{13} ʥiu^{24} ·iaɔ。

那个口口$_{\text{孩子}}$着$_{\text{被}}$渠$_{\text{他}}$妈敂了。e^{24} to^{53} ȵia^{13} li^{53} ·ʦa t‘iu^{42} ʑi^{13} a^{45} ȵioŋ^{45}k‘ua^{53} ·iaɔ。

吾$_{\text{我}}$的老母鸡着$_{\text{被}}$人盗$_{\text{偷}}$了。u^{53} ·ti laɔ^{53} ka^{45} ȵioŋ^{45} t‘iu^{42} ŋ̍^{45} daɔ^{24} ·iaɔ。

“着”在中古表“遭受”义，作动词，后来慢慢虚化为介词，表“被动”义，用于介引施事。巡头乡话中的“着”表被动可以说是古义的保留。

2.“把”字句

巡头乡话中的“把”除作量词外，还可作介词，介引受事，构成“把”字句。巡头乡话“把”字句用两个词语来介引，一个是“把［po^{53}］”，一个是“口［do^{13}］”。

（1）把［po^{53}］：

把那本书给吾$_{\text{我}}$。po^{53} ŋ̍^{24} pæ^{53} ʨiu^{45} te^{24} u^{53}。

把门闭$_{\text{关}}$上。po^{53} me^{45} pi^{24} k‘ɯ^{53} ·ʦe。

把格子$_{窗户}$敤$_{打}$开。po^{53} ke^{24} ·tsa k‘ua^{53} k‘ua^{45}。

（2）□$_{把}$［do^{13}］：

渠$_{他}$□$_{把}$帕子$_{毛巾}$抹台$_{桌子}$。ʑi^{13} do^{13} p‘o^{24} ·tsa mo^{42} da^{13}。

你□$_{把}$铰子$_{剪刀}$给吾$_{我}$。ȵi^{53} do^{13} kaɔ^{53} ·tsa te^{24} u^{53}。

□$_{把}$这本书收起来。do^{13} e^{24} pæ^{53} tɕiu^{45} sa^{45} k‘ɯ^{53}。

□$_{把}$碗澡$_{洗}$干爽$_{干净}$。do^{13} ŋ̍^{53} tsaɔ^{53} koŋ^{45} soŋ^{53}。

□$_{把}$格子$_{窗户}$闭$_{关}$掉。do^{13} ke^{24} ·tsa pi^{24} liaɔ^{24}。

□$_{把}$狗杀了。do^{13} k‘uæ^{53} ɕia^{42} ·iaɔ。

□$_{把}$鸡逐$_{赶}$出去。do^{13} ka^{45} ts‘əu^{24} ts‘u^{42} k‘ɯ^{24}。

□$_{把}$水□$_{喝}$了。do^{13} tsu^{53} fu^{53} liaɔ^{53} ·liaɔ。

□$_{把}$亮$_{灯}$关了。do^{13} lioŋ^{24} pi^{24} ·liaɔ。

3. 双宾句

巡头乡话的双宾句中，表人的宾语和表物的宾语的位置可互换，如果表物宾语放在表人宾语前，表物宾语后须加上介引介词，引出表人宾语。如：

给吾$_{我}$一本书。te^{24} u^{53} i^{42} pæ^{53} tɕiu^{45}。

给吾$_{我}$一碗水。te^{24} u^{53} i^{42} ŋ̍^{53} tsu^{53}。

给吾$_{我}$□$_{两}$百块钱。te^{24} u^{53} tso^{53} po^{42} k‘ua^{24} dʑæ^{13}。

给渠$_{他}$□$_{两}$个苹果。te^{24} ʑi^{13} tso^{53} to^{24} pin^{13} ko^{53}。

也可以说：

给一本书给吾$_{我}$。te^{24} i^{42} pæ^{53} tɕiu^{45} te^{24} u^{53}。

给一碗水给吾$_{我}$。te^{24} i^{42} ŋ̍^{53} tsu^{53} te^{42} u^{53}。

给□$_{两}$百块钱给吾$_{我}$。te^{24} tso^{53} po^{42} k‘ua^{24} dʑæ^{13} te^{24} u^{53}。

给□$_{两}$个苹果给渠$_{他}$。te^{24} tso^{53} to^{24} pin^{13} ko^{53} te^{24} ʑi^{13}。

4. 动宾补句

（1）巡头乡话中的动宾补句跟普通话的动宾补句语序结构相同，可用“动+补+宾”“动+宾+补”两种结构，也可把宾语提到动词前，变为“宾+动+补”。如：

渠$_{他}$澡$_{洗}$完面$_{脸}$了（结果补语）。ʑi^{13} tsaɔ^{53} mĩ^{24} ·iaɔ。

吾$_{我}$敤$_{打}$你几棍子（数量补语）。u^{53} k‘ua^{53} ȵi^{53} tɕi^{53} kui^{24} ·tsa。

碗敤$_{打}$□$_{破}$了。ŋ̍^{53} k‘ua^{53} fei^{53} ·iaɔ。

渠他早就把事情做完了。ʑi^{13} ʦaɔ^{53} ʨiu^{53} do^{13} ʣa^{24} ʦe^{24} liaɔ^{53} ·iaɔ。

敤打渠他几个□□耳光。k‘ua^{53} ʑi^{13} ʨi^{53} ɕie^{53} ·sʅ。

履鞋子穿□烂了。di^{53} ʦ‘ue^{45} fei^{53} ·iaɔ。

（2）巡头乡话中的可能式结果补语如果后面不带宾语，肯定式为“动词+得+补语”，否定式为“动词+不+补语”，跟普通话的可能式结果补语的语序相同。如：

食吃得/食吃不得 ʥiu^{24} ·te/ʥiu^{24} ·pu ·te

食吃得动/食吃不动 ʥiu^{24} ·te zæ^{13}/ʥiu^{24} ·pu zæ^{13}

望看得完/望看不完 moŋ^{24} ·te liaɔ^{53}/moŋ^{24} ·pu liaɔ^{53}

摘得到/摘不到 ti^{42} ·te taɔ^{24}/ti^{42} ·pu taɔ^{24}

写得好/写不好 ɕio^{53} ·te xaɔ^{53}/ɕio^{53} ·pu xaɔ^{53}

望看得清/望看不清 moŋ^{24} ·te ʦ‘in^{45}/moŋ^{24} ·pu ʦ‘in^{45}

放得了/放不了 foŋ^{24} ·te liaɔ^{53}/foŋ^{24} ·pu liaɔ^{53}放得下/放不下

烧得熟/烧不熟 saɔ^{45} ·te ʨ‘iu^{42}/saɔ^{45} ·pu ʨ‘iu^{42}

后面如带宾语，肯定式有两种表示方法：“动+得+宾+补”“动+得+补+宾”，否定式也有两种表示方法：“动+不+宾+补”“ 动+不+补+宾”。如：

肯定式：

敤打得渠他赢/敤打得赢渠他 k‘ua^{53} ·te ʑi^{13} zin^{13}/ k‘ua^{53} ·te zin^{13} ʑi^{13}

驰走得赢渠他/驰走得渠他赢 t‘ua^{45} ·te zin^{13} ʑi^{13}/ t‘ua^{45} ·te ʑi^{13} zin^{13}

讲得赢渠他/讲得渠他赢 kæ^{53} ·te zin^{13} ʑi^{13}/ kæ^{53} ·te ʑi^{13} zin^{13}

否定式：

讲不赢渠他/讲渠他不赢 kæ^{53} ·pu zin^{13} ʑi^{13}/ kæ^{53} ʑi^{13} ·pu zin^{13}

驰走不赢渠他/驰走不渠他赢 t‘ua^{45} ·pu zin^{13} ʑi^{13}/ t‘ua^{53} ·pu ʑi^{13} zin^{13}

敤打不渠他赢/敤不赢渠他 k‘ua^{53} ·pu ʑi^{13} zin^{13}/ k‘ua^{53} ·pu zin^{13} ʑi^{13}

二、语法例句

本节列举的语法例句，是以黄伯荣等编著的《汉语方言语法调查手册》（广东人民出版社）为基础，补充了部分自然语料。

语法例句一：

1. li^{45} kɯ^{24} a^{45}？u^{53} ʨ‘ie^{53} laɔ^{53} soŋ^{45}。

　口个啊？吾是老三。谁呀？我是老三。

2. laɔ^{53} tioŋ^{45} ·ni？ʑi^{13} ʦʻe^{53} ki^{45} i^{42} laɔ^{13} bəu^{13} ʦa^{24} ua^{24} pʻo^{45} za^{24}。

老张呢？渠在跟一条朋友话白字。老张呢?他正在跟一个朋友聊天呢。

3. ʑi^{13} ɣæ^{13} pa^{42} ua^{53} liaɔ^{53}？

渠还不话了？他还没有说完吗？

4. ȵi^{53} taɔ^{24} ta^{24} la^{53} kʻɯ^{24}？u^{53} ʦʻoŋ^{53} kua^{45} kʻɯ^{24}。

你到□□去？吾上街去。你到哪儿去?我上街去。

5. ʦʻe^{53} ŋ̍^{24} ta^{53}，pa^{42} ʦʻe^{53} e^{24} ta^{53}。

在□□，不在□□。在那儿,不在这儿。

6. ʨʻie^{53} ŋ̍^{24} pu^{53} ·li ʦe^{24}，pa^{42} ʨʻie^{53} e^{24} pu^{53} ·li ʦe^{24}。

是□□□做，不是□□□做。是那么做,不是要这么做。

7. pa^{42} iaɔ^{24} ŋ̍^{24} pu^{53} ·li ti^{45}，ʦɿ^{53} iaɔ^{24} e^{24} pu^{53} ·li ti^{45}。

不要□□□多，只要□□□多。用不着那么多,只要这么多。

8. e^{24} tʻo^{45} ly^{24}，ŋ̍^{24} tʻo^{45} ȵia^{13}，e^{24} ʦo^{53} kɯ^{24} li^{45} ka^{53} xaɔ^{53} ti^{45} ·ni？

□□大，□□□，□□个□□好点呢？这个大,那个小,这两个哪一个好一点儿呢?

9. e^{24} tʻo^{45} pi^{53} ŋ̍^{24} tʻo^{45} xaɔ^{53}。

□□比□□好。这个比那个好。

10. e^{24} kɯ^{24} ʨi^{42} toŋ^{24} ·pu taɔ^{24} ŋ̍^{24} kɯ^{24} ʨi^{42} tʻi^{53} mĩ^{24}。

□个室当不到那个室体面。这些房子不如那些房子好。

11. e^{24} kʻa^{53} za^{24} ʥin^{13} təu^{45} ua^{24} me^{45} ʨi^{53} kæ^{53}？

□口字巡头话么□讲？这句话用巡头话怎么说?

12. ʑi^{13} ʨi^{45} le^{45} ua^{53} xaɔ^{53} ly^{24} ·ia？

渠 今年 有 好 大 呀？他 今年多大？

13. u^{53} ua^{53} soŋ^{45} ʦʻɿ^{53} ti^{45} ʦua^{24} ·iaɔ。

吾有三十多岁了。

14. e^{24} do^{13} təu^{45} ɕi^{45} xaɔ^{53} tʻye^{53} ·ia？

□□东西好重呀？这个东西有多重呢？

15. ua^{53} ŋ̍^{53} ʦʻɿ^{53} ʨi^{45} tʻye^{53} ·ni。

有五十斤重呢。

16. to^{13} ·te zæ^{24} ·pa？

拿得动吗？

17. u^{53} to^{13} ·te zæ^{24}，ʑi^{13} to^{13} pa^{42} zæ^{24}。

吾拿得动，渠拿不动。

18. ȵi^{53} ua^{24} ·te muɔ̃^{13} xaɔ^{53}. ȵi^{53} ɣæ^{13} xui^{24} ua^{24} i^{42} tæ^{53} ·pu?

你话得蛮好。你还会话一点不?你说得很好,你还会说一点儿什么吗?

19. u^{53} kæ^{53} ʑi^{13} ·pu ʑin^{13}. /u^{53} kæ^{53} ·pu ʑin^{13} ʑi^{13}。

吾讲渠不赢。/吾讲不赢渠。我说不过他。

20. kæ^{53} ·lə i^{42} tʻoŋ^{24} iu^{53} kæ^{53} ·lə i^{42} tʻoŋ^{24}。

讲了一趟又讲了一趟。说了一遍,又说了一遍。

21. tsʻin^{53} ȵi^{53} ɣæ^{13} kæ^{53} u^{53} ua^{24} i^{42} taɔ^{24}。

请你还讲□话一到。请你再说一遍。

22. pa^{42} tsaɔ^{53} ·iaɔ, kʻua^{24} kʻɯ^{24}。

不早了,快去。

23. ȵi^{53} kʻɯ^{24} ɕi^{45}, ɣa^{24} ŋa^{53} ku^{24} i^{42} tɕʻie^{53} kʻɯ^{24}。

你去先,□过一 阵去。你先去吧,我们等一会再去。

24. xuɔ̃^{53} xuɔ̃^{53} dʑiu^{24}, mo^{42} kɯ^{42}。

缓缓食,莫急。慢慢儿吃,不要着急。

25. dʑie^{24} ·ta dʑiu^{24} pi^{53} dza^{24} ·ta dʑiu^{24} xaɔ^{53} tiɛn^{53}。

坐哒食比站哒食好点。坐着吃比站着吃好。

26. e^{24} to^{42} dʑiu^{24} ·te, ŋ̍^{13} to^{42} dʑiu^{24} ·pu · te。

□隻食得,□隻食不得。这个吃得,那个吃不得。

27. ʑi^{13} dʑiu^{24} ·iaɔ muɔ̃^{45} ·iaɔ, ȵi^{53} dʑiu^{24} ·te · pæ?

渠食了饭了,你食得呗?他吃了饭了,你吃了饭没有?

28. ʑi^{13} taɔ^{24} kɯ^{24} dʑin^{13} təu^{45}, u^{53} maɔ^{24} taɔ^{24} kʻɯ^{24}。

渠到过巡头,吾冒到去。他去过巡头,我没有去过。

29. e^{24} tye^{53} xua^{45} ȵi^{53} me^{13} xa^{24} tɕʻioŋ^{45} pa^{42} tɕʻioŋ^{45}? tɕʻioŋ^{45} ·te xe^{53}。

□朵花你闻下香不香?香得很。来闻闻这朵花香不香?很香。

30. e^{24} pæ^{53} tɕiu^{45} te^{24} u^{53}。/te^{24} u^{53} i^{13} pæ^{53} tɕiu^{45}。

□本书得吾。/给吾一本书。给我一本书。

31. e^{24} pæ^{53} tɕiu^{45} tɕʻie^{53} ʑi^{13} ·ti, ŋ̍^{24} pæ^{53} tɕiu^{45} tɕʻie^{53} ʑi^{13} ly^{24} ko^{45} ·ti。

□本书是渠的,□本书是渠大哥的。这是他的书,那一本是他哥哥的。

32. xaɔ^{53} xaɔ^{53} ·ti ɣuɔ̃^{13}, pa^{42} iaɔ^{24} tʻua^{45}。

好好地行,不要驰。好好 地 走,不要跑。

33. kue^{53} ȵi^{53} kʻɯ^{24} ·pa kʻɯ^{24}, fan^{53} tsin^{24} u^{53} tɕʻie^{53} iaɔ^{24} kʻɯ^{24} ·ti。

管你去不去，反正吾是要去的。不管你去不去，反正我是要去的。

34. u^{53} pa^{42} kʻɯ^{24} pa^{42} ɕin^{13}。/u^{53} iaɔ^{24} kʻɯ^{24}。

吾不去不行。吾要去。我非去不可。

35. toŋ^{45} ɕi^{45} da^{42} ·iaɔ lo^{13} pu^{42} kʻɯ^{53}。

当心跌了爬不起。小心跌下去爬不上来。

36. ʦæ^{53} fuɔ̃^{13} sa^{45} ·fu iaɔ^{24} ȵi^{53} ti^{45} kʻui^{24} i^{42} ʨʻie^{53}。

诊病师傅要你多睏一□。医生要你多睡一会儿。

37. pʻĩ^{45} ɣuɔ̃^{13} pʻĩ^{45} ua^{24}。

边行边话。一边走，一边说。

38. ye^{24} kæ^{53} ye^{24} ti^{45}，ye^{24} ɣuɔ̃^{13} ye^{24} uæ^{53}。

越讲越多，越行越远。

39. po^{53} ŋ̍^{24} pæ^{53} ʨiu^{45} te^{24} u^{53}。

把那本书给吾。

40. ȵi^{53} ɕi^{24} ŋ̍^{13}，u^{53} a^{53} ɕi^{24} ŋ̍^{13}，ɣa^{24} ŋa^{53} ʦo^{53} to^{24} ɕi^{24} ŋ̍^{13}。

你姓王，吾也姓王，□倨□ 都姓王。你姓王，我也姓王，我们两个都姓王。

语法例句二：

1. ȵi^{53} xua^{24} ·ti taɔ^{24} kʻɯ^{24} ·pa?

你划得到去不?你打不打算去?

2. ʑi^{13} tæ^{45} ·pa tæ^{45} i^{24} kʻɯ^{24}?

渠□不□意去?他敢去不敢去?

3. e^{24} kua^{53} ʦa^{24} ʑi^{13} ɕiaɔ^{53} ·te · pa?

□□事渠晓得不?这件事他知道不知道?

4. e^{24} to^{42} za^{24} ȵi^{53} ȵi^{24} ·te taɔ^{24} ·pa?

□隻字你认得到不?这个字你认得不认得?

5. e^{24} to^{42} təu^{45} ɕi^{45} ua^{53} ·pa ua^{53} ŋ̍^{24} to^{42} ly^{24} （pa）?

□隻东西有不有□□大?这个东西有那个东西大没有?

6. ȵi^{53} ua^{53} ·pa ua^{53} ʑi^{13} e^{24} me^{45} kaɔ^{45}?

你有不有渠□么高?你有没有他这么高?

7. ȵi^{53} kʻɯ^{24} ʦe^{24} ɕie^{24} kɯ^{42}? u^{53} kʻɯ^{24} ma^{53} ʨʻi^{24}。

你去做□□什么? 吾我去买菜。

8. e^{24} to^{42} təu^{24} ɕi^{45} xaɔ^{53} sɿ^{24} xaɔ^{53}，ʨiu^{53} sɿ^{24} ʨy^{24} ·iaɔ.

□隻东西好是好，就是贵了。这东西好是好，就是太贵。

9. ʑi^{13} dʑiu^{24} ·ta muɔ̃^{45} ·iaɔ，ȵi^{53} dʑiu^{24} ·iaɔ muɔ̃^{45} ·pa?

渠食哒饭了，你食了饭不?他吃了饭了，你吃了没有呢?

10. tɕia^{45} ŋ̍^{42} ua^{53} ·pa ua^{53} muɔ̃^{45} dʑiu^{24}?

□是有不有饭食?今天有饭吃吗?

11. ʦu^{24} ua^{53} ·iaɔ。

□雨了。下雨了。

12. xuɔ̃^{53} k‘ɯ^{53} i^{42} da^{13} k‘o^{42}。

喊起一台客。请了一桌客。

13. xaɔ^{53} ·te pa^{42} ·te liaɔ^{53}。

好得不得了。

14. da^{13} ·da kaɔ^{45} ·ta foŋ^{24} ·kə i^{48} ŋ̍^{53} ʦu^{53}。

台台高头放咯一碗水。桌上放着一碗水。

15. e^{24} to^{42} təu^{45} ɕi^{45} dʑiu^{24} ·te · pa?

□隻东西食得不?这些东西吃得吃不得?

16. ʑi^{13} pa^{42} te^{24} k‘əu^{24} ·te xe^{53}，muɔ̃^{45} t‘əu^{45} pa^{42} te^{24} k‘əu^{24} dʑiu^{24}。

渠不得空得很，饭都不得空食。他忙得很，忙得连饭都忘了吃了。

17. e^{24} to^{42} tɕ‘ie^{53} ʑi^{13} ·ti tɕiu^{45}。

□隻是渠的书。这是他的书。

18. ʑi^{13} pa^{42} te^{24} u^{53} ma^{53} təu^{45} ɕi^{45}。

渠不给吾买东西。他不给我买东西。

19. me^{45} pa^{42} ɕye^{53} k‘ɯ^{53}。

门不锁起。门没锁上。

20. ŋ̍^{53} t‘iu^{42} ʑi^{13} k‘ua^{53} fei^{53} ·iaɔ。

碗着渠敤□了。碗被他打了。

21. u^{53} ·ti ʦ‘uɔ̃^{45} pa^{42} t‘iu^{42} ʑi^{13} k‘ua^{53} fei^{53}。

吾的铛不着渠敤□。我的锅没有被他砸破。

22. u^{53} ·ti laɔ^{53} ka^{45} ȵioŋ^{45} t‘iu^{42} ŋ̍^{45} daɔ^{24} ·iaɔ。

吾的老鸡娘着人盗了。我的老母鸡被人偷走了。

23. e^{24} to^{42} ŋ̍^{53} ʑi^{13} k‘ua^{53} fei^{53} ·iaɔ。

□隻碗渠敤□了。这个碗被他打破了。

24. tsʻaɔ^{53} ŋɯ^{45} dʑiu^{24} ·iaɔ。

草牛食了。草被牛吃了。

25. e^{24} to^{42} pi^{53} ŋ̍^{24} to^{42} xaɔ^{53}。

□隻比□隻好。这个比那个好。

26. u^{53} pa^{42} pi^{53} ȵi^{53} kaɔ^{45} xaɔ^{53} ti^{45}。

吾不比你高好多。我不比你高多少。

27. ʑi^{13} pi^{53} ȵi^{53} ly^{24} ɣæ^{13} sɿ^{24} ȵi^{53} pi^{53} ʑi^{13} ly^{24}？

渠比你大还是你比渠大？他比你大还是你比他大？

28. i^{45} kue^{45} u^{53} pa^{42} to^{13} fuõ^{13} zæ^{13}。

衣裤吾不□回来。我没有把衣服拿回来。

29. ȵi^{53} ti^{24} tɕiu^{45} te^{24} u^{53}。

你递书给吾。你把书递给我。

30. do^{13} e^{24} pæ^{53} tɕiu^{45} sa^{45} kʻɯ^{53}。

□□本书收起。把这本书收起来。

31. me^{45} kʻa^{53} dza^{24} ·kə i^{42} to^{42} ŋ̍^{45}。

门口站咯一隻人。门口站着一个人。

32. laɔ^{53} ·ku te^{24} ·kə i^{42} to^{42} maɔ^{24} ·ʦa。

脑牯戴咯一隻帽子。头上戴着一顶帽子。

33. u^{53} kʻua^{53} ·te ʑi^{13} ʑin^{13}。/u^{53} kʻua^{53} ·pu ʑin^{13} ʑi^{13}。/u^{53} kʻua^{53} ʑi^{13} ·pu ʑin^{13}。

吾敤得渠赢。/吾敤不赢渠。/吾敤渠不赢。我能打赢他。/我打不赢他。/我打他不赢。

34. ʑi^{13} ʦaɔ^{53} mĩ^{24} ·iaɔ。

渠澡面了。他洗完脸了。

35. u^{53} kʻua^{53} ȵi^{53} tɕi^{53} kui^{24} ·ʦa。

吾敤你几棍子。我打你几棍子。

36. te^{24} u^{53} i^{42} ŋ̍^{53} ʦu^{53}。

给吾一碗水。给我一碗水。

37. ȵi^{53} pa^{42} iaɔ^{24} tɕiu^{53} te^{24} u^{53}。

你不要就给吾。

38. to^{13} te^{24} u^{53} dʑiu^{24}。

拿给吾食。

39. ȵi^{53} tɕʻie^{53} taŋ^{53} yɛn^{13}，u^{53} a^{53} tɕʻie^{53} taŋ^{53} yɛn^{13}。

你是党员，吾也是党员。你是党员，我也是党员。

40. e^{24} pæ^{53} ʨiu^{45} pa^{42} ʨʻie^{53} u^{53} ·ti。

□本书不是吾的。这本书不是我的。

41. min^{13} tiaɔ^{45} ʨʻie^{53} ·pa ʨʻie^{53} sin^{45} ʥi^{13} tʻe^{45}？

明朝明天是不是星期天？明天是不是星期天？

42. te^{24} u^{53} i^{42} tæ^{53} ʦu^{53}。

给吾我一点水。给我一点水。

43. te^{24} u^{53} i^{42} pæ^{53} ʨiu^{45}。

给吾我一本书。给我一本书。

44. ȵi^{53} ·ti ʨi^{42} ʦʻe^{53} ta^{24} la^{53}？

你的室家在□你的家在哪里？

45. ȵi^{53} taɔ^{24} ta^{24} la^{53} kʻɯ^{24}？

你到□□去？你上哪儿去？

46. ȵi^{53} ua^{53} a^{45} ko^{45} ·pa？

你有阿哥不？你有哥哥吗？

47. ʨʻie^{53} ȵi^{53} kʻɯ^{24} ɣæ^{13} ʨʻie^{53} u^{53} kʻɯ^{24}？

是你去还是吾我去？是你去还是我去？

48. ɕi^{45} tʻiu^{42} ua^{24} ɣæ^{13} ʨʻie^{53} ɕi^{45} tʻiu^{42} kue^{45}？

先着穿袜还是先着穿裈？先穿袜子还是先穿裤子？

49. u^{53} ua^{24} ·ti tua^{24} ·pa？

我话的对不？我讲的对不对？

50. ʥin^{13} təu^{45} ȵi^{53} taɔ^{24} kʻɯ^{24} ·pa？

巡头你到去不？巡头你去过没有？

51. ȵi^{53} uɔ̃^{53} za^{45} ʦʻuæ^{53} ·pa？

你□油茶不？你喝油茶吗？

52. ʨʻie^{53} ·pu ʨʻie^{53} ua^{24} taɔ^{24} e^{24} ·ta soŋ^{24} ·iaɔ？

是不是话到□□算了？是不是谈到这就算了？

53. kæ^{53} ·ta kæ^{53} ·ta ʨiu^{53} tie^{13} kʻɯ^{53} ·ta · iaɔ。

讲哒讲哒就啼去哒了。讲着讲着就哭起来了。

54. pa^{42} duɔ̃^{45} ·ti ŋaɔ^{45}。

不停地□。不停地摇。

55. ʑi^{13} ɕiu^{53} puõ^{53} ·tsɿ ta^{53} xa^{24} ko^{42} ·kə i^{42} pæ^{53} tɕiu^{45}。

渠他手膀子底下夹咯一本书。他胳膊底下夹着一本书。

56. ʑi^{13} tsʻe^{53} tsaɔ^{53} ŋ^{45}。

渠他在找人。他在找人。

57. ʑi^{13} zæ^{13} ɕi^{24} ·iaɔ ·pa?

渠他来信了不?他来过信没?

58. moŋ^{24} i^{13} moŋ^{24}.

望一望。看一看。

59. ȵi^{53} taɔ^{24} ta^{24} la^{45} kʻɯ^{24}?

你到□□去?你上哪儿去?

60. ʑi^{13} ma^{53} tɕiu^{45} kʻɯ^{24} ·iaɔ。

渠他买书去了。他买书去了。

61. pi^{24} kʻɯ^{53}。

闭起。关起来。

62. ɣuõ^{13} la^{45} ta^{45} ɣa^{24} kʻɯ^{24}。

行楼头下去。走楼上下去。

63. ɣuõ^{13} e^{24} la^{53} ȵioŋ^{45} kʻɯ^{24}。

行□□□去。从这里进去。

第五章 巡头乡话语料记音

一、民间故事

（一）龙颈坳

liu^{45} tɕin^{53} aɔ^{24} ta^{53} ɣo^{24} ua^{53} i^{42} to^{42} tɕiaɔ^{13}，tɕiaɔ^{24} meŋ^{13} dəu^{24} tɕiaɔ^{13}。
龙 颈 坳 底 下 有 一 隻$_{\text{座}}$桥， 叫 蒙 洞 桥。

tɕiaɔ^{13} ta^{45} ·ti ŋa^{45} se^{45} tsʻoŋ^{53} ua^{53} i^{42} kɯ^{24} ŋa^{45} tiu^{45}，dʑia^{24} liu^{45} ·ti laɔ^{53} ·ku，
桥 头的岩山上 有 一个 岩□， 像 龙 的脑 牯，

ua^{24} tsʻoŋ^{45} ɣa^{13} kua^{42}， xa^{24} ɣa^{13} kua^{42}， bi^{13} kʻəu^{53}， bi^{13} kʻəu^{53} tsʻu^{42} dʑi^{42} tɕʻi^{24}。
有上 颌 骨，下颌 骨， 鼻 孔，鼻 孔 出 热气。

ua^{53} i^{42} le^{45}，læ^{13} tsʻua^{42} ·ta ɣɯ^{13} ·iaɔ，ioŋ^{45} muɔ̃^{13} se^{45} ·iaɔ，pa^{42} ɕiaɔ^{53} ·te sɿ^{24}
有一年，田 插 哒 禾 了，秧 蛮 深了，不晓 得是

me^{45} tɕi^{53} kaɔ^{53} ·ti，ɣɯ^{13} tʻiu^{42} ɕie^{45} ·kə dʑiu^{24} ·iaɔ，te^{24} kaɔ^{45} ·ta y^{24} xuaŋ^{13} ta^{53} ti^{24}
么 □$_{\text{怎么}}$ 搞 的，禾 着$_{\text{被}}$ 什 个 食$_{\text{吃}}$了，得$_{\text{给}}$ 高 头玉 皇 大 帝

ɕiaɔ^{53} ·te · iaɔ，y^{24} xuaŋ^{13} ta^{53} ti^{24} iaɔ^{24} tiu^{45} ɕin^{13} bu^{13} sa^{42} po^{53} liu^{45} ·ti xa^{24}
晓 得 了 ， 玉 皇 大 帝 要 霆$_{\text{雷}}$ 神 菩 萨 把 龙 的 下

ɣa^{13} kua^{42} kʻua^{53} liaɔ^{24}，tso^{24} ·iaɔ liu^{45} ·ti xa^{24} ɣa^{53} kua^{42}，ɣɯ^{13} mæ^{53} ·ta pa^{42} tʻiu^{42} dʑiu^{24} ·iaɔ。
颌骨敤$_{\text{打}}$ 掉，炸了龙的下颌骨，禾尾头$_{\text{后来}}$不 着$_{\text{被}}$食$_{\text{吃}}$ 了。

（二）簸箕腾云板凳当马骑

ɕi^{45} tsæ^{24} ki^{45} laɔ^{53} tsæ^{24} tso^{53} to^{42} ua^{53} zæ^{13} ʋoŋ^{53}，xu^{42} ɕiaŋ^{45} æ^{53} tsʻuæ^{53}，
新寨 跟老 寨□$_{\text{两}}$ 个有 来往， 互相 喝 茶 ，

tsʻin^{53} kʻo^{42} dʑiu^{24} muɔ̃^{45}，ʑi^{13} ŋa^{45} pa^{42} ioŋ^{24} ɣuɔ̃^{13} saɔ^{53}，tɕiu^{53}
请 客 食$_{\text{吃}}$ 饭 ， 渠 偓$_{\text{他们}}$ 不 用 行$_{\text{走}}$ □$_{\text{路}}$ ，就

ʥie^{13} kɯ^{45}，ʥie^{13} ·ta poŋ^{53} ʦʻuɔ̃^{45} kɯ^{24} kʻɯ^{24}，maɔ^{24} ʨʻi^{24}，ʨiu^{53} ʥie^{13} ·ta kɯ^{45}
骑 □簸箕，骑 哒板 □凳 过 去， 冇 菜， 就 骑哒 □簸箕
ʥuɔ̃^{13} ye^{13}，ʥie^{13} ·ta poŋ^{53} ʦʻuɔ̃^{45} kʻɯ^{24} ma^{53} ʨʻi^{24}。mæ^{53} ·ta，kaɔ^{45} ·ta ɕiaɔ^{53} ·te ·iaɔ，
腾 云，骑 哒板□凳去 买 菜。尾 头后来，高头上头晓 得了，
ȵi^{24} ue^{13} sɿ^{24} ʦʻaɔ^{53} kʻəu^{24}，ʨiu^{53} ɕia^{42} i^{42} to^{42} kʻuæ^{53}，ioŋ^{24} kʻuæ^{53} ɕy^{42} kʻɯ^{24}
认为是 草 寇， 就杀 一隻犬狗， 用 犬狗 血去
lin^{13} ·iaɔ i^{42} kua^{24}，ioŋ^{24} dæ^{13} ʦʻo^{45} tuɔ̃^{24} taɔ^{24} tʻie^{53} ȵioŋ^{45} ·ta。mæ^{53} ·ta
淋了 一 □遍，用 铜 尺 钉 到 地 □ 头里面。尾头后来
ʨiu^{53} pa^{42} ua^{53} “kɯ^{45} ʥuɔ̃^{13} ye^{13}，poŋ^{53} ʦʻuɔ̃^{45} toŋ^{45} mo^{53} ʥie^{13}” ·iaɔ。
就 不 有“□簸箕腾 云， 板 □凳 当 马 骑”了。
ɕi^{45} ʦæ^{24} e^{24} pʻĩ^{45} ·ti ʨi^{42} pa^{42} ua^{53} ·iaɔ，kaɔ^{45} ·ta ʦa^{24} ·lə i^{42} to^{42} miaɔ^{24}，
新寨 □这 边 的 室房子 不有 了，高 头上面 造 了一隻庙，
ʨiaɔ^{24} li^{24} mu^{53} miaɔ^{24}，laɔ^{53} ʦæ^{24} ʦa^{24} ·lə i^{42} to^{42} miaɔ^{24}，ʨiaɔ^{24} ɣæ^{13} miaɔ^{24}。
叫 地母 庙， 老 寨 造了一隻庙 叫 红 庙。

（三）一对螺丝把水口

laɔ^{53} ʨiaɔ^{13} ʨi^{42} ta^{53} xa^{24} ua^{53} ʦo^{53} to^{42} ŋa^{45} tiu^{45}，ʥia^{24} lo^{13} sɿ^{45}，
老桥室屋（地名） 底 下 有 □两 隻岩□石头，像 螺 丝，
ŋa^{45} tiu^{45} ȵioŋ^{53} · ta ua^{53} ʦu^{53} ʨiu^{53} le^{45} sa^{45} xaɔ^{53}。mæ^{53} ·ta，ua^{53} i^{42} to^{42}
岩□石头□里 头有 水 就 年 收收成好。尾 头后来，有一隻
tʻiu^{42} ʦu^{53} kʻua^{53} kʻɯ^{24} ·ta，ɣa^{24} i^{42} to^{42} lo^{42} li^{53} ɕia^{45} ʨiaɔ^{13}，
着被 水 毄打 去 哒，后 一 隻 蜡里（地名） 修 桥，
tʻiu^{42} ua^{42} ʨi^{45} ua^{42} kʻɯ^{24} foŋ^{24} taɔ^{24} saɔ^{53} pʻĩ^{45}。
着被 挖 机 挖 去 放 到 □路边。

（四）借东西

meŋ^{13} dəu^{24} ʦʻui^{45} ua^{53} i^{42} fa^{53} ʨy^{53}，me^{53} le^{45} le^{45} ta^{53} pe^{24} ʦin^{13} ŋ̍^{45} zæ^{13} taɔ^{24} ʦʻui^{45}
蒙 洞村 有一伙鬼 每 年年底 变 成人 来 到 村
ȵioŋ^{53} ·ta ʨi^{24} təu^{45} ɕi^{45}，ʑi^{13} ŋa^{53} ʨi^{24} ʦʻuɔ̃^{45}，sa^{53} ·lə ɣa^{24}，tʻua^{24} i^{42} to^{42} ka^{45} tʻua^{53}，
□ 头里面 借 东西， 渠 (亻匡)他们借 铛锅子，使用了 后， 退 一隻 鸡 腿，
ka^{45} tʻua^{53} ɣa^{24} pei^{24} ʨiu^{53} pe^{24} ·lə pu^{53} ·ʦe ·ti kɯ^{42} ·iaɔ，ʦʻui^{45} li^{53} ŋ̍^{45}
鸡 腿 后背后来就 变了□ □蝗虫 的角 了。 村 里 人

ɕiaɔ^{53} ·te ʨʻie^{53} ʨy^{53} ·iaɔ，ʦæ^{24} pa^{42} ʨi^{24} təu^{45} ɕi^{45} te^{24} ʑi^{13} ŋa^{53} ·iaɔ。
晓　得　是　鬼　了，再　不　借　东西　给渠偓$_{\text{他们}}$了。

二、谚语和谜语

（一）农谚

ɕi^{24} lia^{42} kʻua^{45} tʻe^{45} pa^{42} ʨia^{53} kʻoŋ^{45}
四六　开　天　不　久　干$_{\text{晴}}$。

tiu^{45} kʻua^{53} ʨʻia^{45}，ʦe^{42} poŋ^{24} sa^{45}。
□$_{\text{雷}}$敤$_{\text{打}}$　秋，　折　半　收。

ʦin^{45} ȵy^{42} tiu^{45} kʻua^{53} ɕy^{42}，
正　月　靁$_{\text{雷}}$敤$_{\text{打}}$　雪，
ʦo^{53} ȵy^{42} ua^{53} pa^{42} ɕi^{42}，
□$_{\text{二}}$月　雨不　歇，
so^{45} ȵy^{42} bo^{13} kʻoŋ^{45} læ^{13}，
三　月耙　干　田，
ɕi^{24} ȵy^{42} ioŋ^{45} ʦʻoŋ^{53} ʨi^{42}。
四　月　秧　上　节。

ɕi^{24} ȵy^{42} pua^{42}，
四月　八，
ɣæ^{13} ʦu^{53} fa^{42}，
洪　水发，
læ^{13} ta^{53} xa^{24} təu^{24} ɕi^{53} ɯ^{42}。
田底　下冻　死鸭。

（二）谜语

ŋ̍^{45} ŋ̍^{13} tu^{53} li^{53} ʦo^{53} ʨi^{45} so^{45}，
人王肚里 □$_{\text{两}}$斤　沙，

təu^{45} me^{45} laɔ^{53} ·ku kaɔ^{45} ·ta ʦʻaɔ^{53} kʻua^{45} xua^{45}

东 门 脑 牯 高 头 草 开 花，

sa^{45} zo^{24} ʦʻue^{45} ʦe^{45} ʦʻɿ^{53} i^{42} kʻa^{53}，

丝 线 穿 针 十 一 口，

pa^{24} ŋ̍^{13} me^{53} ʨia^{53} ʦʻe^{53} u^{53} ko^{45}/ʨi^{42}。

霸王 美 酒 在 吾$_{\text{我}}$家/室。

（金兰结义）

uæ^{53} moŋ^{24} ʥia^{24} koŋ^{53} ʨiaɔ^{13}，

远 望$_{\text{看}}$ 像 拱 桥，

ʨʻie^{53} moŋ^{24} ʥia^{24} ua^{53} zaɔ^{13}

近 望$_{\text{看}}$ 像 瓦 窑，

koŋ^{53} ʨiaɔ^{13} kɯ^{24} pa^{42} ·te mo^{53}

拱 桥 过 不 得 马，

ua^{53} zaɔ^{13} saɔ^{45} pa^{42} ·te ua^{53}。

瓦 窑 烧 不 得 瓦。

（茶叶皮篓）

i^{42} ȵioŋ^{45} suɔ̃^{45} u^{53} so^{45} ʦʻɿ^{53} ti^{45}，

一 娘 生 吾$_{\text{我}}$ 三 十 多，

ɕi^{45} suɔ̃^{45} laɔ^{53} ·laɔ ɣa^{24} suɔ̃^{45} ko^{45}。

先 生 □ □$_{\text{弟弟}}$后 生 哥。

me^{45} ʦe^{45} ua^{53} ʦa^{24} kaɔ^{24} laɔ^{53} ·laɔ，

外 □$_{\text{外面}}$ 有 事 靠 □ □$_{\text{弟弟}}$，

ʨi^{42} ·ta ua^{53} ʦa^{24} lye^{24} ly^{24} ko^{45}。

室$_{\text{屋}}$ 头有 事 寻$_{\text{找}}$ 大 哥。

（一口牙齿）

so^{45} foŋ^{45} xa^{53}，da^{13} to^{42} ku^{53}，

三 兄 □$_{\text{兄弟}}$，抬 隻 鼓，

daɔ^{24} ·ti daɔ^{24}，ʋu^{53} ·ti ʋu^{53}。

跳 的 跳，舞 的 舞。

（撑锅子架上烧水）

（三）回环诗

ʦʻoŋ^{45} liɛn^{13} pi^{42} ʦu^{53} zæ^{24} fɯ^{45} lioŋ^{13}，
香 莲 碧 水 动 风 凉，
ʦu^{53} zæ^{24} fɯ^{45} lioŋ^{13} xa^{24} ioŋ^{13} dioŋ^{13}。
水 动 风 凉 下 □$_{\text{日}}$ 长。

（四）茶歌

i^{42} to^{42} ʦʻuæ^{53} buɔ̃^{13} ɕi^{24} ɕi^{24} foŋ^{45}，
一隻 茶 盘 四 四 方，
y^{42} liu^{45} ʦʻuæ^{53} ʦe^{53} pua^{53} toŋ^{45} tio^{45}。
玉龙 茶 盏 摆 当 中。
toŋ^{45} tio^{45} pua^{53} kʻɯ^{53} ʨi^{45} ʦʻuæ^{53} ʦu^{53}，
当 中 摆 起 金 茶 水，
ȵi^{53} po^{53} ʦʻuæ^{53} ʦa^{24} ua^{24} ʦʻu^{42} zæ^{13}。
你 把 茶 事 话 出 来。
pa^{42} kæ^{53} æ^{53} ʦʻuæ^{53} iu^{24} ȵia^{13} kʻa^{53}，
不 讲 □$_{\text{喝}}$ 茶 尤 □$_{\text{小}}$口，
kæ^{53} kʻɯ^{53} æ^{53} ʦʻuæ^{53} ua^{53} ki^{45} ta^{45}。
说 起 □$_{\text{喝}}$茶 有 根头$_{\text{来由}}$。
ʥuɔ̃^{13} ʨie^{13} ly^{24} min^{13} pa^{42} ʦʻuæ^{53} ʦæ^{53}。
□ □$_{\text{从前}}$ 大 明 不$_{\text{无}}$茶 种，
ʦʻe^{45} i^{42} ʦʻɿ^{53} ŋ̍^{53} pa^{42} te^{24} ʦʻuæ^{53}，
初 一 十 五 不 得 茶。
tʻæ^{24} pʻo^{45} ɕi^{45} ŋ̍^{45} ɕi^{45} tʻe^{45} kɯ^{24}，
太 白 仙 人 西 天 过，
se^{45} tiu^{24} so^{45} po^{53} ʦʻuæ^{53} ʦɿ^{53} ʦoŋ^{24} ȵioŋ^{53} ·ta ioŋ^{45}。
身 带 三 把 茶 籽 园 □ 头$_{\text{里}}$秧。
i^{42} po^{53} ʦəu^{24} ʨʻie^{53} ʦoŋ^{24} me^{45} ʦe^{53}，

一把　种　在　园　外　□外，

me45 za24 tɕiaɔ24 tse24 tɕʻie53 tɕi45 tsʻuæ53，

名　字叫　作　是　金　茶，

i42 po53 tsəu24 tɕʻie53 tsa24 kʻua53 ·ta，

一　把　种　在　树　梈　头枝头，

me45 za24 tɕiaɔ24 tse24 tɕi24 suɔ̃45 tsʻuæ53，

名　字　叫　作　寄　生　茶，

ɣæ13 ua53 i42 po53 pa42 sa53 dioŋ13，

还　有一把　不没使用场无用处，

dziu13 taɔ24 fæ13 kan45 kʻua53 za45 tsʻuæ53。

流　到　凡　间　敤打　油　茶。

参考文献

鲍厚星. 沅陵乡话与沅陵客话［C］//双语双方言，香港：彩虹出版社，1992：13-19.

鲍厚星. 湖南城步（儒林）方言音系［J］. 方言，1993（1）：31-41.

鲍厚星，伍云姬. 沅陵乡话记略［J］. 湖南师范大学学报（湖南方言专辑增刊），1985：40-66.

曹志耘. 湘西方言概述［J］. 语文研究，2007（1）：42-47.

陈晖. 湘方言语音研究［M］. 长沙：湖南师范大学出版社，2006.

陈晖. 古全浊声母在湘方言中的今读情况［J］. 方言，2008（2）：124-132.

陈晖，鲍厚星. 湖南省的汉语方言（稿）［J］，方言，2007（3）：250-259.

广西壮族自治区地方志编辑委员会. 广西通志·汉语方言志［M］. 南宁：广西人民出版社，1999.

湖南省公安厅. 湖南汉语方音字汇［M］. 长沙：岳麓书社，1993.

胡萍. 湘西南汉语方言语音研究［M］. 长沙：湖南师范大学出版社，2007.

蒋冀骋. 湖南沅陵乡话词缀“立”［li］的来源［J］. 湖南师范大学社会科学学报，2004（5）：99-101.

蒋冀骋. 沅陵乡话 z 声母的形成及其所反映的语音历史层次［J］. 湖南师范大学社会科学学报，2006（6）：84-88.

李蓝. 湖南城步青衣苗人话［M］. 北京：中国社会科学出版社，2004.

李如龙，张双庆. 客赣方言调查报告［M］. 厦门：厦门大学出版社，1992.

李维琦. 祁阳方言研究［M］. 长沙：湖南教育出版社，1998.

李永明，鲍厚星．湖南省志·方言志［M］．长沙：湖南人民出版社，2001.

林华．“调素”论及普通话连读变调［J］．中国语文，1998（1）：31-38.

罗常培，周祖谟．汉魏晋南北朝韵部演变研究［M］．长沙：科学出版社，1958.

罗杰瑞．闽方言中的来母字和早期汉语［J］．民族语文，2005（4）：1-5.

罗昕如．新化方言研究［M］．长沙：湖南教育出版社，1998.

罗昕如．湖南蓝山土话的内部差异［J］．方言，2002（2）：133-143.

罗自群．从汉语方言“鸡公”“公鸡”看动物名词雌雄南北异序的成因［J］．方言，2006（4）：378-384.

潘悟云．汉语历史音韵学［M］．上海：上海教育出版社，2000.

潘悟云．著名中年语言学家·潘悟云卷［M］．合肥：安徽教育出版社，2002.

彭建国．湘语音韵历史层次研究［M］．长沙：湖南大学出版社，2010.

瞿建慧．湖南泸溪（白沙）乡话的性质和归属［J］．语文学刊，2007（5）：55-57.

瞿建慧．湖南泸溪（白沙）乡话音系［J］．方言，2008（2）：161-172.

王辅世．湖南泸溪瓦乡话语音［J］．语言研究，1982（1）：135-147.

王辅世．再论湖南泸溪瓦乡话是汉语方言［J］．中国语文，1985（3）：171-177.

伍云姬．谈雌雄动物名称的演变［C］//石锋．汉语研究在海外．北京：北京语言学院出版社，1995：111-112.

伍云姬．湖南古丈瓦乡话的音韵初探［C］//丁邦新，余霭芹主编．语言变化与汉语方言——李方桂先生记念文集．台北：“中央研究院”语言学研究所，2000：349-366.

伍云姬．湘西瓦乡话风俗名物彩图典［M］．长沙：湖南师范大学出版社，2007.

伍云姬．湖南瓦乡话“子”尾［tsa］的语法化过程［C］//沈家煊，等．语法化与语法研究（三）．北京：商务印书馆，2007.

伍云姬，沈瑞清. 湘西古丈瓦乡话调查报告［M］. 上海：上海教育出版社，2010.

伍云姬，曹茜蕾. 湘西瓦乡话和西南官话表处置的“跟”所引发的疑问［J］. 中国语文研究，2008（2）：1-13.

向海洋. 沅陵乡话语音研究［D］. 贵州大学硕士学位论文，2009.

邢向东. 陕西关中方言古帮组声母的唇齿化与汉语史上的重唇变轻唇［J］. 中国语文，2013（2）：99-106.

徐馥琼. 粤东闽语甲子方言重唇合口字的轻唇化［J］. 中国语文，2012（2）：177-182.

杨蔚. 沅陵乡话研究［M］. 长沙：湖南教育出版社，1999.

杨蔚. 湘西乡话音韵研究［D］. 暨南大学博士学位论文，2004.

杨蔚，詹伯慧. 湘西乡话分布与分片［J］. 语文研究，2009（4）：46-51.

杨蔚，詹伯慧. 湘西乡话的语音特点［J］. 方言，2009（4）：289-303.

杨蔚. 湘西乡话语音研究［M］. 广州：广东人民出版社，2010.

赵日新，李姣雷. 湖南沅陵清水坪乡话同音字汇［J］. 方言，2014（2）：155-169.

郑焱霞. 湘桂边界南山乡话研究［D］. 湖南师范大学博士学位论文，2010.

后　记

书稿即将付梓，万般思绪涌上心头。

罢笔凝思，六年前恩师鲍厚星教授召集开会商讨出版一套濒危方言丛书的画面浮现眼前。当时，大家听到这一消息异常兴奋，我们也不例外。但兴奋劲儿不久就被现实的困难冲散。此书稿的题目主要缘起我的博士毕业论文《湘桂边界南山乡话研究》。在恩师鲍厚星教授的指导下，拙文旨在对南山乡话和湘西乡话进行比较研究，且重点在语音，而此书稿重在对南山巡头乡话进行单点研究，包括语音、词汇、语法三个方面，研究角度不同而导致调查的侧重点有异，除开语音调查需要继续深入外，词汇、语法的调查还得从零开始。再加上此前从未有过著书的经历，有时看着手头辛苦调查得来的材料真是头绪乱如麻，不知从何下手。

六年踪迹六年心，个中的酸甜苦辣此刻已释然。细细回想几年的历程，点点滴滴的感动温暖心头，感动于恩师和师母的谆谆教诲与信任，感动于师门的热心帮助与支持，感动于发音人的朴实敦厚与热情，感动于家人的悉心照顾与宽容。有时会想，自己何德何能，竟得以尽情地沐浴恩泽，恣意成长。以此书稿为经，串起诸多所念之人、所感之事。

首先要深深感谢恩师鲍厚星教授及师母夏芝兰女士。从 2001 年至今已过 16 个年头，一直蒙受恩师及师母的悉心照顾、无尽关怀，既有学业上的指导启发，也有人生道路上的指引示范。恩师及师母待人接物的仁爱宽博，对学术的严谨精思，对待生活的平和睿智，是我们此生学习的典范。从书稿选题、书稿写作、体例格式要求到书稿的修改、完善直至完成，大到框架设计，小到难辨的声调及元音或辅音的确认，甚至标点符号的改正，恩师总是孜孜不倦，认真细致，一一批注。每每看着红红的批注痕迹，心中除了感谢，更多的是感动和敬佩。十多年恩师鲍厚星教授及师母的教诲将成为我们人生历程中宝贵的财富，我们将终生珍藏。

其次要深深感谢我的主要发音人——黄让援及其家人，还有杨甲秀及其他几位没来得及留下姓名的巡头村村民。从博士论文开题到2015年年初，我们一共去了5趟巡头村（黄老先生给的数据），每次都住在黄让援老先生家里，一住就是十天半个月的。黄老先生及其家人每次都热情接待，不辞劳苦地为我们发音、辨音，并想尽办法帮我们联系其他发音人，同我们一起走访周边村组，让我们得以详细了解巡头乡话的使用现状。因为去的次数较多，黄老先生已经把我们当朋友、当亲人，每次还送给我们他们那里的土特产。黄老先生及其家人，还有其他发音人的淳朴善良、热情好客和他们积极乐观的生活态度令我们感动。

在此，我们还想感谢多年的师友——罗昕如老师、彭泽润老师、谢奇勇老师、陈晖老师及胡萍、蒋军凤、李星辉、邓永红、曾春蓉、李永新、孙益民、胡斯可等师门们，感谢他们平时在学习上的指点和建议，感谢他们在生活上的帮助和照顾。

当然，更要深深感谢养育、默默支持我们的父母亲。自从来到湖南师范大学攻读硕士、博士学位，十多年一直都是漂泊不定，不仅不能陪伴在他们身边尽孝，反而让他们多了几分挂念和担心，感恩他们无私的爱和无限的包容。正是有了他们在工作和学习上的大力支持，我们才得以集中精力完成书稿的撰写。

最后，要深深感谢丛书出版方——湖南师范大学出版社的工作人员，谢谢他们的辛勤付出！同时深深感谢论文中引用或间接参考其成果的各位前辈、各位专家，在此一并致谢。

郑焱霞　彭建国

于岳麓山下